XUEXIAO BIANGE ZHONG DE
XIAOZHANG LINGDAOLI

学校变革中的校长领导力

张爽 著

教育科学出版社
·北京·

序 言

　　教育正处于一个变革的时代。从整个世界的范围来看，社会发展中的不确定性因素增加，人们的需求呈多样化趋势，学校组织的生存环境发生了深刻的变化。这一变化使得学校发展面临着严峻的挑战，如何应对这一挑战成为当前具有关键意义的课题。

　　社会变革对学校教育提出了新的要求，工业时代流水线式、标准化的学校教育所培养出来的学生不再适应时代的需要。为了应对这一形势，国际教育变革的浪潮此起彼伏。一开始变革主要集中在改善教学方法、课程设计、教学设备及资源投入等方面，但效果不甚理想。自 20 世纪 80 年代开始，随着组织和管理科学的进步及商业、工业管理发展的成功，人们开始相信，如果想要加强教育质量，就必须把焦点从教室层面转到组织层面，并改善学校的系统与管理，学校层面的变革进入教育工作者视野。

　　学校变革已经成为一个无法回避的事实。学校作为教育改革的"细胞组织"应该如何承担起自身责任，以及校长如何引领全校师生走出一条符合学校自身发展需要的变革之路，是值得研究者和实践者关注的重大课题。在这一过程中，领导理论日益成熟，已经从早期的领导特质理论、行为理论以及权变理论的相关研究进入教育领导研究的"丛林"阶段，变革型领导、道德领导、教学领导和分布式领导均构建了比较成熟的理论体系。这为学校领导问题研究奠定了坚实的理论基础。不得不承认的一点是，当前我国教育管理和教育领导理论研究状况尚不能满足管理实践的需要，制约着学校领导水平的提升。

学校发展要考虑很多因素，如学校所处的政治、经济、文化等社会环境，学校自身的生源情况、教师队伍、学校规模、发展历史、文化积淀等。本书作者在攻读博士学位期间将校长领导力作为自己的研究主题，对国内外相关文献进行了系统梳理和分析，重新对领导力及校长领导力进行了界定，并提出从组织、团队和二元三个层面构建校长领导力分析框架——组织发展引领力、团队效能提升力和二元关系构建力。她以复杂性科学视野为主要视角，认为运用简单性科学的思维方式和方法论解决教育问题的习惯已经不再适合当今学校的现实，应该运用复杂性科学的方法来解决复杂的教育实践活动。本书还对比分析了简单性科学视野和复杂性科学视野下校长领导力呈现的不同特征，提出校长领导力从实然走向应然的相关提升策略。同时强调，校长领导力的提升是一个整体性变革，校长领导力的组织层面解决的是校长如何使学校更有效地适应环境问题，涉及校长对学校组织的基本定位、对外界环境的把握、学校发展愿景和价值观等方向性问题；校长领导力的团队层面解决的主要是学校文化和组织结构问题，这是一所学校发展的依托，提升团队效能的关键所在；校长领导力的二元层面解决的是校长领导过程中最基本的关系问题，三个层面中校长的组织发展引领力是方向，团队效能提升力是依托，二元关系构建力是基础，三者在一个完善的领导力体系中缺一不可。总体看，其研究思路清晰，理论联系实际，论证充分，结论合理，反映了她具有较扎实的理论功底。相信本书一定会对相关理论工作者和学校领导有一定的帮助和启示。

孟繁华

2010 年 7 月 1 日

前　言

　　校长在引领学校发展的过程中具有举足轻重的作用。校长领导力不是一成不变的，尤其是改革开放以来，我们国家的经济、政治、社会各方面获得了快速发展，教育事业也有了极大的进步，学校经历了前所未有的变革。校长如何在变革的环境中不断引领学校实现健康的发展是学者、政策制定者和实践者都在思考的重要问题。本书通过对学校发展背景和现实的考察，明确指出无论从现实还是从理论抑或方法上讲，校长领导力问题的研究都具有重要的意义和价值。

　　教育是一种非常复杂的社会现象，然而因为简单性科学（在西方主导下的近现代科学）在自然科学领域所取得的巨大成就，人们习惯于运用简单性科学的思维方式和方法论解决一切社会领域的问题，包括教育，实际上这已经不再适合当今学校的现实。随着复杂性科学的发展和人们对教育实践活动所蕴涵复杂性认识的不断深入，研究者和实践者们开始尝试运用复杂性科学的方法来解决问题，在复杂性科学视野下探讨中小学校长领导力问题是本书的主要视角。

　　第一，结合学校组织理论以及领导学理论的发展，本书首先对校长领导力进行界定，指出校长领导力研究是围绕校长领导能力和校长领导的作用过程展开的，是校长在实现学校愿景、推动学校发展的过程中影响全校教师、员工和以学生为代表的利益相关者的能力，以及与全校教师、员工和以学生为代表的利益相关者之间的相互作用。

第二，本书首先描述了校长领导力当前的主要情境——变革，然后运用系统分析法结合理论与实践将校长领导力划分为三个要素：校长引领学校有效适应环境、实现愿景的过程和能力（组织发展引领力）、校长通过调整学校组织机构提升学校效能的过程和能力（团队效能提升力）以及校长与教师二元关系构建的过程和能力（二元关系构建力）。这三个层面在原有的简单性科学视野下所呈现出的特征与复杂性科学视野是显著不同的，本书对比分析了校长领导力在不同科学视野下呈现的不同特征。

第三，分析不同并不是我们的最终目的，我们最终想要获得的是如何才能够帮助校长从"实然"的领导状态走向"应然"的状态。因此本书的落脚点就是，校长在二元关系构建力、团队效能提升力以及组织发展引领力方面该有何作为才能不断推动学校向前发展。需要强调的一点是，校长领导力的提升是一个整体性变革。

由此可见，校长领导力研究是一个实践性很强的命题。校长在自身的领导实践中应该有意识地转变思维方式，运用动态的、多元的、非线性的、生成性的等复杂性科学方法论指引实践，提升领导力。

目　录

第一章

校长领导力：促进学校发展的关键

学校怎样才能获得更好的发展？20 世纪 80 年代以来，在世界范围内，人们已将改善教育质量的重点从教学方法的改善、加大资源投入等转向学校组织层面的提升上①；我国在 1985 年的《中共中央关于教育体制改革的决定》后相继出台了一系列文件，强调实行校长负责制、扩大学校办学自主权的问题；学界更是加大了对学校组织、领导等领域问题的研究力度。可以说学校领导问题越来越受到研究者、实践者以及政策制定者的关注。领导的不同是各个组织发展不同的主要原因，领导力的提升是组织获得发展的主要动力。因此，提升校长领导力是学校获取发展的必然要求。"在学校及更广泛的层面上，校长的角色都已更加显著地凸显出来。"② 我们将校长视为学生和学校成功的关键助推器，校长对于学校的更新和改进是非常基本和重要的。③

一、校长领导力是一成不变的吗

伴随着知识经济时代的到来，教育的重要价值日益呈现，人才培养成为

---

① 冯大鸣. 美、英、澳教育管理前沿图景 [M]. 北京：教育科学出版社，2004：58.
② 富兰. 学校领导的道德使命 [M]. 中央教育科学研究所，加拿大多伦多国际学院，译. 北京：教育科学出版社，2005：3.
③ Judy Reinhartz, Don M. Beach. Educational Leadership: Changing Schools, Changing Roles [M]. Boston: Allyn & Bacon, Inc, 2004: XI.

人们共同关注的问题。"现代学校是人类进入现代社会之后的产物，是社会的进一步大分化，特别是教育从生产劳动中第二次分离的结果……对整个教育事业都具有重大的意义。"① 对于国家来说，学校作为一种重要的社会组织，是一个国家培养高素质公民的主体机构；对于个体来说，虽然终身教育理念已经广为接受，但学校教育仍在人的一生发展中占有举足轻重的位置，因此，学校发展对于国家和个体来说都具有重要意义。

20 世纪六七十年代，学校的改革主要集中在改善教学方法、课程设计、教学设备及资源投入方面，尤其是发达国家，多是这样的取向，"但不幸的是，这些改革的成果并不显著。例如在美国，即便已经投注很多心血在教学革新和学校设备改革上，但学生的学习表现和成果似乎没有显著改善。"② 20 世纪 80 年代，随着组织和管理科学的进步及商业、工业管理发展的成功，人们开始相信，如果想要加强教育质量，就必须把焦点从教室层面转到组织层面，并改善学校的系统与管理。学校领导的议题越来越受到教育学者、研究者和政策制定者的关注。人们越来越关注学校的发展策略和取向，重视学校文化体系的构建，重视校本管理和家长与社区的参与，追求高品质的学校教育，这些都与领导息息相关。校长在引领学校发展的过程中具有举足轻重的作用。"长期在教育领域工作的人常常会问：学校何以如此不同？最常见的回答就是：领导的不同。"③ "校长很重要！的确，就维护和改进优质学校而言，学校的任何其他职位都不具有比校长更大的潜力。"④ 校长作为学校领导的主体，是一个学校获得发展优势的主要源头，校长领导力的研究逐渐走入我们的视野。

（一）校长领导力并非一成不变

校长领导力是一成不变的吗？答案是否定的。尤其是改革开放以来，我们国家的经济、政治、社会各方面获得了快速发展，教育事业也有了极大的进步。从教育观念到管理体制、从教育内容到教学方法、从人才培养理念到

① 黄济，王策三. 现代教育论 [M]. 北京：人民教育出版社，1996：260-262.
② 郑燕祥. 教育领导与改革新范式 [M]. 上海：上海教育出版社，2005：181.
③ E. 马克·汉森. 教育管理与组织行为 [M]. 冯大鸣，译. 上海：上海教育出版社，2005：211.
④ 托马斯·J. 萨乔万尼. 校长学：一种反思性实践观 [M]. 张虹，译. 上海：上海教育出版社，2004：117.

人才培养模式等各个方面，学校都经历了前所未有的变革。在这个变革的过程中，研究者与一线实践者不断探索着校长领导力与环境变革相适应的内在发展。如何在变革的环境中不断引领学校实现健康的发展是校长们苦苦思索的重要问题，因为校长是扭转自上而下或自下而上困境的关键①。很多校长在这个过程中甚至认为自己已经到了"举步维艰"的境地。

校长的境地："我很重要"与"我不堪重负"

"当一个中学校长实在是太不容易了。学校里没有一件事不用你操心。中考成绩要是不好，好生源就一点都没有，想让孩子上大学的家长都想着办法把孩子送到升学率高的学校里去。学校周边处于城乡结合部的地方还有一些家长做小买卖，认为读书没有用，对孩子的学习毫不关心，根本没有办法改变他们的态度。学校里没有特级教师，如果有个特级教师，就冲着这一个招牌，学校就好办得多。不仅没有特级教师，有的中考学科三个教师全部都在 50 岁以上，还有的学科全部都是新教师，中青年骨干力量非常薄弱。学校里每年进几个人、进什么人都是由上面说了算，校长没有权力。很多教师只对对自己有好处的事情感兴趣。办公经费非常紧张，维持一个学校的正常运转都很困难，校长还要常常想着怎样在不违背教育规律、不损害学生和家长利益的前提下多找些钱……"

这是笔者在对一位初中校长进行访谈时，这位校长的肺腑之言。确实，校长要承担的工作是方方面面的，既包括学校的基础建设、经费规划和人事安排等常规事务，以维持学校的正常运转；又要对上级行政部门负责、对教师负责、对学生和家长负责，遵守国家教育政策法令法规，合理安排课程和教学，使教师获得良好的专业发展，使学生获得高质量的教育，使家长放心；更要对学校进行切合实际的远景规划，将全校师生紧密凝聚在一起，共同推动学校的持续发展和改进……也就是说，校长要想推动所有学生获得成功，既要促进学校内共享的愿景的发展，又要滋养一种以人为本的文化；既要设计对学生学习、教师发展都有利的课程、教学计划，又要通过组织、资源管

---

① 富兰. 学校领导的道德使命［M］. 中央教育科学研究所，加拿大多伦多国际学院，译. 北京：教育科学出版社，2005：23.

理创造一个安全、高效的环境；既要应对外部经济、政治、文化环境的挑战，又要主动引领、与社区合作以成为一个区域内的知识、学习中心；既要关注学生的学业成就，更要重视学生的道德行为，使得学生成为有素养的公民。在这林林总总的工作中，什么是校长领导的核心？校长如何在纷繁复杂的事务中实现学校的价值？

我们生活在一个全球化的时代，比较教育的视角要求我们当前研究应该重视全球视野与地方互动相结合。美国著名比较教育专家艾萨克·康德尔曾经说过，世界各国在教育上面临很多共同的问题①。校长领导在西方面临着类似的困境。许多国家的政府都要求学校能够带来有意义的、系统的、持续的变革以改善学生的成绩，同时还施加命令，以确保学校能够提供高品质教育，并高效有力地运行。因此，"国家和政府的测验计划、标准化日程常常作为命令强加在学校身上。"② 美国学校目前的主要任务有：确保所有学生满足政府学习标准；弥补不同背景的学生间成绩的差距；在满足前两者的过程中学校实现明显进步。校长被要求成为"学习的领导者"。③ 不管怎样，人们都已经认识到，有效的校长领导力在实现学校发展的过程中是一个非常重要的要素。然而，随着学校所承担的压力越来越大，近些年有一个词常常伴随校长领导力出现，即"不可能的"。现在世界各国都有这样一种趋势，从中央到地方、从社会到学校、从家长到教师以及学生对校长的期望越来越多、越来越大。对校长的各种要求的暴增"降低了学校领导的效率感，同时又加强了他们的孤独感、不安全感和不胜任感"……校长都"承认自己的职业生涯变得越复杂也就越不令人满意，从而会使许多人不仅自问这项工作是否完得成，而且暗忖是否值得为之付出那么大的个人牺牲"④。校长虽然被描绘为学校内最重要的人，但把所有压力和责任都放在校长这个职位上，不仅给校长的领导力带来了极大的挑战，而且也是有些不现实的。那么，校长该如何

---

① 艾萨克·康德尔. 教育的新时代——比较研究 [M]. 王承绪，译. 北京：人民教育出版社，2001：2.

② Jenny Lewis; Brian J. Caldwell. Evidence-Based Leadership [J]. The Educational Forum, 2005, Winter (69): 182-191.

③ Janice Jackson. Leadership for Urban Public School [J]. The Educational Forum, 2005, Winter (69): 192-202.

④ 富兰. 学校领导的道德使命 [M]. 中央教育科学研究所，加拿大多伦多国际学院，译. 北京：教育科学出版社，2005：24.

应对？校长领导力研究便进入了我们的视野。

当然，教育研究者试图从领导力的视角展开研究，与企业界领导力研究的蓬勃发展密不可分。领导力是一个来自于企业界的概念，是最近一段时期以来非常受关注的主题之一。斯蒂芬·P. 罗宾斯的《组织行为学》第十版中最大的变化就是多了一章关于领导的内容，《教育论坛》还专门组织了几次关于领导力的大讨论，这反映了越来越多的人认识到领导这一概念对于有效的组织绩效的重要作用，以及快速膨胀的关于领导研究的成果。人们发现，在国家政策、行业环境、社会背景、技术实力等诸多方面相似的情况下，很多公司间的发展却存在着较大的差异，这种竞争力差异的实质就是领导力。人力资源研究会的一次调查显示，312 名被调查者中，70%的被调查者认为：最紧迫的与人有关的问题中，领导力是最重要的（Human Resource Institute，1997）①。在企业界，许多跨国公司已经意识到打造卓越领导力的重要性。

组织视野内领导理论的逐渐成熟为教育领导理论的发展打下了较坚实的基础。"自泰勒创立科学管理理论以来，企业界似乎始终是管理理论的摇篮。而教育管理理论只不过是把企业管理理论拿来，根据教育组织的特点做一些修改而已……萨乔万尼的道德领导理论却试图打破教育管理追随企业管理亦步亦趋的定势，努力探寻真正适合于学校组织的领导理论。"② 这一比较中肯的评判既反映了教育界研究者对于教育管理理论如此尴尬无奈境地的自嘲，以及试图摆脱这种境地的努力，同时也再次强调了这个无法回避的现实，领导力理论的发展也经历了这一过程。在企业界发起了对领导力的重视和研究兴趣之后，教育和学校领域很快有了一些回应。

结合实践与理论的需要以及国内、国际的研究视野，本文要研究的核心问题是：学校变革作为校长领导力研究的新情境，呈现了哪些特征？这种变革为校长领导力带来了哪些挑战？校长该怎样创造一个积极的、有意义的环境，运用非强制性的力量影响他人？既然简单性科学视野下的研究已经无法把握校长领导力的复杂性现实，那么在从传统向现代、从简单向复杂过渡的过程中，校长领导力呈现了怎样不同的特征？该如何提升校长领导力使之推动学校在当前环境中实现健康发展？

---

① 宗骞，赵曙明. 高绩效组织领导力的挑战 [J]. 现代管理科学，2004（1）：3-4.
② 冯大鸣. 美、英、澳教育管理前沿图景 [M]. 北京：教育科学出版社，2004：58.

（二） 当前校长领导力研究的必要性

"领导这个话题代表着社会科学莫大的悲哀。历经 50 年的不懈工作，社会科学在这一主题上作品多多，然而所能告诉我们的微乎其微……其结果造成了领导学文献的几近空泛。"① 绝大部分研究都停留在研究领导的风格和特质、领导行为、下属的满意度或领导与环境的权变关系等方面，然而并未使人对领导形成一种整合性的认识。

1. 从理论层面看

褚宏启教授在《中国教育管理评论》第 1 卷卷首语中所说："中国教育的规模列世界之首，但整体管理质量却居于人后。提高中国教育管理水平，不仅是教育发展的需要，也是国家发展的需要。中国教育管理的知识状况远远不能满足管理实践的需要，制约着教育管理实践水平的提升。中国教育管理的知识状况亟待改善，这不仅是理论自身发展的要求，更是管理实践进步的要求。"②

在访谈过程中，笔者一个深刻的体会就是很多校长对于理论研究持比较排斥的态度，他们认为校长是纯粹的实践工作，理论与之是不搭界的。事实上，理论为我们提供了行动依据。实践与理论密不可分。保罗·莫特说得好："好的理论没有什么不切实际的……好的理论就是以最少的失误去寻找实现目标的方法和动力。"③ 理论是经过系统组织的知识，被认为可以用来解释已观察到的现象。可以提供系统地思考复杂问题的依据，正因为有了理论，才可以描述并解释正在发生的事情，预见特定情况下的未来事件，以及对专业人员而言非常必要的一点，考虑如何对事件实施控制。

"校长们真正需要的是领导中的实践理论……校长领导力就是校长在领导实践和理论两方面所具有的对学校目标的关注和追求、对于教师和学生所

---

① 托马斯·J. 萨乔万尼. 道德领导：抵及学校改善的核心 [M]. 冯大鸣，译. 上海：上海教育出版社，2002：4.
② 褚宏启. 中国教育管理评论 [M]. 北京：教育科学出版社，2003：1.
③ 罗伯特·G. 欧文斯. 教育组织行为学 [M]. 窦卫霖，等，译. 华东师范大学出版社，2001：61.

具有的影响力的内涵、结构、特征和水平。要提升校长的领导力水平，就需要对教育领导的实践理论有深刻的把握。"① 在学校中，正在出现一种要求我们重新界说领导概念的实践，"工作现场走在了理论的前面，结果，领导方面的文献和官方谈论都没有去关注这类成功的实践"②。本书在对领导理论进行追溯的基础上，在一个新的情境——学校变革情境以及一个新的视野——复杂性科学的视野下分析校长领导力的要素，努力补充和发展校长领导理论。

2. 从方法论层面看

作为一个复杂系统，教育活动中任何局部的、孤立的和"线性的"教育决策、方法、行为，都有可能会引起负面的效应。这实际上就需要我们建立在各种不同见解的基础之上，以复杂性的探究方式重新思考我们的教育和教育研究，特别是要有教育研究方法论的转换。③

人类的各种组织是世界上最为复杂的系统，对它的管理本身需要复杂系统思想和形成复杂系统的管理方法。复杂性科学视角下的校长领导力研究为学校领导研究提供了新的方法论视角，具有重要的意义。

3. 从实践层面看

校长领导力，最终是要落脚到实践的。校长在领导实践中遇到的问题是多方面的，如何梳理领导力的具体层面，帮助校长把握领导过程中的各种关系，运用恰当的领导方式，并不断自我完善，这是本文试图完成的目标。另外，对校长领导力的研究也可以有助于我国教育行政管理部门更深入地认识校长领导工作，更有效地提供指导和支持，减少障碍，共享资源；有助于校长培训部门真正把握当前校长工作的核心问题，从而展开更契合需要的引导和培训。

因此，无论从现实还是从理论抑或方法上讲，校长领导力问题的研究都具有重要的意义和价值。

---

① 龚波，郭召志. 实践理论：提升校长领导力的知识基础 [J]. 教育理论与实践，2005 (6)：20-24.

② 托马斯·J. 萨乔万尼. 道德领导：抵及学校改善的核心 [M]. 冯大鸣，译. 上海：上海教育出版社，2002：6.

③ 文雪，扈中平. 复杂性视阈里的教育研究 [J]. 教育研究，2003 (11)：11-15.

二、核心概念界定

（一）校长的概念发展

世界各国各级各类学校均设有校长，人们对于这一概念是比较熟悉的。但用发展的眼光来看，校长的内涵随着时代的发展不断地发生着变化。

在我国，远在古代社会就出现了校长这一职业的萌芽，并随着朝代的更替变化，有着不同的称谓。进入近代，1904 年清末兴办学堂时，按《奏定学堂章程》规定，中学行政负责人叫监督，小学行政负责人叫堂长，民国成立，1912 年把学堂一律改称学校，学校负责人自此改为校长。新中国成立后，由于领导体制的变革，校长的领导权力和管理责任范围先后发生了几次比较大的变化。至 1985 年，中共中央颁布了《关于教育体制改革的决定》，重新确立了校长负责制，并拓展了新的内容，学校领导体制逐渐趋于完善、合理、科学。迄今为止，我国一直实行校长负责制。校长是一所学校的主要负责人。随着经济体制改革与教育体制改革的深入进行，校长的内涵是有变化的。在计划经济体制时期，校长角色主要是行政干部，专业特征基本丧失，"学校完全成为政府和教育行政部门的附属物，在政府高度集权的控制下，校长不能自主地进行办学、管理和发展。"[1] 随着经济体制改革的深入进行、政治体制的逐步完善、教育改革和课程改革的逐步推进，校长角色的内涵逐渐发生了一些变化：校长身上除了仍具有行政领导的特征，学生成绩的压力使校长更加关注教学过程，课程改革的推进使校长承担了更多课程领导的责任，学校间竞争的压力使校长必须寻找到学校发展的突破口、规划学校的发展方向……

纵观美国教育史，可以说美国中小学校长是逐步发展起来的，是教育事

---

[1] 吴恒山. 学校领导者成功之道 ［M］. 北京：新华出版社，2005：3.

业发展和学校管理专业化的产物。在很长一段时间里，校长首先被当做一门职业，就像教育界的许多职业一样，带有深深的历史文化印迹。在不同的历史时期，美国中小学校长的角色地位和工作方式发生变化较大。大约在1865—1885 年间，校长是教育工作者，美国中小学校长是作为普通的教育工作者从事某些学校管理工作的，这一时期的校长大多是比较优秀的教师，没有受过专门的教育管理方面的训练；1885—1905 年间，校长是应用哲学家，随着学校的进一步扩大，校长不仅要具有高尚的理想，掌握教育和教学的真谛，而且要善于运用理论知识来处理一些实际问题；20 世纪初期，美国进入经济高速发展时期，校长是商业经理，人们普遍认为，学校也像商业和企业一样，应以最低的成本、最大的效益去经营，校长要想维系学校的存亡，就必须具有经营意识和经营技巧；1930 年起，随着美国经济危机的爆发和罗斯福新政的出台，民主思想以及人人都可以参与学校决策的观念深入人心，校长是社会代理人，受人际关系思想的影响，校长特别强调改善学校管理中的人际关系，重视士气、团队的凝聚力、合作以及维系学校成员感情因素的非正式组织，充分调动各方面的积极性；从 20 世纪 50 年代开始，校长是行为科学家，美国中小学校长在不忽视学校非正式组织的同时，更重视学校正式组织中人的作为；20 世纪 70 年代，美国一些校长仍倾向于把自己看做"教学性教师"，而其他人则把自己看做"应用哲学家""经理"，或具有专门知识，特别是行为科学知识的"专业人员"。近一二十年来，美国教育界主张"专家治校"，强调要提高校长的专业素质和领导能力。可以看得出来，美国中小学校长的内涵随着时代的发展发生了较大的变化①（见图 1-1）。

事实上不只美国校长角色的内涵发生了变化，英国也是如此，从校长称谓上的变化也可以看得出来。从英国的文献中可以看得出以前校长的英文为"headmaster"，而现在为"headteacher"，从关注管理和控制成为"教师的头儿"，与教师从上下级变为更重视专业合作，内涵的转变是显而易见的。

总而言之，校长作为学校行政的最高负责人，对外代表学校，对内主持全面校务②。当然，校长不再被看做只是针对现状执行上层官僚机构政策的

---

① 陈如平. 校长发展在美国——美国中小学校长的历史考察［G］//中国教育报校长周刊部. 校长角色与校长发展. 北京：开明出版社，2005：41-47.

② 顾明远. 教育大辞典：第一卷［M］. 上海：上海教育出版社，1990：235.

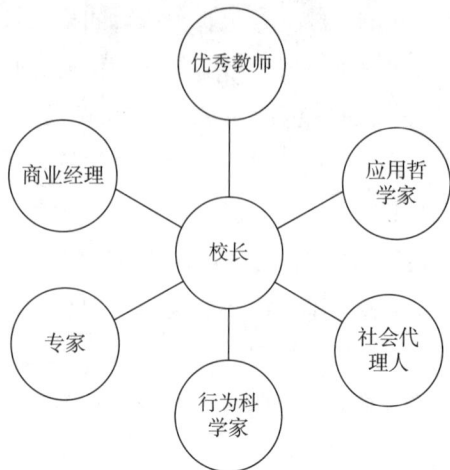

图 1-1　美国历史上中小学校长曾经承担过的角色

被动管理者。相反，今天的校长要负责塑造其学校，使之成为有效学习的显著标志。他们面临的挑战是澄清自己的价值观、信仰和立场，并主动鼓励他人和自己一起重新设计并改进其学校。对此，有学者总结得非常全面，校长作为核心的领导者，同时也应成为教师的服务者和强有力的支持者。在这样的组织中，领导是一种共享的组织财富，领导者担当着促进者、协调者和激励者的角色。领导的作用将是培养他人改变他们自身。更重要的是，校长还应该是学校共同理念和学校共同体的建设者①。"校长是学校的行政首长，具有领导地位；校长是学校的当家人，具有管理地位；校长是学校的教师之师，具有教育地位；校长是学校的设计师，具有改革地位；校长是学校的科研带头人，具有学术地位；校长是学校师生的服务员，具有公仆地位；校长是学校的对外联络者，具有法人地位。"② 本文主要研究的是中小学校长领导力问题。

(二) 什么是领导力

学者们对于领导力的界定选取了不同的角度。有的学者从领导者所具备

---

① 吴遵民，李家成. 学校转型中的管理变革——21 世纪中国新型学校管理理论的构建 ［M］. 北京：教育科学出版社，2007：49.

② 吴恒山. 学校领导者成功之道 ［M］. 北京：新华出版社，2005：3-7.

的能力方面来界定领导力，美国著名学者詹姆斯·库泽斯、巴里·波斯纳修订的《领导力》第 3 版内容指出：领导力，是领导者如何激励他人自愿地在组织中作出卓越成就的能力①。任真等人认为，"领导力是指鼓舞和引导他人树立并实现共同愿景的能力。"② 张小娟认为，领导力包括"崇高的人格魅力，精准的预见、判断能力，超强的沟通能力，不息的创新能力和持续的延伸能力。"③

　　有的学者从领导者与被领导者双方的互动关系来考察领导力内涵。王崇梅等认为，"传统的领导力，就是领导才能。最新的观点是指获得追随者的能力。"④ 王修和先生也认为，领导力就是实施科学领导的领导者（领导班子群体），运用领导权力影响和非权力影响在实现符合规律的领导实践中，与被领导者共同作用于客观环境并产生相应的物质力量与精神力量的总和。⑤

　　有学者认为，领导力的实质是影响力，领导力发生作用的过程就是影响产生的过程。李林等认为，"领导力的实质就是影响力，任何人都可以使用领导力，只要能成功地影响他人的行为，就可被视为实施了领导力。"⑥ "领导力是一种特殊的人际影响力，组织中的每一个人都会去影响他人，也要接受他人的影响，因此，每个员工都具有潜在的和现实的领导力。"⑦ 影响别人行为的行为谓之"领导"，影响别人行为的能力谓之"领导力"。"领导力"的本质是一种人际关系、一种影响力。⑧

　　有学者从领导学自身概念范畴出发，认为领导力是综合多种因素而产生的合力。黄颖指出，"领导力是指由领导职能、领导体制、领导素质等多种因素综合作用而产生的合力，是内生于领导场并作用于领导资源配置过程的力量，是领导主体用以应对来自领导客体和领导环境带来的挑战，并引导推

---

　① 李昌明. 领导力与造就优秀企业人才 [J]. 经济论坛, 2005 (6)：75-76.
　② 任真, 王石泉, 刘芳. 领导力开发的新途径："教练辅导"与"导师指导" [J]. 外国经济与管理, 2006 (7)：53-58.
　③ 张小娟. 打造卓越的领导力 [J]. 领导科学, 2005 (18)：37.
　④ 王崇梅, 安立军. 论六赢领导力 [J]. 商场现代化, 2006 (3)：120-121.
　⑤ 刘明辉. 论构建社会主义和谐社会的领导力 [J]. 中共福建省委党校学报, 2005 (12)：20-23.
　⑥ 李林, 童新洪. 基于项目绩效的领导力模型 [J]. 现代管理科学, 2005 (9)：65-67.
　⑦ 吴江. 领导力 [J]. 中国电力企业管理, 2006 (9/10)：103-104.
　⑧ 郗永忠. 优秀领导力的共同基因 [J]. 企业管理, 2006 (8)：15-17.

动一个群体、组织或社会实现共同目标的核心力量。"① 童中贤从领导力产生的领导场及其作用于领导资源配置过程的角度来界定领导力内涵，认为领导力是一种内生于领导场并作用领导资源配置过程的力量，它是由多种相互关联的力量构成的一个力的集合。②

显然，对于领导力的界定有很多，这为本文的研究打下了良好的基础。笔者认为，充分理解领导力概念的内涵，可以从"领导"和"力"两个名词入手。

领导，是领导力研究的起点。从远古时代开始，领导就一直是历史学家和哲学家们感兴趣的一个话题，但直到 20 世纪，关于领导的科学研究才真正开始。迄今为止，学者们已经给"领导"这个术语提出了三百五十多个定义，其中一位权威人士将领导定义为"地球上最容易观察到的但最不容易理解的现象"③。笔者认为，领导可以被定义为"为实现组织目标，领导者影响所有追随者及利益相关者的过程。"

力，决定了领导力这一概念的属性。《现代汉语词典》上标明，力的前两个主要含义分别是：物体之间的相互作用，使物体获得加速度和发生形变的外因；力量，能力④。通过前文中对于领导力概念的梳理我们不难发现，学者们在界定领导力概念的时候比较重视力之"能力、力量"说，对于"作用"这一层面的含义略有忽视，这是在探讨领导力概念的时候需要注意的。

因此，领导力是在实现组织愿景的过程中，领导者影响被领导者及部分利益相关者的能力，以及领导者与被领导者和部分利益相关者之间的相互作用；领导力本身，既是一种能力，又是一个作用的过程。这个过程，既包含领导者与追随者的二元关系构建过程，也包括领导者在组织内部设定组织机构、提升组织效能的过程，还包括领导者帮助组织适应环境、发展创新的过程。

在这个概念中，"利益相关者"（Stakeholder）的含义需要进一步阐释。

---

① 黄颖. 和谐城市与城市领导力建设［J］. 领导科学，2006（3）：40-41.

② 童中贤. 领导力：领导活动中最重要的功能性范畴［J］. 领导与管理，2002（4）：95-97.

③ 理查德·L. 达夫特. 领导学：原理与实践：原书第 2 版［M］. 杨斌，译. 北京：机械工业出版社，2005：3.

④ 中国社会科学院语言研究所词典编辑室. 现代汉语词典［M］. 北京：商务印书馆，1996：775.

利益相关者理论产生于 20 世纪 60 年代，它是在对美、英等国奉行"股东至上"公司治理实践的质疑中逐步发展起来的。从广义上讲，利益相关者比较经典的定义是——"企业利益相关者是指那些能够影响企业目标的实现或者被企业目标的实现所影响的个人或群体"①。事实上，利益相关者包括了被领导者，但为了更好地分析领导者发挥领导力的过程，本书把被领导者从利益相关者的范畴中拿了出来。为什么在领导力的概念中包括了利益相关者呢？

领导力不是附属于特定职位上的特殊权力，一个领导者除了有处于他/她职位以下的群体（经由职位序列规定的被领导者）以外，组织内外还有很多与之有利益关联的人，他们在职位上可能并没有领导与被领导的关系，但是对于组织目标的实现，这类群体却起了很重要的影响作用，组织目标的实现对他们同样有意义。领导者在推动组织目标实现的过程中，如何发挥与利益相关者之间的相互作用，这是重要的问题，这种影响作用，事实上也是领导者领导力的组成部分。基本上所有领导者有追随者，同时也有上级，利益相关者也包括领导者的上级，但这就属于另一意义范畴内的领导与被领导关系，不包括在领导力概念范畴之内，所以使用了部分利益相关者这样的词汇。

（三）"校长领导力"的内涵

在学校组织范畴内，被领导者即全校教师、员工，而利益相关者范围则比较广，当然，最主要的利益相关者就是学生和家长。校长领导力，就是校长在实现学校愿景、推动学校发展的过程中影响全校教师、员工和以学生为代表的利益相关者的能力，以及与全校教师、员工和以学生为代表的利益相关者之间的相互作用。主要包括如下过程：校长引领学校适应环境、实现愿景的过程、校长通过调整学校组织机构提升学校效能的过程以及校长与教师二元关系构建的过程。

校长领导力概念有如下几个问题需要强调。

第一，校长领导力既包括校长的领导能力，也包括校长发挥领导、施加影响的过程。前者比较容易理解，因为大部分领导力研究者都是从"能力"

---

① FREEMAN R E, EVAN W M. Corporate governance: A stakeholder interpretation [J]. Journal of Behavioral Economics, 1990, 19: 337-359.

的视角出发的；在理解后者时，我们应该意识到，虽然力的作用是相互的，领导力事实上也是一种相互影响和相互作用，但因为校长在一所学校中所处的地位，校长领导力与教师或中层管理者的领导力必然不会处于同一意义世界中，将领导者和追随者的领导力放在同一意义世界中考察是危险的。

第二，领导力就是影响力吗？很多研究者都将领导力的内涵最终归结为一种影响力，这在前面关于概念的探讨中可以看得出来。在本书中，也多次出现了"影响"这个词。确实，领导归根结底是一种影响，但这种影响是有前提条件的，即基于共同目标的一种影响。忽略了共同目标的影响力，仅仅是个体之间随意的影响作用，称不上是领导力。

第三，校长权力和校长领导力。权力是职位的产物。一个人一旦成为校长，那么这个职位本身就赋予了他很多权力，可以要求和命令他人做事情。但是领导力并非完全附着于职位上的，学校中每个人都有可能发挥领导力。校长领导力和校长职位权力并不等同。权力在某种程度上为领导力的发挥提供了某种便利，但滥用权力可能会导致更加恶劣的结果。同时，校长只有在获得全校教职员工认同和拥护的基础上，他才具有领导力，否则只是权力。

总体而言，本书回顾了简单性科学和复杂性科学的发展历程，结合新的学校变革情境对校长领导力进行了逻辑分析，以此找到校长领导力实然状态与应然状态的差距，把握当前我国现实情境中校长领导力的发展定位，为最终提升校长领导力打下基础。

系统分析法是本书运用的最主要的研究方法，这也是本书所采用的复杂性科学视野必然要求的。20世纪40年代末以来，大量不确定性、竞争性复杂系统的出现，使得一般性方法越来越不能适应事物发展的需要，采用系统思维和技巧进行分析的方法——系统分析法应运而生。

韦氏辞典（Webster's Dictionary）将系统定义为："系统是有组织的或被组织化了的总体，由构成总体的各种概念、原理有规则地相互作用和相互依赖的形式组成的诸要素集合。"系统最基本的特征包括三个方面：系统是由要素构成的，各要素间存在着相互作用的关系，由要素以及要素间的关系构成的整体具有特定的功能。系统分析法是一种系统研究的方法，通过对构成事物的系统其各个要素及相互关系进行分析，从事物的整体出发，着眼于整体与部分、整体与结构及层次、结构与功能、系统与环境等方面的相互联系和相互作用，是以特定问题为重点、借助价值判断以求得优化的整体目标的现代科学方法。①

　　系统分析法从内在属性上讲是从属于复杂性科学中的。本书的研究处处体现出了系统分析法的痕迹。重视对于校长领导力理论轨迹和脉络的把握，重视对校长领导力现实环境和背景的考察，重视学校组织结构与其功能的分析，从整体出发把握校长领导力的内涵并将其分为不同的层次，对校长领导力的不同层面分解成要素进行分析，同时关注各要素间的相互关系，以实现校长领导力的提升这样一个整体目标。可以说，系统分析法是本书研究所运用的基础方法。

---

　　① 陈振明. 政策科学——公共政策分析导论：第二版 [M]. 北京：中国人民大学出版社，2003：485.

第二章

教育领导理论的脉络和轨迹

我们可以深切地感受到，一个学科所拥有的著作、论文和学术期刊的数量及质量往往是显示该学科学术性和理论性的窗口。"领导力"是目前非常热的一个研究主题，经济与管理界近两年以来出版了大量的关于企业领导力的书籍，关于领导问题的论坛和会议接连召开，期刊上讨论如何提高领导力的文章比比皆是，给我们呈现了一个非常繁荣的景象。为了更好地把握校长领导力的研究进展，我们需要对领导理论和校长领导力的发展轨迹进行梳理，这会有助于我们对研究的理论起点有更加明晰的把握。

"领导的研究自 20 世纪 50 年代以来就一直是教育管理的子领域。从那时到 1982 年之间，几个国家期刊登载的研究学校管理者的论文有 20% 聚焦于领导。而且，在 80 年代和 90 年代早期，对教育领导的兴趣大增。在几个国家期刊的教育索引中，'领导'条目 1990—1991 年度比 1950—1981 年度几乎增加了 1 倍。"[1] 自此，在教育管理领域中，领导是被研究最多的要素，这一方面是因为人们认定领导是改善学校教育的关键；另一方面是因为人们对领导的界说纷纭。遗憾的是，有关领导研究的投入与产出并不成比例，令人颇为悲观[2]。笔者先试图梳理一下领导理论的发展脉络。

---

[1]　T. 胡森，T. N. 波斯尔斯韦特. 教育大百科全书：第一卷 [M]. 张斌贤，译. 重庆：西南师范大学出版社，2006：347.

[2]　冯大鸣. 美、英、澳教育管理前沿图景 [M]. 北京：教育科学出版社，2004：49.

一、领导理论的发展告诉我们什么

什么样的领导者是成功的领导者？这是领导研究一直试图解决的问题。20世纪早期，人们研究的注意力集中在领导者的个人特性上，开始了领导学的"人格特征理论"。接下来，研究者们发现一个人能够成为领导者，行为方式的作用高于人格特征，即任何采用了适当行为方式的人都可以成为领导者，这开启了行为理论的研究。二元论认为人格特征理论和行为理论都过于简单地处理了领导者和追随者的关系，由此重点展开了对领导者与追随者关系的研究。后来，研究者们发现，希望寻求一种能够适用于任何情境的领导行为或特征是不可能的，要找到一个万能的适合于任何组织的领导风格类型或领导行为方式都是不现实的，因此20世纪60年代晚期至80年代早期，寻求在某种环境中有效的领导模式的权变方法成为主流。

（一）人格特征理论

早期尝试着去解释成功领导的学者把注意力集中在领导者的个人特性上。这种研究的理论依据在于，是一些与生俱来的特性和天赋使人成为成功领导者。但研究发现，在个人特征和领导的成功与否之间联系并不很紧密。

随着20世纪四五十年代心理学的发展，人格特征理论的研究者们开始利用天赋和心理测验来研究更大范围的人格特征。研究者们致力于找出那些领导者具备但普通人不具备的人格特征，希望通过研究成功的领导者所具有的人格特征和成功的领导之间的联系，把成功领导者所具有的人格特征列成一张清单。

接下来，有研究者发现，人格特征理论并不具备普遍意义，很多学者停止了在人格特征理论上的研究，但近年来人们又恢复了对人格特征和领导能力的研究兴趣。总的来说，人格特征方面的研究一直都是20世纪到21世纪领导学研究的重要组成部分。许多学者仍然坚持一些人格特征是成为成功的领导者的基础，但这种基础作用仅仅在这些特征和其他因素一起发挥作用时有效。

我们应该认识到，许多个人特征和能力能够把成功的领导者从非领导者中区分出来，但个人特征本身不足以造就一个领导者。

（二）行为理论

这种理论认为，无论是谁，只要采用了适当的行为方式，都可以成为一个好的领导者。对于领导者行为的各种研究致力于揭示领导者的行为方式而不是他们的人格特征使得他成为一个领导者。相对于人格特征来说，人们更容易学习行为方式，从而使任何人都能成为一个成功的领导者。

早期的研究认为，领导者或者独裁或者民主，两者必居其一。但 R. 坦南鲍姆（R. Tanenbaum）和 W. H. 施米特（W. H. Schmidt）在进一步研究中指出，领导行为可以存在于一个反映不同的雇员参与水平的连续的集合中。因此，一个领导者可能是独裁（集权）的或者民主（分权）的，或者是两种体制的结合。他们同时指出，领导者集权或分权的程度与他们所处环境有很大关系，因此领导者们应当调整他们的行为，使之能够与环境相适应。

俄亥俄州立大学的研究者们进行了一个建立领导者行为尺度的研究，建立了领导者行为描述调查，通过对结果的分析，把领导行为分成两类，后来被称做体谅结构型和主动结构型。两种行为类型相互独立，一个领导者可以同时表现出两种行为类型的不同状态。

密歇根大学的研究者直接拿有效的和无效的领导者进行比较，领导者的领导是否有效是由其追随者的工作能力来判断的。最终，他们确立了两种领导行为类型，以雇员为中心和以工作为中心。密歇根大学的研究者们认为，两种领导模式完全对立，一个领导者只可能是两者之一，不可能同时具有两者特性。

领导方格理论（The Leadership Grid）是得克萨斯州立大学的罗伯特·R. 布莱克（Robert R. Blake）和简·S. 莫顿（Jane S. Mouton）在俄亥俄州立大学和密歇根大学的研究基础上提出的一个二维的领导理论。根据两个标准——对人的关心程度和对生产的关心程度，把领导者们分为九等。团队管理（9，9）被认为最有效、最值得推荐，因为组织成员都参与了完成实现目标的全过程；乡村俱乐部式的管理（1，9）是只关注人而不关注产出；当追求运作效率的趋势占统治地位时，就是定向管理（9，1）；中庸管理（5，5）则反映了同时关注人和产出；无力的管理（1，1）指缺乏管理哲学，领导者根本不关心人与人之间的关系和工作的完成与否。

行为理论的研究最终将领导行为分为两类：以人为导向和以任务为导向。行为理论研究了独裁和民主的、员工导向型和任务导向型、以雇员为中心和以工作为中心的领导方式，以及关心人员和关心生产的领导方式，人和任务贯穿了整个研究过程，这说明了它们是最基本的行为，但研究中关于一个领导者能否同时以人和任务为导向存在着不同意见。

（三）二元论

二元论认为，人格特征理论和行为理论都过于简单地处理了领导和追随者的关系。二元论将研究的重点放在领导者和追随者的交流上，这是一种被称做二元的关系。持二元论的学者认为，领导者不是对所有的追随者都表现出相同的人格特征，而是和每个追随者建立不同的关系。

二元理论研究的第一阶段关注领导者和每一个追随者的关系；第二阶段研究了领导者和追随者沟通的特定属性；第三阶段研究了领导者能否有意识地同每一个追随者建立起合作关系；第四阶段将二元理论扩展到更大的系统以及网络中。追随者和领导者之间存在着不同的关系，领导者应当具备同每一个追随者建立不同的良好关系的能力。

（四）权变方法

权变方法探讨的是领导的有效性和所处环境之间的关系，因为研究者们发现领导者的行为受到环境的影响，领导者会根据他们面对的不同环境因素来调整领导模式。

权变方法的侧重点在于领导模式、追随者特性和环境特性是如何相互作用的。菲德勒的权变模型、赫塞和布兰查德的情境领导理论、路径——目标理论、Vroom-Jago 模型和环境对领导的替代型理论都检验并证明了不同的环境需要采用不同的领导模式。

根据菲德勒理论，领导者可以分析环境是否有利于他们所采用的领导模式。在很好或者很差的环境之中，采取任务导向型的领导者将会取得更佳的成效，而一般的环境则更利于那些采用员工导向型领导模式的领导者。赫塞和布兰查德指出，领导者应当根据追随者的主动性去决定他们应当采用的领导模式。路径—目标理论指出，领导者所采用的领导模式应当能够清晰地为追随者指明通向他们所渴求的奖励的途径。Vroom-Jago 模型指出，领导者可以根据任务的质量要求、支持的需求和领导者所具有的信息量等相关因素，决定追随者参与决策的程度。最后，领导替代性理论指出，领导者可以通过他们所采用的领导模式来弥补环境所不能够提供的指导及帮助。

20 世纪 80 年代以后，伴随着后现代主义和复杂性科学的影响日益扩大，重视愿景、价值观、意义建构、自组织等一系列问题的新型领导理论产生，随之变革型领导、道德领导、分布式领导逐渐走进人们的视野，领导理论逐渐丰富起来。

总体而言，梳理领导理论发展的基本脉络，有两个问题我们必须注意。第一，领导理论的演变过程中，后者对前者是在借鉴与吸收的基础上进行批判的，并不存在全盘否定或断裂式发展，整体过程呈现了螺旋式上升的特征；第二，传统领导理论受科学实证主义范式即简单性科学的主宰，而新型领导理论主要是受复杂性科学的主宰。

二、领导理论视阈下的校长领导

结合教育组织背景的领导研究二三十年以来取得了较大进展，出现了教育领导理论的"丛林"现象。这给教育领导理论的发展奠定了坚实的基础，在很大程度上改变了教育管理研究只能借鉴普通管理理论、领导理论发展的态势，教育领导研究逐渐有了自身"有教育特性"的发展，下面主要介绍变革型领导、道德领导、教学领导和分布式领导。

（一）变革型领导

变革型领导（transformational/transformative leadership）提出之前，权变

理论曾被寄予厚望。由于权变理论改变了以往领导行为研究局限于"领导者——下属"二元互动的考察模式，提出了领导的方式和组织的结果受情景因素制约的理论假设，广为研究者所接受。然而，当权变理论真正被推向广泛的教育领导实践时，它的两大缺陷也就随之显露出来了。其一，权变理论强调情景变量的重要性，主张领导者以不同的领导方式去"适应"不同的情景，却无意"改变"情景；其二，权变理论有时几乎让人感到绝望：现实世界的复杂多变，使领导者必须以无数的领导方式去适应无数的不同情景。从20世纪70年代后期开始，对权变理论的类似质疑已经逐渐增多，变革型领导理论正是在这样的艰难时期问世的。变革型领导理论正受到学者和实践者的广泛关注。它包含四个关键因素：理想化影响、精神激励、智能激发及个别化关怀。"变革型领导不断扩大互动关系，进行意义管理，强调追随者情感回应的重要性，经常取得高绩效的效果。"①

变革型领导首先由詹姆斯·麦格雷戈·伯恩斯（James MacGregor Burns）提出。伯恩斯在其1978年出版的《领导》一书中，鉴别了两种基本的领导类型：交易式领导和变革型领导。交易式领导的基本假设是，家长、教师、学生是理性的人，他们只受自我利益的激励，他们不断地为最多获得和最少付出而努力，常常毫不顾及共同的利益。个人需要被认为重于团队规范。变革型领导的假设是家长、教师、学生发挥着以规范为参照的个体作用，他们属于某一特定的群体，并受群体规范的影响。他们有能力传递牺牲个人日常利益以发展共同利益的道德判断，群体规范被看做重于个人需要。变革型领导是一般领导理论的基础，可以在一切背景下应用。伯恩斯提出，第一，变革型领导是比交易型领导更加复杂和有效的领导类型；第二，变革型领导是激发和运用高层次需求和动机的领导行为；第三，变革型领导是"关系领导"；第四，变革型领导是"道德领导"。

20世纪90年代中期，肯尼斯·雷斯伍德（Kenneth Leithwood）提炼了变革型领导模式下的领导工作维度：指向甄别并清晰表达愿景的活动；培育对团队目标的接受性；向员工提供个别化的支持；激励组织成员对其工作做出反思性的和批判性的思考；提供恰当的实践模式和被认为组织核心的价值观；

---

① 韦恩·K. 霍伊，塞西尔·G. 米斯克尔. 教育管理学：理论·研究·实践［M］. 范国睿，译. 北京：教育科学出版社，2007：403.

坚持对高绩效的期望；构建共享的规范和信仰（文化）；形成允许广泛决策参与的组织结构。

萨乔万尼（Sergiovanni）在对学校领导进行反思性的研究中指出，在结构严密但文化松散的学校环境下，交易式领导能够发挥作用；在组织结构宽松而文化联结紧密的学校环境中，变革型领导能够发挥作用。萨乔万尼曾在许多著述中反复表达过，结构严密但文化松散不是学校组织应有的特征，作为一种学习共同体，学校典型的特征应当是结构宽松而文化联结紧密。

（二）道德领导

萨乔万尼的道德领导（moral leadership）理论试图打破教育管理追随企业管理亦步亦趋的定势，努力探寻真正适合于学校组织的领导理论。萨乔万尼认为，构筑真正适合于学校的领导理论，首先要对领导的权威来源进行再认识。他甄别了领导的五种来源：科层权威、心理权威、技术—理性权威、专业权威和道德权威。在萨乔万尼看来，前三种权威，构成了现有的领导工作维度，而后两种权威则是对传统领导权威来源的扩展也正是道德领导的工作维度。

按照萨乔万尼的分析，利用科层权威开展领导，只能保证教师被动地按既定的政策行事，显然不能满足学习共同体的领导要求；利用心理权威实施领导，虽然已在一定程度上考虑了教师内在的心理需要，但是其背后的基本假定是：驱动教师积极工作的根本动因是教师个人的利益，这与学习共同体成员应当具备的素质还相距甚远。利用技术—理性权威实施领导，虽然强调的是对于科学知识和科学研究结果的尊重，但是学校教育属于科学不发达领域，有关的研究结论常常不能超出人们早已了解的常识范围。萨乔万尼由此得出结论：以往的领导理论往往只根据前三种领导权威来考虑领导的工作维度。这虽然是必要的，但还远远不够。倡导道德领导，不是要抛弃现有的领导工作维度，而是主张对现有的领导工作维度加以扩展。如果将科层领导、心理领导或技术—理性领导置于首位，那么效率就会成为组织的最高价值。真正适于学校组织的领导理论，当然应将道德领导置于首位。

有价值的领导，最终还是那种以不同方式触动人们的领导：开掘他们的情感、呼唤他们的价值观念、回应他们联结他人的需要。这就是一种以道德为基础的领导。萨乔万尼进一步指出，当领导者将领导实践以道德权威为基础，当领导者把领导活动看做是为共同体成员共享的理念服务时，所谓领导的风格、采用何种领导方式等都仅仅是过程中的问题，都变得不那么重要了。

（三）教学领导

伴随着学校效能与改进运动的发展，学校领导的教学维度受到越来越多的关注，教学领导（instructional leadership）思想也成了教育领导研究的一个焦点。有学者认为，在关注校长的核心能力之时，要强调校长的教学领导力。校长拥有教学领导力是教师专业发展和课程改革背景下的必然取向之一[①]。有的研究对于校长在学生学习方面的领导力放在了重中之重的位置。美国学校目前的主要任务有：确保所有学生满足政府学习标准；弥补不同背景的学生间的成绩的差距；在满足前两者的过程中学校实现明显进步。既然学生学习是所有学校和学区的目标，那么校长就被要求成为"学习的领导者"[②]。Richard Laine 提出，有效的领导力需要知识渊博的、熟练的领导者加上允许领导力实践的适当条件，以支持学生学习，因此，教学领导力是重要的。[③]

教学领导思想的主要观点包括：第一，尽管家庭背景在解释学生学习成就方面起着重要作用，但是教师和校长的作为也会给学生的学习结果带来显著的差异；第二，学校的校长，在学校成功开展改革方面扮演着关键的角色，一旦校长自身缺乏改革精神，那么，没有校长积极支持的学校改革是难以实现的；第三，校长真正有影响的领导应集中在教学领导方面。

当然，还是有研究者认为教学领导的思想存在着若干问题：第一，虽然学校领导在学校效能与改进方面能够发挥重要的影响，但是其影响不是直接的，而是间接的。第二，有关教学领导的研究往往把注意力全部集中在校长一人身上，不仅在一定程度上忽略了教师及其他学校成员在学校效能与改进方面的重要作用，而且把他们置于一种被动响应者的地位。

---

① 关景双. 教学领导力不容忽视 [J]. 上海教育，2006（6A）：52.

② Janice Jackson. Leadership for Urban Public School [J]. The Educational Forum，2005，Winter（69）：192-202.

③ Leadership for Turning Around Low-Performing Schools：A Western Regional Roundtable [R]. National Governors Association，2004.

（四）分布式领导

分布式领导（distributed/distributive leadership）的思想来源是学习型组织理论和"领导者的领导者"思想。这种思想认为校长的第一要务并不是直接改进课堂教学和学生的表现，而是树立目的、培育文化、发展具有共享价值观的学习共同体，然后通过分布于组织中各个工作团队的领导"流"（flow），来改进课堂教学和学生的表现。在教育领域，学者们热心于构建和应用组织领导或分布式领导的框架。分布式领导理论假设，学校依靠多重领导资源来完成无穷无尽的任务，尤其在变革时期和进行综合学校改革的时期。

有关分布式领导的进一步研究，大致可以分为如下四类。

第一，对早先已有的相关假设和论断加以验证，如创建合作性的工作关系和团队精神是分布式领导的核心工作，在教师自己没有获得此种工作氛围的情况下，却要求教师去创设和维持改进学生学习的环境是很困难的。

第二，以成功的学校实例来验证分布式领导，领导已不再是校长独占的领域了。

第三，第三类研究是探讨和澄清分布式领导的边界的研究。这类研究主要是文献研究，而不是经验性研究，分布式领导不是人人都来领导学校。J. 斯皮兰（J. Spillaine）指出，分布式领导是通过领导职能在整个组织层面的较为广泛的分布来增加领导的厚度，而并不能理解为人人都来领导学校。哈里斯也指出，分布式领导并非意味着违背组织的精简原则去无谓地设置许多额外的正式领导岗位，更不是要否定校长对学校绩效所担负的终极责任。实施分布式领导的最终目的是改进学校的效能和学生的学习结果。

第四，主要是分析分布式领导应用于实践时，可能会遭遇的困难。第一个困难是，我们现有的学校系统都属于一种科层化的组织系统，要打破原有的科层结构时，大量的操作性的细节问题就会浮现出来。第二个困难是，分布式领导意味着校长要放弃对他人的某些控制权，要放弃对某些事物的决定权。第三个困难是，既然分布式领导并非意味着人人都来领导学校，那么在教师领导者和非教师领导者之间就可能产生一些人际关系问题。第四个困难是，实施分布式领导不仅需要文化建设、教师能力建设、人力资源开发等一系列短期内难以完成的先行工作，而且还涉及教师领导者的工作时间配置、统筹及时间投入评估问题。

总之，有学者指出，分布式领导的基本思想简单明了——依靠组织内的多重领导资源指导和完成不同规模、不同复杂程度和不同范围的任务。①

三、领导和管理

人们对于领导研究的重视晚于管理，但随着组织和个体所面临的环境变革越来越迅猛，领导者的领导能力逐渐得到重视。在将领导与管理进行对比的过程中，可以逐渐勾勒出领导力所涵盖的内容。

对于领导和管理的关系，学者们有如下不同的看法。

(一) 领导和管理相当不同，且互相排斥

有的学者认为管理和领导从根本上就是矛盾的。比尔·波拉德强调，一个企业家必须懂得"停止管理，学会领导"。他认为，管理是一种自上而下的思维模式，这里面有强势者对弱势者先入为主的偏见。而领导就是公仆，就是为他人服务的。只有抱着服务的心态，抱着作出贡献并且引导他的员工走向未来的心态，领导的艺术才能得到体现，领导力也才会获得执行。②

本尼斯（Bennis）等曾指出，管理行为和领导行为不可能出现在同一个人身上，因为从领导者和经理的定义来看，它们具有不相容的假设。经理认同稳定、秩序和效率的价值，而领导者认同灵活性、创新和适应的价值。"经理是正确地做事的人，而领导者是做正确事情的人。"③

---

① 韦恩·K. 霍伊，塞西尔·G. 米斯克尔. 教育管理学：理论·研究·实践 [M]. 范国睿，译. 北京：教育科学出版社，2007：388.

② 方浩. 比尔·波拉德：中国企业的核心竞争力就是领导力 [J]. 当代经理人，2005（11）：78-79.

③ 加里·尤克尔. 组织领导学 [M]. 陶文昭，译. 北京：中国人民大学出版社，2004：6.

（二）领导和管理是有区别的过程，但并不相互排斥

童中贤指出，领导不同于管理，但并不排斥管理。领导力常常通过管理发挥作用。领导者与管理者的差别在于：领导者更多地运用领导力量，只是借助而不依赖于管理手段；管理者更多地运用管理手段，而缺乏领导力量。领导者的影响力是从追随者与领导者之间的相互作用中产生的，而且这种相互作用基于信任；而管理者的影响力则来自等级制度下的法定职位。领导力的运行需要借助于管理手段，只是这种管理手段是在领导力充分发挥作用的基础上运用的。[①]

传统组织中的管理通过计划、财务预算、组织、人员配置、控制、问题解决来维持现有系统的运行，而高绩效组织领导力的根本目的是发动有益的变革，尤其是非渐进性变革。管理者能在良好的环境中保持组织的良好运行，而高绩效的领导者要保证即使在艰难时刻组织也仍然能够保持繁荣。缺少管理的强势领导力可能出现混乱，而没有领导力的强势管理则会把组织领入根深蒂固的僵化的官僚制中。[②]

哈佛商学院的约翰·科特（K. John）指出，管理主要针对处理复杂的问题，优秀的管理者通过制订正式计划、设计规范的组织结构以及监督计划实施的结果，从而达到有序化和稳定性。相反，领导主要处理变化的问题，领导者通过开发未来愿景而确定前进的方向，然后，他们把这种愿景与他人进行交流，并激励其他人克服障碍实现这一目标[③]。然而，这两个过程也有不相容的因素：强有力的领导可能破坏秩序和效率，而强有力的管理可能妨碍冒险和创新。两个过程对一个组织的成功都是必需的，仅有强有力的管理可能建立一个没有目的的官僚体系，但仅有强有力的领导则可能导致变革不能付诸实践。两个过程的相对重要性以及整合的最佳方式，取决于现实状况。罗斯特将管理定义为存在于经理和部属之间为生产和销售而形成的一种权威

---

① 童中贤. 领导力决定成败 [J]. 领导科学，2006（22）：30-31.

② 宗骞，赵曙明. 高绩效组织领导力的挑战 [J]. 现代管理科学，2004（1）：3-4.

③ 斯蒂芬·P. 罗宾斯. 组织行为学 [M]. 孙健敏，李原，译. 北京：中国人民大学出版社，2005：343.

关系。将领导定义为领导者与追随者之间为实现变革这一共同目标而形成的一种多维的影响关系。①

斯蒂芬·P. 罗宾斯（Stephen P. Robbins）在《组织行为学》中指出，领导是一种能够影响一个群体实现目标的能力。这种影响的来源可能是正式的，如来自在组织中拥有的管理职位。但是并非所有的领导者都是管理者，也不是所有的管理者都是领导者。为了最大地实现有效性，组织需要有利的领导和有力的管理。②

杰拉尔德·C. 厄本恩等提出，管理是一种现状导向型的，并假设是在一个高度稳定的环境中运作。管理从问题解决视角出发，很少去怀疑已建立规范的合理性。领导是以现状为本，但领导又是超越了现状的。领导总是不断考虑现行条件和规章是否有更新的可能性。领导不仅是问题的解决者还是问题的发现者，它是推动组织向更高水平发展的动态过程。好的领导（校长）也进行管理，但他们是以一种领导的视角去管理的。③

笔者认为，将领导和管理视为相互排斥的角色、关系和过程，可能只能成为一种理论的探讨，在现实中无法实现。你不能强迫一个"领导者"去掉所有管理才能，也不能不允许一个"管理者"拥有前瞻的视野，因为领导者和管理者本身就是非常可能在同一个体上出现的角色。领导和管理存在差别的同时，两者之间还是互相关联的。领导和管理的不同行为模式只是领导者在管理风格上既必要又重要的变化而已。我们所要做的，不是在领导和管理之间的两者择一，而是要在两者之间保持平衡。这对于一个组织的领导者来说尤其重要。雷齐克和斯旺森就指出，一个不具有很强领导技能的人或许可能成为一个有效的管理者，但一个没有良好管理技能的人，就根本不可能成为一个有效的领导者。科特则进一步提出："对领导和管理的强调与平衡是对两个变量的权变。一是变革的力度，二是学校运作的复杂程度。处于动荡环境之下而又复杂的学校，要求高水平的领导和管理；面临重大变革而又相对简单的学校要求领导多于管理；在稳定环境下的复杂学校要求管理多于领

---

① 加里·尤克尔. 组织领导学 [M]. 陶文昭，译. 北京：中国人民大学出版社，2004：7.

② 斯蒂芬·P. 罗宾斯. 组织行为学 [M]. 孙健敏，李原，译. 北京：中国人民大学出版社，2005：344.

③ 杰拉尔德·C. 厄本恩，拉里·W. 休斯，辛西娅·J. 诺里斯. 校长论：有效学校的创新型领导 [M]. 黄崴，龙君伟，译. 重庆：重庆大学出版社，2004：11.

导；稳定环境下的简单学校则要求两者都淡化一些。"①

涉及领导力的文献内容很繁杂，水平参差不齐，但正是这些显示了领导力研究目前所处的特殊境地：领导力的重要性已经得到公认，然而还需要研究者们继续秉持严谨的学术研究态度继续探索。通过对文献检索，关于"领导力"和"校长领导力"问题目前学界的研究我们可以得出如下结论。

第一，关于领导是一种"专业角色"还是一种去除"专业角色"的、人人可以分享的相互影响过程，对这一点学界至今存在较大的争议。这种争议的直接结果就是人们对于领导力内涵的理解没有达成一致。

第二，研究者们已经取得共识：领导力不再是某些英雄式人物天生具备的品质，而是可以培养习得的能力，因此校长领导力是可以培养和锻炼的。

第三，领导和领导力都是多层次的概念。学界关于领导力的研究大都集中在领导力的某个层次上，或者是领导者的个人领导品质，或者是领导者对于追随者的感召力，或者是领导者对于组织发展的前瞻力，或者是领导者对于团队的控制力……探讨大多集中在某个单一的层次上，也没有结合组织特征去探讨。

第四，领导和管理是有区别的，但是两者是否互相排斥研究者们各持己见，不过大部分研究者认为领导和管理虽有区别，但是并不相互排斥。

第五，领导力是企业能否获得竞争优势的重要因素。目前关于企业领导者领导力的研究绝大部分集中在领导者的心智改善和行为塑造上，研究提出了合格"领导者"应该遵守的标准、规范和准则，但是很多研究缺乏对领导力概念内核的深入把握。

第六，领导力是一种复杂的现象，应该与历史、文化以及价值观联系起来研究，只是目前这个论点仍然只是处于理论探讨层面，在实践中基本没有触及。

第七，学校领导力的研究正在引起国际上越来越多的注意。学校作为一个多层面的社会组织，需要一个多层次的领导力模型加以指引。没有一个适用于所有情况的领导力模型。不管是对企业还是学校。

第八，有效的领导力与建立学习型组织紧密相连。学校面临的压力和挑战非常复杂，学校想要成为真正的学习型团队，通过依赖个人或者单一的领

---

① 冯大鸣.美、英、澳教育管理前沿图景［M］.北京：教育科学出版社，2004：40.

导力实践的变革和改进模式运转是无法实现的。因此校长领导力很重要的一个方面就是如何"授权"。当然，对于学校没有校长是否会成为现实，研究者们还存在很大争论。

总的来说，对于校长领导力的研究，人们已经意识到要放在具体的历史情境中进行，要把握领导力的层次进行研究，要重视校长领导力的提升，要用发展的视角进行研究，但是还没有学者明确提出运用复杂性科学视角进行校长领导力问题的研究，本书力图在此问题上有所突破。

从整体状况来看，虽然大学、研究机构的研究者、校长、教师等一线实践者以及政策制定者都对校长领导力问题展开了不少有益的研究和探索，但成果却比较有限。笔者认为问题主要有以下几点：第一，认识简单化。领导力概念内涵界定不统一，参与研究的人员对概念本身缺乏深刻地了解。这致使很多文章和著作虽然是打着"领导力"的招牌，但是实际所探讨的内容却不在一个"问题阈"内，很多人选用这个词就是因为它很"时髦"，但"新瓶装旧酒"，论述内容毫无新意，也不符合题目范畴。有的研究者忽视学校与企业的本质差别，毫无甄别地将企业领导者的领导力研究成果转移到校长身上，这有时甚至会误导整个研究的方向。第二，追求普遍原则。这体现在人们对于同一标准的过度追求，忽视对社会大环境和学校具体情境的把握。第三，实践和理论的割裂。从现实看，校长们并不是没有系统学习过教育理论和领导理论，从事理论研究的教育学者也有到学校一线进行调研的机会和时间，但常常是校长觉得研究者们的研究是空中楼阁，研究者们又觉得校长们关注的问题没有深度，针对同一问题的两套思路常常让研究局面比较混乱，甚至"各说各话"。

第三章

从简单到复杂：学校变革中的
中小学校长领导力

　　我们生活在一个变动不居的时代，变革已成为这个时代的主题词。变革不再仅仅作为学校发展的背景，而已经成为学校发展的本身。在这样一种情境下探讨校长领导力问题是本书一个主要的意图。

　　全球纪元要求把任何事情都定位于全球的背景和复杂性中。对于"世界之所以成为世界"的认识变得在理论上和实践上都是必要的。这是向所有新千年的公民提出的普遍的问题①：怎样获取关于世界的信息和怎样把握把它们连接起来和组织起来的条件？怎样认识背景、总体（整体/部分的关系）、多维度、复杂性？这必须有思想的改革。而且，这个改革是范式性的而不是程序性的。这是教育的一个根本问题，因为它关系到我们组织知识的能力。这种思想的改革要求我们将视角回溯到问题的本原——哲学思维的转换上。

一、简单性科学向复杂性科学的转换

　　从历史发展的角度讲，科学的第一个形态是古代科学，古代科学是前工业文明的智力工具，其特点是不分科；科学的第二个形态是西方主导下的近

---

① 埃德加·莫兰. 复杂性理论与教育问题［M］. 陈一壮，译. 北京：北京大学出版社，2004：24.

现代科学，特点为分科的学问，是工业文明的智力工具，可以称为简单性科学，或还原论科学。20世纪中叶以后，这种科学形态开始呈现出向新的历史形态转化的趋势。

（一）简单性科学是什么

世界的简单性信念是近代科学研究的重要传统和发展动力之一。这种传统一直延续到20世纪初。现代工业社会的认知图像是由伽利略、牛顿、培根、笛卡尔发展出来的，再由洛克、亚当·斯密、达尔文将它扩展到生物、社会和经济领域的。"这是一种原子论和机械论的认知图像，它认为世界是由可以分割开来的大小不等的实体组成，这些实体之间由某种作用力来维系，较高等级的实体的属性都能从组成它的较低等级的那些实体的属性和相互作用中得到解释，它们都受某些决定论的规律的支配，沿着单一轨线进化。"①现象世界的复杂性能够而且应该从简单的原理和普遍的规律出发加以解释。在这里，复杂性只是现实的表面现象，而简单性则构成了它的本质。如果不懂得区分"自我"与"环境"，人类无从发展出现在所有的智能，也不可能发展出科学分析方法，学会认识自然宇宙，更不用说创造出20世纪的科技文明了②。"这个简化的范式可以同时用普遍性的原则、还原的原则和分离的原则来刻画其特点。"③

1. 简单性科学核心方法论

远古的人类并未把自己跟所处的世界加以区分。那时的人类所看到的世界是一个未被打破的整体，人与自然合二为一。简单性科学是指在西方主导下的近现代科学，在发展过程中形成了一种根深蒂固的本体论信念和认识论原则，乃至对人文社会科学领域都产生了极大的影响。简单性科学的核心方法论有如下几点。

---

① 闵家胤：进化的多元论 [M]. 北京：中国社会科学出版社，1999：424.
② 彼得·圣吉. 第五项修炼——学习型组织的艺术与实务 [M]. 郭进隆，译. 上海：上海三联书店，1998：序2.
③ 彭新武. 复杂性思维与社会发展 [M]. 北京：中国人民大学出版社，2003：9.

（1） 理性系统观与自然系统观

系统概念在物理学和社会科学中都有着丰富的历史。按照简单性科学与复杂性科学属性的划分，笔者将理性系统观与自然系统观归为简单性科学的范畴。从管理思想发展的角度来看，以泰勒为代表的科学管理思想是理性系统观的起点，理性系统观认为组织是一种正式工具，设计工具的目的是为了实现组织的目标；结构是最重要的特征①。理性系统实际上强调一种机械模型，认为组织行为是有目的的、受约束的并且合乎理性的。强调效率、最优化、理性、设计，强调目标的具体化和形式化。如何创建和设计可以有效地完成任务的结构？应该遵循分工、专业化、标准化、形式化、权力等级体系、狭窄的控制幅度以及例外原则。而自然系统观认为组织是指向生存的典型的社会团体：人是最重要的方面②。它源于 20 世纪 30 年代的人际关系研究，是在指出了理性系统观缺陷的基础上发展起来的。他们将组织看做是在特定环境中为了适应和生存而形成的社会群体，关注社会群体间的相似性，强调非正式组织而不是正式组织，强调人而不是结构，强调人的需要而不是组织的要求。这种非此即彼的思维方式体现出了简单性科学的最大特征。

（2） 还原论

从总体上看，在近代尤其是 20 世纪上半叶，西方哲学的主流思潮是分析性的、还原论的，还原论提倡分析的方法，把自然现象还原为机械运动，还原论是简单性科学的最重要方法论，它形成于近代的原子论思想。还原论以世界和事物的组合性、可分解性、可还原性，以及其本原的微观性、粒子性为前提，其核心价值观认定整体等于部分之和，应当把整体分解为部分，然后再认识和研究其构成和功能，从而从部分的性质推导出整体的性质。其特点主要有：第一，对整体进行分解，把整体分解为部分，再把部分分解为更小的部分，直到认为适宜的程度；第二，对层次进行还原，把高层次还原到低层次，把高级内容还原为低级内容，层层降解，直到最"低"的层次和最"终"的物质要素；第三，从微观揭示本质，坚信事物的本质不在宏观而在

---

①② 韦恩·K. 霍伊，塞西尔·G. 米斯克尔. 教育管理学：理论·研究·实践 [M]. 范国睿，译. 北京：教育科学出版社，2007：1.

微观，在于构成宏观现象的微观物质基元，只有整体分解为部分，把部分还原到"原子"（或其化身），才能找到终极根源，做出终极说明。还原论克服了古代整体论的直观、模糊、思辨等局限和缺陷，使科学认识第一次达到了精确、严格的程度。可以说，现代科学能取得如此成就，还原论功不可没。

（3）机械决定论和线性论

机械决定论是简单性科学的根本信念，认为世界的发展具有线性的因果性和完全的决定性；一切发生的事情均有原因，并导致确定的结果。牛顿力学体系把这种唯物主义决定论机械化、绝对化、凝固化，只承认因果必然性，否认任何偶然性。机械论强调认识上的主客二分，这种认知的结果是将多层次、多形式的自然还原为物质实体的集合，将复杂运动还原为受力学定律支配的机械运动，这是我们通常所说的机械论。机械论范式对于事物的考察总是从某一实体性的事物出发。

线性的思维方式是我们所熟知的，顾名思义，"线性"思维即直线式的思考、解释与解决问题方式，试图将现象、事件全部简化为可以控制的线性体系，确信单一的因果关系，我们总试图以线性的普遍的必然性规律来简单概括所有活动，线性原则追求简单化的普遍性。"在线性相互作用的系统中，两个量之间是一种比例关系，即存在一个比例常数，而这一常数的存在表明这种线性相互作用在时空上是均匀的、对称的，在性质上是等价的即具有某些相同的性质"[1]。首先不可否认的是，线性思维在近代以来自然科学和社会科学领域中的应用取得了巨大成就，至今仍然是科学的重要内容，它的理论和方法在精确性和严格性方面已取得共识。

（4）被动反应论

被动反应论认为有机体只有受到刺激才会做出反应，它的确立同机械自然观以及还原论和决定论的方法论原则密不可分。还原论在分解还原的过程中，抽掉了有生命"活力"的东西和主观的东西，抽掉了部分的"加和"所无法产生的整体的特性、低层次所无法跨越的高层次的特性。还原论将生命现象还原为物理、化学和力学现象，将社会运动还原成机械力学运动。而机

---

① 彭新武. 复杂性思维与社会发展 [M]. 北京：中国人民大学出版社，2003：11.

械决定论和线性因果思维更是认为世界的过去、现在和未来都处在一个因果决定链上。外在的力量以它的意愿和它选择的方向促使我们运动,我们只能作出反应,生命体和组织的自主性被忽视。

2. 简单性科学视野中的学校组织特征及校长领导力

在简单性科学视野中,学校是条块分割、界限分明的科层组织。此时大的社会环境以稳定为主要状态,人们可以看到历史再现的情况——过去起作用的,未来仍行得通。人们确信应用科层结构和组织控制过程,将会促成理性、有效和守纪律的行为,进而使明确界定了的目标有可能达成。组织被看成是一种层级结构,通过自上而下的合理程序指向精确的目标,以综合的规章制度网络划分职能,使各项工作都着眼于达成最高效率,以实现对层级结构的控制。罗伯特·默顿指出:"科层制度的主要功绩即其技术效率,是通过重视精确、速度、专家控制、连续性、处理权限和对投入的适宜回报体现的。科层组织的结构完全排除了各种人格化的关系和非理性的需要。"①

此时,学校的主要功能是传递知识。坚持等级制式的权力控制和对下层人员的严格监督,构建和保持适当的垂直交流,控制严密,易受政策驱动。领导经常制定明确的书面规则和程序以确定标准和指导行为,制订明确的计划和日程让下属遵守,校长通过建立完善的目标体系、分工体系、明确的责权分配体系、严格的层层控制体系、执行法令规章体系实现"领导"。校长是位于统治集团高层并具有优于常人的先天心理品质的人,倾向于控制权力和知识,并"管制"组织及其人员,以便使程序、预设和传统得以维持。领导者依赖职位权力来影响他人,将组织看成一个理性的系统,强调工作职位的清楚描述、确切的政策和程序。人们总是自觉不自觉的"把社会与个人、学校与家庭、教育与生活、课程与教学等当做对立的东西进行非 A 即 B 式的选择,导致了思维上的破裂"②。领导者强调遵守广泛接受的标准,与规则保持一致,确定方向和控制结果是最重要的特征。校长领导力

---

① Robert Merton. Social Theory and Social Structure [M]. New York:The Free Press, 1957:196.
② 杨小微. 全球化进程中的学校变革 [M]. 上海:华东师范大学出版社,2004:204.

实施的价值取向是"稳定性"，在"机器"模式的驱动下强化标准和责任，在以稳定为主要特征的环境中这种模式有利于最大化组织效率。结构、计划和理性是所有组织都需要的，但过于追求会导致组织的僵化和领导者的专制。

（二）复杂性科学释义

20世纪伊始，由相对论和量子论开始，科学一再出现革命性变革，产生了一系列新学科、新理论，从不同方面对经典科学的宇宙观、物质观、运动观、时空观、科学观、认识论、方法论发起挑战。

复杂性科学主要是以20世纪初期和中期西方发达国家的全部文化为依托而孕育出来的。与孕育经典科学（后现代主义讲的现代科学）的社会文化环境比较，差别不在于超越了欧洲地域，而在于人类到19世纪末已经从非系统的存在整合为一个系统整体，形成以少数发达国家为宗主国、大多数国家沦为殖民地或半殖民地的结构模式。20世纪是人类历史上极不寻常的时期，充满巨大的差异、矛盾、冲突、极其复杂曲折。资本主义与社会主义、殖民主义与民族解放运动、战争主义与和平主义、生态主义、环境保护、女权运动等，这种种称谓既代表某种社会实践，也是一定的文化思潮。它们共同营造了孕育复杂性科学的社会文化环境，对这次科学转型起到推动和制约的作用。[①]

20世纪六七十年代以来，伴随着以耗散结构理论的诞生为先导的系统自组织理论的兴起，受后现代世界观的影响，许多科学家越来越不满足于自牛顿以来一直主导科学的线性的、还原的思想束缚。20世纪80年代以来，复杂性科学的研究迅速兴起。复杂性科学研究的热潮和"复杂性思维范式"的提出，使各门科学的研究者受到启发，他们开始关注研究对象的一些复杂特征，开始思考如何按照事物本来的复杂面目来认识和把握研究对象。"复杂性"正成为科学研究的新的方法论，以不同于"简单性"的全新的视角来重新看待宇宙、看待生命、看待一切，而不再单纯地从"1+1=2"的确定性视

---

① 苗东升. 复杂性科学的社会文化背景——兼评形形色色的"后"字牌和"终结论"思潮 [J]. 中国人民大学学报，2004（2）：82-88.

角、决定论思维出发来研究科学对象。

从 20 世纪八九十年代开始，诺贝尔物理学奖获得者盖尔曼（Murray Gell-Mann）、安德森（Philip Anderson）及诺贝尔经济学奖获得者阿若（Kenneth Arrow）等一大批来自物理、经济、理论生物、计算机科学等不同学科领域的科学家聚集在美国新墨西哥的圣菲研究所（Santa Fe Institute，简称SFI），他们通过对不同学科之间联系的深入探讨，试图找出各种不同的系统之间的一些共性，并称之为"complexity"。SFI 的第一任所长考温（George Cowan）认为，复杂性科学作为一门科学，以及对复杂性的现代兴趣的唤醒，肇始于贝塔朗菲（L. V. Bertallanfy）1928 年的工作，也就是说，贝塔朗菲创立的一般系统论标志着复杂性科学的诞生①。作为当今世界科学发展的热点和前沿，复杂性科学的研究与应用正在向各个学科渗透，成为受到众多学科领域科学家关注的交叉科学研究领域。

1993 年成立的以美国社会学教授华勒斯坦为主席的古本根基金会重建社会科学委员会，在他们的研究报告《开放社会科学》的前言中对当今社会发展做出的概括性描述凸显了这一点。报告指出："过去三四十年间所取得的巨大的学术成就也已导致了对生活现代型研究，产生了注重研究复杂性的科学。学者们呼吁把普遍主义'置于具体背景中来加以认识'，这一新兴需要促使不同的文化日益频繁地展开对话。……所有这一切事实上都对社会科学家的实践产生了强大的影响，从而大大地缩小了各类带有结构和组织性质的学科的地盘。"1991 年 1 月，中国学者在北京香山召开复杂性科学讨论会，次年又召开了生命复杂性和复杂性研究的理论进展的研讨会，这些会议在科学界引起"无数浪花"和"层层涟漪"。

复杂性的出现，正在改变着自然科学和人文社会科学的性质。从自然科学领域里的一些新的发展趋向来看，它们强调非直线性更甚于强调直线性，强调复杂性更甚于强调简单化②。复杂性是物质、生命和人类社会进化中的显著特征，甚至我们的大脑也表现为受制于大脑中复杂网络的非线性动力学。试图冲破自牛顿以来的一直统治着科学的线性的、还原论的思维方式。而复杂性科学的兴起，就提供了这种思考问题的更好的可能方式。21 世纪的科学

---

① 黄欣荣. 复杂性科学的方法论研究 [M]. 重庆：重庆大学出版社，2006：36.
② 冯建军. 教育研究范式：从二元对立到多元整合 [J]. 教育理论与实践，2003（10）：9-12.

更加突出学科的相互交叉和融合，以多学科交叉、渗透和融合为重要特点的复杂性科学将发挥重要的作用并将推动整个科学的发展。

1. 复杂性科学的核心方法论及其对简单性科学的超越

复杂性科学主要是研究复杂系统和复杂性的交叉学科，在自然科学领域和社会科学领域正在引起极大的关注。"复杂性科学的兴起，对于教育组织管理研究具有重要意义。"[1]

"经典科学认为，现实世界的复杂性能够也应该从简单的原理和普遍的规律出发加以消解，复杂性是现实的表面现象，而简单性构成它的本质。"[2] 而作为新近发展起来的一门自量子力学和相对论以来将在本世纪自然科学领域中引发所谓第三次革命的科学，复杂性科学的触角已触及数理科学、生命科学、地球科学、环境科学、信息科学、社会科学以及管理科学等领域，成为当代最活跃的前沿学科之一。"当前，我们要接受一个最困难的挑战将是改变我们的思维方式，使之能够面对形成我们世界的特点的日益增长的复杂性、变化的迅速性和不可预见性。"[3] 复杂性科学的出现，不仅重新构建了现代科学的研究体系，而且改变了人们的思维方式，为现代科学技术的发展提供了新思路、新方法，"对各类学科包括教育科学在内具有普遍的方法论意义"[4]。复杂性事物具有许多不相同的相互关联的部分、样式和元素，从而难以完全理解；以许多部分、方面、细节、概念相互牵连为标志，必须认真研究或考察才能理解与处理。[5]

复杂性科学的发展是一场基本思维方式的变革运动[6]。它对简单性科学思维方式具有革命性的转换，为研究者们提供了一个观察自然和社会的新角度（见表3-1）。

---

① 范国睿. 复杂性科学与教育组织管理研究 [J]. 教育研究，2004（2）：52-58.

②③ 埃德加·莫兰. 复杂思想：自觉的科学 [M]. 陈一壮，译. 北京：北京大学出版社，2001：268.

④ 王强. 教育复杂性研究进展 [J]. 开放教育研究，2003（4）：16-19.

⑤ 颜泽贤，范冬萍，张华夏. 系统科学导论——复杂性探索 [M]. 北京：人民出版社，2006：200.

⑥ 黄欣荣. 复杂性科学的方法论研究 [M]. 重庆：重庆大学出版社，2006：49.

表3-1　复杂性科学方法论对简单性科学方法论的超越

简单性科学	复杂性科学
理性系统观与自然系统观	开放系统观
还原论	复杂整体论
机械决定论、线性论	非线性论
被动反应论	自组织与动态生成论

（1）开放系统观

早期的封闭的系统观现在已经被开放的系统观所取代。组织是开放系统已经取得了共识，在理解组织时，人的需求与组织的要求、非正式组织与正式组织都应该得到重视，"开放系统观有一种将理性要素与自然要素整合到同一框架中的潜力，它提供了一种更全面的看法。"① 开放系统模型有可能将理性系统观与自然系统观综合起来。组织是复杂的、动态变化的。霍伊等学者研究指出，组织拥有正式结构，以实现各种具体目标，但是组织是由人组成的，这些组织中的人有着各自的特殊需求、利益和信念，这些需求、利益和信念往往与组织期望相冲突。因此，组织具有计划性与非计划性的特征、理性与非理性的特征，有正式结构与非正式结构。在某些组织中理性关系支配各种关系，在另外一些组织中，自然关系与社会关系占支配地位。然而，在所有的组织中，理性要素与自然要素共存于一个向环境开放的系统之中。学校是一个受理性因素与自然因素制约的开放系统，这些理性因素与自然因素随环境力量的变化而变化；忽略理性要素或自然要素都是短视的。

（2）复杂整体论

还原论随着牛顿力学统治地位的确立而上升为一种教条，它在面对一些根本性的复杂事物时失去了效用。整体论的进一步发展与还原论的分庭抗礼紧密相连②。人们越来越意识到整体的性质往往难以完全从组成部分中推导出来。还原的每一步，实际上都是对整体、对过程、对复杂性的一种抽象和

---

① 韦恩·K.霍伊，塞西尔·G.米斯克尔.教育管理学：理论·研究·实践［M］.范国睿，译.北京：教育科学出版社，2007：16.

② 黄欣荣.复杂性科学的方法论研究［M］.重庆：重庆大学出版社，2006：83.

切割，这个过程丧失了原有的部分关系和属性。美国生物学家迈尔（Mayr E. W.）指出，还原论主张将整体分解为微小的组成部分，直到最低层次，而较高层次的过程往往大多与较低层次的过程无关，因此极端的还原论是失败的，因为它对一个复杂系统组成成分之间的相互作用未予重视。

"就生活世界的世界性和个性而言，生活世界是系统的最一般形式，它包含了构成系统的最一般特征：差异性的事物、相互联系和相互作用、整体性。"①

用整体观点去看世界，要求我们建立起相应的整体方法论。对事物的整体的认识，本身就包含着对构成这一事物的部分的认识。然而，那种仅仅强调从整体上把握现象和过程而忽视对部分进行认识的整体主义的方式往往是笼统的、含混的，缺乏分析的整体是片面性的整体。某些整体论观点虽然正确看到了还原论观点的局限性，从整体上把握事物有其合理性，但往往把整体视为一种没有具体内容的整体，让人忽视分析、忽视部分的意义。这反而走到了另一个极端。还原论确信"整体等于部分之和"，而事实上不仅"整体可能大于部分之和"，"整体还可能小于部分之和"。法国哲学家埃德加·莫兰指出，一般系统论强调的"整体大于部分之和"只反映了系统性质的一方面，针对此问题莫兰又提出了"整体小于部分之和"的原则，补充了对于局部的个体的重要性的认识。复杂性思维视角下的整体思维既反对只见部分的还原主义，也反对只见总体的整体主义，而表现为两者的结合。②

(3) 非线性论

相互作用是事物之间根本的、双向的存在论关系，世界的世界性是由事物之间相互作用的关系形成和维持的，没有事物之间的相互作用关系，也就没有世界；事物内在于事物及事物的相互作用关系中。这与牛顿的世界观不同，牛顿的世界观中，世界是一个绝对的背景③。随着社会和科学的发展和人类认知水平的提高，我们逐渐意识到，线性思维方式无法解决大部分问题。因为大部分事件和现象都是非线性的，无论在自然科学领域还是在社会科学

---

① 李恒威."生活世界"复杂性及其认知动力模式 [M]. 北京：中国社会科学出版社，2007：17.
② 陈一壮. 埃德加·莫兰的"复杂方法"思想及其在教育领域内的体现 [J]. 教育科学，2004 (2)：1-5.
③ 同①，第32页.

领域，线性简单的相互作用和秩序只是一种特例，而非定律，世界从本质上讲是复杂的①。将复杂性事物"线性化"并非是解决问题的根本途径，我们不能满足于那种一因一果的简单解释。与线性思维所强调的控制、单一和简单因果相比，非线性思维一个重要的特征就是尊重多样性，重视协调多因素的共同力量，重视情境性和多样性基础之上的统一性。在复杂系统中，由于各因素相互联系、彼此影响，任何微小的变化都可能对整个系统产生影响。

（4）自组织与动态生成论

自组织是开放系统在大量子系统合作下出现的宏观的新结构。系统随着时间而变化，经过系统内部和系统与环境的相互作用，不断适应、调节，通过自组织作用，经过不同阶段和不同的过程，向更高级的有序化发展，涌现出独特的整体行为与特征。世界是不断发展变化的动态过程，而非静止的稳定态。然而自古希腊以来，西方民族思维的基本特点是将连续的运动轨迹分割为不连续的、静止的质点，牛顿力学所处理的对象，就是一个无数质点的总和，其间缺乏真正的连续性、动态性。现实世界是一个过程，这个过程就是现实实有的生成变化。怀特海过程哲学的基本思想就是，最好不要把世界看成是单个物体的集合，而应看成是复杂的动态过程；世界并不是由物质实体构成的，而是由性质和关系组成的有机体构成的；有机体具有内在的联系和结构，具有生命与活动能力，并处于不断的演化和创造中，这种演化和创造就表现为过程。②

"进化基本上是一种任务艰巨的、多方面的学习过程，它的总结果不是目标既定的启发过程，而是一个开放的学习过程。"③ 重视事物规律、结构等有序性的过程性，强调事物的生成性，许多自组织的问题是不可避免的。简单性科学的被动反应论排除了自主性、目的和主体等概念。当相同的行动在短期和长期有相当不同的结果，其中必定牵涉了动态性复杂④。复杂性科学认识到生命系统中系统目标的非预设性，关注偶然、无序、噪声等"干扰因

---

① 文雪，扈中平. 复杂性视阈里的教育研究 [J]. 教育研究，2003（11）：11-15.
② 刘放桐. 现代西方哲学 [M]. 北京：人民出版社，1990：352-353.
③ 彭新武. 复杂性思维与社会发展 [M]. 北京：中国人民大学出版社，2003：54.
④ 彼得·圣吉. 第五项修炼——学习型组织的艺术与实务 [M]. 郭进隆，译. 上海：上海三联书店，1998：79.

素"，从而增进了对生命系统自主性、开放性、自组织机制的理解。系统目标并不是固定的，目标本身也处在过程之中，始终是生成的。这意味着应该容许系统内存在一定程度的无序性以保证组成单元发挥其创造性的自由度。简单性科学过于强调自上而下的、单向的、刚性的组织联系，个体或单元失去了发挥创造性的自由空间。当然，组织与其环境共同演化，表明把握组织与环境间的关系非常重要，"应该对学习、多样性和各种观点的多元化进行鼓励"。①

此外，在复杂性科学的视野下，要关注事件，运用动态循环的对象/背景思维；关注"关系"，正视主体的个体性、主观性；关注教育系统中的无序性和不确定性因素等。当然，在复杂性科学思维视角中，不是要抛弃传统科学的有序、还原和逻辑、实体等方法论原则，而是要把它们整合到一个更加广泛和更加丰富的框架内。这是需要再一次强调的。

2. 复杂性科学视野中的学校组织特征及校长领导力

"不管过去的理论怎样解释，几个世纪以来，领导一直都与复杂组织的有效技能紧密地联系在一起。学校领导的传统与信念与其他公共机构对领导的看法没有什么不同。领导被看做是学校各个方面成功运转的至关重要的因素。"②

教育和学校都具有显著的复杂性特征，然而中国基础教育改革过程中最常见的点状、割裂或对立的思维方式，直接影响着人们对复杂教育变革系统的整体认识与把握。当代中国基础教育是一个复杂的变革系统，需要运用关系思维、整体综合型思维以及复杂性思维方式，并自觉在各种思维方式之间进行沟通转换③。教育所面对的每一个学生和从事教育的每一个教育者，都是有思想、有情感、有价值追求、能主动适应和发展的主体，他们在教育活动系统中作为"组成部分"，本身就是一个个"复杂系统"，这就无疑使系统

---

① 迈克尔·C.杰克逊.系统思考——适于管理者的创造性整体论 [M].高飞，李萌，译.北京：中国人民大学出版社，2005：127.

② R.J.马扎诺，T.沃特斯，B.A.麦克那提.学校领导与学生成就 [M].邬志辉，译.北京：中国轻工业出版社，2007：5.

③ 叶澜.千舟险过万重山——改革开放30年中国基础教育发展研究概述 [J].基础教育，2009（1）：3-6.

产生更高级更复杂的整体涌现性。而且教育活动又是发生于复杂的环境之中，是复杂环境中的复杂巨系统。因此，我们必须有足够的心理准备，去应对学校变革过程中难以测度的丰富性、复杂性和涌现性①。复杂性科学重视运用复杂整体性、非线性、动态生成性、开放性、过程性、关系性的方法论考察组织。伴随着知识经济的到来、全球化进程的推进以及信息技术的极大发展，稳定的大环境已经过去。一切似乎都在改变，而且改变的速度越来越快。一些领导者仍然囿于旧的思维方式，试图实施适用于稳定环境的理性管理，无视组织和环境不断发生的巨大变化。

理解组织和管理问题不能脱离环境的情境特征。卡斯特和罗森茨韦克作了如下强调：①封闭的/稳定的/机械的组织形态比较适合于这样的常规活动：以生产率为主要目标和/或技术相对统一而稳定；决策可用程序控制；环境压力相对稳定和确定。②开放的/适应的/有机的组织形态比较适合于这样的非常规活动：重视创造力和革新；启发式的决策过程必不可少；环境相对不确定和动荡。② 在过去的一个世纪中对教育组织主要有两种观点。其一是传统的观点：把组织视为一个权力和信息集中于高层的等级体系，因此一些具有首创性的好主意从最高层产生传递到低一层次去落实；另外一种较新的观点在 20 世纪处于萌芽期，这种观点认为，组织是合作性、社团、甚至协作的系统……只有当不同指挥管理层的领导能够充分发挥下属的才能、调动他们的积极性，这些奇思妙想才能显示其威力。③ 这种组织观点的变化实际上就是简单性科学向复杂性科学发展过程中在组织领域的体现。

学校作为一个复杂的系统，各个构成部门都有其不可或缺性、不可分割性和非线性特征，同时由各个部门构成的整体具有不可还原性。每个整体的性质都不能简单的由某个部门来代表，因为在不同部门构成整体的过程中，新的性质生成了。学校不仅具有科层特征，还具有松散结合特征，是一种具

①　杨小微. 全球化进程中的学校变革 ［M］. 上海：华东师范大学出版社，2004：218.

②　F Kast，J Rosenzweig. Contingency Views of Organization and Management ［M］. Chicago：Science Research Associates，1973：331.

③　罗伯特·G. 欧文斯. 教育组织行为学——适应型领导与学校改革 ［M］. 窦卫霖，温建平，译. 北京：中国人民大学出版社，2007：64.

有"双重系统的教育组织"①。即学校在一些主要方面是松散结合的——即指组织的子系统以及它们从事的活动相互关联，然而却保持着各自的特点和个性——在另外一些方面却具有鲜明的科层特点。但因为在学校的核心任务——课堂与教学上，其主要特点是松散结合的，比如教师在课堂上只受校长的一般性控制和领导，因此校长主要应该通过愿景、价值观和关系而不是权力和控制来影响其他人。

学校是一个具有整体性、系统性、开放性、多组成多层次多种因素相互作用、自组织、动态生成、系统演化等特征的复杂系统，校长应该不断地学习，鼓励追随者的发展和成长。组织内每个人都参与发现和解决问题，促进组织的不断成长和改变，从而保证组织有能力迎接新的挑战。这就需要一种全新的、超越了传统的理性管理的领导观念。领导者必须具备全局观能力，需要学习如何放弃具体的细节管理，转而关注如何创造愿景，以及如何改变有助于实现愿景的组织文化和价值观。这个时代的领导者不依赖等级控制，致力于将整个组织建设成为共享愿景和信息的团队。知识弥漫于整个学校组织之中，不仅可以分享和积累，而且可以生产。校长是自由沟通和思想交流的促进者，是提供条件加强授权的促进者。校长领导力实施的价值取向是"发展与创新"。

校长领导力实施以"秩序与稳定"为取向比较好理解，而"发展与创新"相对来说抽象一些。复杂性科学视野下的"发展与创新"与科学发展观相呼应。科学发展观是用来指导发展的，就是坚持以人为本，树立全面、协调、可持续的发展观，促进经济社会和人的全面发展。科学发展观的理论核心，紧密地围绕着两条基础主线：其一，努力把握人与自然之间关系的平衡，寻求人与自然的和谐发展及其关系的合理性存在。其二，努力实现人与人之间关系的协调。体现在学校层面，学校的"发展与创新"主要体现在学校作为组织的发展，以及学校内人的发展。这两者在本质上是统一的，因为人的发展是教育发展的目的，是学校发展的根本宗旨，而人的发展必然带来学校教育的根本性变化（见表3-2）。

---

① 罗伯特·G.欧文斯.教育组织行为学——适应型领导与学校改革［M］.窦卫霖，温建平，译.北京：中国人民大学出版社，2007：134.

表 3-2　校长领导力：简单性科学与复杂性科学的不同视野

不同科学视野 校长领导力	简单性科学视野	复杂性科学视野
学校组织特征	条块分割、界限分明的科层组织	科层和松散结合双重特征兼备的教育组织
领导	基于职业权威的控制	基于价值认同的影响
环境	长期稳定伴随短期变革	长期变革伴随短期稳定
校长领导力价值	"秩序与稳定"	"发展与创新"

二、复杂性科学视野下的校长领导力研究框架

教育是一种非常复杂的社会现象，随着复杂性科学的发展和人们对教育实践活动所蕴涵复杂性认识的不断深入，许多学者都在尝试用复杂性科学的理论和方法来研究教育系统中的复杂性问题。

个人根据由文化纳入他们脑中的范式来认识、思想和行动①。在每一个社会转型时期的每一次学校变革，都不可避免地要在变革对象的认识上、变革价值选择及目标定位（或任务确立）上、变革策略的选择和组合上发生转变。导致这些转变的外在因素，无疑是特定时期社会各方面变化向学校提出的新的要求和提供的新环境；而导致这些变化的内在原因，除了价值观等方面的变化以外，一个十分重要的原因就是变革者认识方式尤其是思维方式的变化。思维方式既会影响人们对变革的理论认识，也会影响人们的策略选择。由此，转变思想对于解决问题具有重要的意义。

（一）为什么要以复杂性科学为支撑

"和 20 年前相比，我们更清楚地了解到，学校和其他组织一样，是个复

① 埃德加·莫兰. 复杂性理论与教育问题［M］. 陈一壮，译. 北京：北京大学出版社，2004：16.

杂、令人迷惑的地方，甚至充满了矛盾、犹豫不定、模棱两可和不确定性。"①
本书研究的核心词汇为"校长领导力"，前文已经提到，校长领导力，就是
校长在实现学校目标、推动学校发展的过程中影响全校师生员工和以家长为
代表的利益相关者的能力，以及与全校师生员工和以家长为代表的利益相关
者之间的相互作用。长久以来，领导实践中的简单性思维一直根深蒂固。而
领导是一种非常复杂的社会现象，领导力作为对领导能力和领导过程的剖析，
其复杂性不言而喻。不仅体现在涉及主体的复杂多样、方式纷繁变化上，还
体现在与学校环境息息相关的外部环境的复杂多变上。在校长发挥领导力的
过程中，涉及多种方式、多重关系、多维过程、多个阶段、多方面内容，学
校领导是一个复杂过程，它所涉及的不仅仅是掌握一系列领导技巧，或使适
当的领导行为与具体情境相适应。改进学校领导的有效方式是选拔和培养领
导者，设立新的领导职位，营造情境，变革学校。领导不仅是具有工具性和
行为性的活动，也是具有象征性和文化性的活动②。以往多数对于校长领导
力的研究，要么简单挪用企业管理、行政管理关于领导力的论述，要么是总
结一些"放之四海而皆准"的普遍性原则，要么缺乏对时代背景、社会大环
境的呼应，更多以简单的、线性的、还原的、静态的思维方式解决校长领
导力问题，收效甚微，复杂性思维对于解决校长领导力问题具有重要的
作用。

选择复杂性科学作为本书支撑的一个很重要的原因就是校长领导是一个
复杂的问题。复杂性科学超越了简单性科学可以成为我们当前解决复杂现实
问题的主要思路。人类的各种组织是世界上最为复杂的系统，对它的管理本
身需要复杂系统思想和形成复杂系统的管理方法③。因此，复杂性思维对于
教育组织管理问题的研究和解决具有重要的启发意义。

---

① 罗伯特·G. 欧文斯. 教育组织行为学——适应型领导与学校改革 [M]. 窦卫霖，温建平，译. 北京：中国人民大学出版社，2007：129.

② 韦恩·K. 霍伊，塞西尔·G. 米斯克尔. 教育管理学：理论·研究·实践 [M]. 范国睿，译. 北京：教育科学出版社，2007：404.

③ 颜泽贤，范冬萍，张华夏. 系统科学导论——复杂性探索 [M]. 北京：人民出版社，2006：436.

1. 情境的复杂性

有研究者指出，校长正在面临很多变革的情境——学校预算越来越少，校长努力成为教学领导，学生需求越来越多样化，标准化的、用一个标准去满足所有人的课程正在实施等①。罗伯特·J.斯坦拉特指出，"教育领导运转的世界正在发生变化——从由国家利益主宰到全社会的教育领导。"② 在这种转变中，学校必须把目前这代年轻人作为积极参与社会活动的公民来培养，而非社会活动的观众或游客。学校面临着很多挑战，学校的课程目标必须定位在全球的理解、视角和技能方面，学校需要一个多层次的领导者，理解这种不同层面的培养目标。同时，领导者必须具有道德愿景，这是社会和个体的共同需要。

复杂性，是一个组织的重要特点，作为连接国家宏观政策和微观课堂教学的中观层面，学校是整个教育系统的基础，是实施教育的专门场所，是一个特殊的、复杂的组织，已经"感受到了从公共领域向私有部门规范转换的压力"③。标准化的评估和自上而下的责任体制正要求公共教育更加关注考试分数，这比不易测量的知识培养更容易计算。领导力就是帮助人们理解他们面对的问题，帮助他们处理这些问题，甚至帮助他们学习如何与问题共处。一方面，如同其他正式组织一样，学校必须对一个复杂的人力物力资源的混合体的组织、管理、指挥等方面的事务加以处理；另一方面，它又与大多数其他正式组织不同，学校因为面对的是人，所以具有其组织管理的独特性。因此，学校的领导和管理过程极其复杂。

2. 内容的复杂性

格雷斯·詹诺德（Grace Gerald）将表面的社会现象与深刻的历史、文

---

① Ann Lieberman, Lynne Miller. Teachers as Leaders ［J］. The Educational Forum, 2005, Winter（69）：151-162.

② Robert J. Starratt. Responsible Leadership ［J］. The Educational Forum, 2005, Winter（69）：124-133.

③ Thomas J. Sergiovanni. The Virtues of Leadership ［J］. The Educational Forum, 2005, Winter（69）：112-123.

化、政治、意识形态和价值观问题等联系起来。他指出：教育领导力是一个通常用来描述广泛范围内领导力的术语，例如，国家和地方教育政策机构、社区和成人教育、高等教育，等等①。此时，我们所关注的问题都不是一个一个的要素问题或局部问题，而是种种"关系问题"，即社会与学校之间、教育与环境之间，学校系统内部各要素、各部分之间的复杂的相互联系与相互作用②。明智的变革研究者开始面对各种因素交织的纷繁复杂的学校教育现象，以不同于线性思考也不同于静态的系统思考方式，来把握学校变革的对象，以新的思路解决变革过程中的复杂矛盾和问题。领导作为一种有别于管理的现象，若想得到重构就要在概念上区分领导和管理存在的区别，领导必须要超越管理。当今校长都在努力作一个好的领导者而非仅仅是好的管理者。校长领导最基本的义务包括保障组织及其成员的未来。有效学校领导的重要特点目前不只是在道德、学术和专业水准上，还有保证学校继续生存的能力。从学校到学校组织成员，都是校长领导要考虑的范畴。

3. 涉及学科和领域的复杂性

领导力总的来说是指在一个特定制度情境下的领导力，从政策学的视角来说，学校领导力是一个文化的、社会学和历史学的研究学科，而非简单的技术问题。在学校中有创造性的领导和有效的管理需要有意识的整合与不断的尝试。领导植根于各种各样的社会关系领域中，因为校长往往处于多个领域的部门间，专业的、学校内外的、地方团队的、政府关系，等等。当代学校领导者更应该是"多语境的"。③

4. 主体的复杂性

有学者指出，教育领导在本质上并不只是单一的领导者那么简单，必须

---

① Grace, Gerald. School Leadership: Beyond Education Management, An Essay in Policy Scholarship [M]. Bristol: Falmer Press, 1995: 4.

② 杨小微. 全球化进程中的学校变革 [M]. 上海: 华东师范大学出版社, 2004: 78.

③ Christie, Pam, Lingard, Bob. Capturing Complexity in Educational Leadership [D]. Annual Meeting of the American Educational Research Association, 2001.

包含五个责任的范畴：作为一个人的责任；作为一个公民和公仆的责任；作为一个教育者的责任；作为一个教育管理者的责任；作为一个教育领导者的责任。五个范畴相互影响，前一个范畴在其后的范畴中是被假定的。从人的角度讲，要充满人性地思考要处理的伦理问题，尊重其他人内在固有的尊严和神圣不可侵犯；从公民和公仆的角度来讲，有道德上的义务去尊重住在同一城市的人的权利以及尊重公共秩序；从教育者的角度来讲，因为教育活动有一种固有的道德规范和价值，教育者有责任在足够的深度上知晓课程材料以理解多重的含义，有义务熟知多种学科领域的最新进展，有责任调整学习活动，为年轻人提供案例；从教育管理者的角度讲，需要熟知组织结构并对教学的核心工作拥有影响权；从教育领导者的角度讲，将把所有前面的道德伦理责任的范畴带到新的高度，呼吁学生和教师超越个人利益追求更高的理念，关注他人的权利，充满关心和同情，领导者寻求变革的教学，将学术知识与学生的个人经验与愿望联系起来。[①] 由此可见，校长所要承担的角色不仅仅是一个领导者那么简单，无论是将其作为"教育者、管理者和领导者"三位一体还是"人、公仆、教育者、教育管理者、教育领导者"的结合，校长作为领导主体是多重角色的统一，具有复杂性。

5. 方法的复杂性

学校作为组织的复杂性我们已经充分地认识到了，这再一次提醒我们，任何事件的完整意义必须在系统背景下被理解。也就是说，我们需要关注整体而非仅关注部分、需要动态思考而非仅静态分析的系统思考方法。

在研究方法中，我们已经提到了本书使用的系统分析法。在研究框架中重新再强调一次系统思考，表明此方法在本书的重要意义。系统思考是"看见整体"的一项修炼。它是一个架构，能让我们看见相互关联而非单一的事件，看见渐渐变化的形态而非瞬间即逝的一幕[②]。从简单性科学向复杂性科学这种思维范式的转换要求我们必须以系统思考的方法解决当前学校变革情

---

① Robert J. Starratt. Responsible Leadership [J]. The Educational Forum, 2005, Winter (69)：124-133.

② 彼得·圣吉. 第五项修炼——学习型组织的艺术与实务 [M]. 郭进隆，译. 上海：上海三联书店，1998：75.

境下的校长领导力问题，这是贯穿全书始终的。从关注部分到关注整体，从被动反应到主动参与，"观察环状因果的互动关系，而不是线段式的因果关系；观察一连串的变化过程，而非片断的、一幕一幕的个别事件"①，是系统思考的精义。

叶澜教授在《世纪初中国教育理论发展的断想》一文中，强调了研究教育的思维方式从简单走向复杂的必要。叶澜教授指出，教育理论的发展与时代有着内在的、直接的、多方面和多层次的关联。在一定意义上，教育理论属于"时代学"之列。认识这一点，对于今后教育理论的发展有重要的意义。从教育理论的发展来看，无论是在中国还是其他国家，近代教育理论的诞生都与社会变革而引起的教育变革直接相关。经历了学科由古代向近代的时代转换和逐渐形成了学科的内结构以后，尤其在力主以近代自然科学的研究范式作为任何学科的研究范式，以近代自然科学形成的科学标准作为衡量一切学科的科学标准的科学主义思潮的长期影响下，几代教育理论研究者中的许多人，逐渐自觉地用这样的眼光去追求提高教育理论的"科学性"和"专业性"，去寻找教育理论的发展方向。"21 世纪将造就一个新的时代。这不仅靠科学、技术的显性变革及发展，也需要来自人类在更广泛和深刻意义上对自身命运与发展的关注。当前，来自科学的发展打破了前面所述科学主义的诸多限制，对新的复杂事物的研究逻辑的探究正在兴起，它预示着可能出现科学家园的重建。在当今的学术领域里，关于复杂事物和复杂性的研究已异军突起，引起不同学科领域内，尤其是面对复杂对象研究人员越来越多的关注。整个 20 世纪不断出现的自然科学在对宏观和微观世界物质运动领域内的一系列重大新发现，打破了牛顿物理学一统'科学观'天下的局面，从而使科学哲学家重新认识科学的含义，令人深省的是，这场科学观的变革恰恰是从自然科学领域里开始的。""当许多学科的专家加入到复杂性研究，或者说用复杂的思维方式重新认识自己的研究对象时，我们面对着最复杂的研究对象——教育的研究人员，是否感受到、认识到这一点，并积极地行动起来？"②

---

① 彼得·圣吉. 第五项修炼——学习型组织的艺术与实务 [M]. 郭进隆，译. 上海：上海三联书店，1998：80.

② 叶澜. 世纪初中国教育理论发展的断想 [J]. 华东师范大学学报（教育科学版），2001（3）：1-6.

由此可见，作为教育领域的研究人员，运用复杂性科学思维考察教育问题是十分必要和迫切的。

（二）校长领导力研究的基本框架

为了便于分析，本书运用系统分析法将校长领导力划分为三个要素（当然，在此过程中要素与整体间、要素与要素间的互动关系是必须要把握的，否则有违复杂性科学的价值取向），然后对比分析了在简单性科学与复杂性科学视野下各要素呈现的特征，最后提出了提升校长领导力的建设性策略。当然，需要强调的一点是，为了研究方便本书用于描述组织的模型、理论和框架是简化了的，而非现实本身。真实的组织要比这些描述中的任何一个都复杂得多。

1. 校长领导力的内涵及要素

校长领导力研究是围绕校长领导能力和校长领导的作用过程展开的，是校长在实现学校愿景、推动学校发展的过程中影响全校教师、员工和以学生为代表的利益相关者的能力，以及与全校教师、员工和以学生为代表的利益相关者之间的相互作用。主要包括如下要素：校长引领学校适应环境、实现愿景的过程和能力（组织发展引领力）；校长通过调整学校组织机构提升学校效能的过程和能力（团队效能提升力）；以及校长与教师二元关系构建的过程和能力（二元关系构建力）。

组织发展引领力：一个组织的生存和发展取决于它是否能有效地适应环境[①]，这对一所学校来说，就意味着它所培养的学生能否成为合格的公民，能否得到家长的满意，能否得到上级部门的认可，能否获得社会上良好的声誉，能否成为所在社区活动的积极参与者……此时，校长一个基本的功能就是帮助学校适应这个环境，获取生存所需的资源。如何有效适应环境、如何营造利于变革的组织环境、制定什么样的战略目标、如何生成组织愿景等都是组织发展引领力中的内容。

团队效能提升力：领导力的团队过程主要表现为在一个任务团队中领导

---

① 加里·尤克尔. 组织领导学 [M]. 陶文昭，译. 北京：中国人民大学出版社，2004：19.

角色的性质，以及一个领导者如何贡献于团队的效能。从学校内部的角度来讲，校长该如何通过实施领导力提高团队效能从而实现发展呢？这个过程包括校长角色假定、学校结构、学校文化三个方面。

二元关系构建力：重点在于一个校长与另一个通常为追随者的两人之间的关系、领导者与追随者的相互影响过程。目前大多数对于校长权力和影响技巧的研究，也是按照二元过程加以定义的。"大多数关于领导效能的理论主要是在二元层次上加以定义的，这些理论通常认为，团队和组织的过程涉及领导，但它们并没有清晰地描述这些过程。"[①] 因此，二元领导力研究得到了极大的重视。在二元关系构建力中，主要包括人性假定、沟通性质、二元关系构建方式以及二元关系构建结果四个方面。

总而言之，校长领导力的概念层次中，二元关系构建力是基础，团队效能提升力是依托，组织发展引领力是方向，三者缺一不可。

2. 本文研究的理论框架

从领导产生的组织环境出发，最容易理解学校领导的责任。领导人是为组织服务的，为构成这些组织的个体服务，为组织服务的对象服务。任何组织所界定的目标在很大程度上是由组织的架构或结构形成的，组织决定其环境。[②]

两种不同取向的校长领导在不同层面的领导力要素中具有不同体现。分析"秩序与稳定"取向以及"发展与创新"取向的校长在二元关系构建力、团队效能提升力和组织发展引领力三个方面的区别，可以让我们更深层次地把握校长领导力的内涵，同时可以帮助我们深刻理解校长如何通过实施领导力引领学校不断发展。

关于领导力是遗传获得还是后天习得依然存在争论。早期领导学研究中特质理论常常重视领导者与非领导者间个人特质和特点上的区别，认为领导者能够成功更多取决于他们来自先天的不同于常人的性格和气质，从心理学的角度研究领导者的人格特征。事实上并没有哪一种特质能够保证领导者必

---

① 加里·尤克尔. 组织领导学 [M]. 陶文昭，译. 北京：中国人民大学出版社，2004：14.
② 杰拉尔德·C. 厄本恩，拉里·W. 休斯，辛西娅·J. 诺里斯. 校长论：有效学校的创新型领导 [M]. 黄崴，龙君伟，译. 重庆：重庆大学出版社，2004：4.

然获得成功。尽管特质论曾有所复苏，但早在 20 世纪 40 年代开始，特质理论就不再占据主导地位。随着研究的逐渐展开，人们意识到，领导力不再是几个少数英雄式领导的特权，而是所有人的事情。"领导力是一系列对我们大家有用的技能和实践，它不仅对少数几个领袖管用。领导力只适用于伟大的人物这一说法并不正确。"① 领导力是可以习得和培养的。"领导力的相关技巧是人们通过一系列实践经验去模仿和发展起来的。这些实践包括尝试和犯错误，继续努力，得到反馈信息，犯错误，再重新开始。"② 因此，校长领导力可以习得和不断发展的观点是成立的。

在本书后面的研究中，我们更多的是从校长在实现学校愿景、推动学校发展的过程中影响全校教师、员工和以学生为代表的利益相关者的能力，以及与全校教师、员工和以学生为代表的利益相关者之间的相互作用来论述领导力，将较少出现对于我们通常所说的校长个人能力的论述。领导力并非遗传获得，也并不存在某几种特质一定会使领导者获得成功。但确实存在一些个人能力是成功的校长身上所具备的，这里列举出来，希望能给校长们以启发：自我反思、自我认同、自我评估的能力强；聪敏、自信、客观、有弹性；诚实、正直、负责；内心世界丰富、有想象力、视野开阔、善于学习。

分析不同并不是我们的最终目的，我们最终想要获得的，是如何才能够帮助校长从"实然"的领导状态走向"应然"的状态。因此本书的落脚点就是，校长在二元关系构建力、团队效能提升力以及组织发展引领力方面怎样改善，才能更加适应当前变革的环境、更好地发挥领导力、不断推动学校组织向前发展。

---

① 库泽斯·J. 波斯纳·B. 领导力 [M]. 李丽林，杨振东，译. 北京：电子工业出版社，2004：24.

② 马歇尔·戈德史密斯，艾伯特·维切雷，贝弗利·凯，维贾伊·戈文达拉扬. 领导力是什么 [M]. 燕青联合，译. 北京：中国劳动社会保障出版社，2007：1.

第四章

学校变革：一种研究情境

当今的世界正处在不断地变化之中，如果一个领导者追求稳定的话，这个组织就要遭殃了。在过去，很多领导者认为，如果他们能将事情保持在一个平稳的甚至不变的状态，他们的事业就会相当成功。保持稳定被认为是一种节省成本并使资源得以有效利用的运作方式，而变革则被认为会扰乱组织的运作，还会浪费资源。然而，随着近年来变革步伐的加快，领导者已经意识到保持稳定反而是在失去领地，因为我们生活在一个充满了随机性和不确定性的复杂世界中，经常性的变革是不可避免的。

——理查德·L. 达夫特《领导学原理与实践》

我们生活在一个变动不居的时代。我们与其把变革看成是一个充满痛苦的诅咒，还不如去研究、发现它是如何运作的，以及该如何去推动这个过程，如何从这些经历中学到有益的东西①。当前，我国社会已经从相对缓慢、稳步的发展时期转向变化加速、加快、幅度加大和发展取向急剧多变的发展时期，也是信息化、全球化背景下社会主义现代化建设的加速时期。它要求教育在整体上发生变革，以适应快速发展变化着的世界和社会的需要②。作为组织的学校在发展过程中无疑会受到学校内、外环境广泛而深刻的影响。克劳德·巴斯蒂安（Claude Bastien）指出："认识的进化并不是朝向建立愈益

---

① 吉纳·E. 霍尔，雪莱·M. 霍德. 实施变革：模式、原则与困境 [M]. 吴晓玲，译. 杭州：浙江教育出版社，2004：22.
② 叶澜. 千舟险过万重山——改革开放 30 年中国基础教育发展研究概述 [J]. 基础教育，2009 (1)：3-6.

抽象的认识，而是正相反，朝向把它们放置到背景中。"① 当前，整个社会正处于一个急剧转型时期，社会关系和背景日趋多样化和复杂化。

一、变革：时代的标记

复杂性科学要求我们将认识对象"背景化"，对于孤立的信息或资料的认识是不够的，必须把信息和资料放置在它们的背景中使其获得意义。复杂系统是开放系统，无时无刻不在与环境交换物质、信息和能量，因而处理复杂系统的问题离不开对环境即背景的考察，而对研究对象的研究也加深了对背景的理解。外部环境变迁的挑战、内部环境自身发展以及对外部环境的反馈构成了校长领导的现实条件。在与复杂性科学相匹配的系统分析法中，组织与其环境间的互动是核心关注点之一。主体的适应性体现在它与环境的互动关系之中。"合理的认识是这样一种认识，它能够把任何信息都在其背景中和其所属的整体中加以定位。人们甚至可以说认识主要不是依靠精确化、形式化和抽象化而进步的，而是依靠实行背景化和整体化的能力而进步的。"②

在此部分研究中，笔者主要试图解决的问题是学校所处的变革环境给校长领导带来的挑战以及校长该如何应对挑战、引领学校主动发展；学校变革呈现出了哪些特征，与校长领导力有什么样的联系等。脱离环境的校长领导力研究是苍白的、刻板的，因为校长正是在不断变化的环境中领导，把握环境与校长领导的互动关系具有现实意义。

"现在当校长比10年前、15年前难当多了"，访谈中，很多老校长表达了这样的感受（见表4-1）。"和20年前相比，我们更清楚地了解到，学校和其他组织一样，是个复杂、令人迷惑的地方，甚至充满了矛盾、犹豫不定、模棱两可和不确定性。"③ 这一方面说明校长在领导中正面临着许多新的问

---

① 埃德加·莫兰. 复杂性理论与教育问题 [M]. 陈一壮，译. 北京：北京大学出版社，2004：25.
② 同①，第102页.
③ 罗伯特·G. 欧文斯. 教育组织行为学——适应型领导与学校改革 [M]. 窦卫霖，温建平，译. 北京：中国人民大学出版社，2007：129.

题，同时告诉我们，把问题放在具体的背景和环境中考察非常重要，这也是复杂科学中关系性思维的要旨所在。学校的背景是指学校内外影响到学校目标的实现和学校目标实现过程中采取手段等一系列因素，它包括了学校所处的政治、经济、文化等社会背景因素和生源情况、教师结构、学校规模和历史、学校文化积淀等学校自身的背景因素，正如加普·施瑞恩斯（Jaap Scheerens）和贝尔特·P. M. 科瑞梅尔斯（Bert P. M. Creemers）所认为，"不同的权变因素会促使组织向不同的方向发展"①，学校的背景因素的客观存在造成了学校发展方向和发展过程的差异。

表4-1 校长领导的新、旧环境对照

旧环境	新环境
工业经济时代	知识经济时代
以"成事"为本	以"人的发展"为本
追求稳定	追求发展和变革
外控管理	校本管理
控制	授权
一致	多样化

注：表中所指新、旧环境以20世纪80年代为界。

变革，是这个时代的主要标记。在这里，变革主要有两个逻辑层次，一是学校所处的变革环境，这是本书研究主题校长领导力的宏观背景；二是学校作为变革主体，这是校长领导力实施的具体场景以及主要构成。

（一）学校变革的宏观背景

"领导演变的意义就在于它反映了组织和社会的时代变革或者背景"②。学校作为一种组织，具有组织的开放性特点。社会环境的变化必然会影响学校组织的运转，而学校组织运转方式的变化，同样也会影响到外部社会环境。对于校长领导力实施环境的研究可以分为两个层次，一是学校所面临的处于

---

① Jaap Scheerens，Bert P M Creemers. Conceptualizing School Effectiveness［J］. International Journal of Educational Research，1989，13（8）：691-706.

② 达夫特. 领导学：原理与实践［M］. 杨斌，译. 北京：机械工业出版社，2005：286.

教育外部的环境变化，各种环境要素来自不同的社会层面，影响着学校的运作；二是变革中的学校。两个层面的环境变化与校长领导力的实施具有一定的互动关系，为本研究所处的现实坐标提供了依托。

在人类事件中，各种各样的变化总是交替着，战争与和平、经济繁荣与萧条、社会价值和信念的变迁、大规模的技术工业变革显然都属于此列①。这些就要求社会组织不断适应新条件，学校也不例外。多元的环境影响来自社会的不同层面，并对学校运作产生作用……学校外部环境的不确定性与重要性与日俱增。②

1. 知识社会已现端倪

人类进入知识社会成为一个具有全球性特征的共同话题。对"知识社会"做出系统的阐述并产生巨大影响的是丹尼·贝尔（Daniel Bell），在其关于"后工业社会"来临的讨论中，丹尼·贝尔不仅使用了"知识社会"这一术语，并且指证后工业社会在双重意义上直接就是知识社会。彼得·德鲁克（P. Drucker）在 20 世纪 80 年代预见到以知识为基础的社会正在到来。他指出，"20 世纪的公司最宝贵的财富是它的生产设备，而 21 世纪的机构最宝贵的财富将是它的知识工人及其生产能力"③。资本和劳动力作为生产要素构成了资本主义社会的特征，而自第二次世界大战以来，知识"很快成为生产的核心要素，超越了资本和劳动力"，成为后资本主义社会的资源。甚至知识社会会成为后资本主义社会的主要特征④。将知识社会视为一种社会形态的说法虽然还有待探讨，但是这从一个侧面可以看出知识在当今时代的重要意义。德鲁克接着谈到，学校作为知识的"生产者"和"普及站"，以及学校在知识方面的垄断地位，都必然受到挑战。目前学校面临的挑战比其他任何

---

① 罗伯特·G. 欧文斯. 教育组织行为学——适应型领导与学校改革［M］. 窦卫霖，温建平，译. 北京：中国人民大学出版社，2007：23.

② 韦恩·K. 霍伊，塞西尔·G. 米斯克尔. 教育管理学：理论·研究·实践［M］. 范国睿，译. 北京：教育科学出版社，2007：233.

③ Drucker P F. Knowledge-Worker Productivity：The Biggest Challenge［J］. California Management Review，1999，41（2）：1.

④ Drucker P F. Post-Capitalist Society［M］. New York：Harper Business，1993：19-20.

机构都要严峻①。知识已成为关键资源和主要的甚至很可能是唯一的优势资源②。他的论文《从资本主义到知识社会》，从历史演进中解释了从"体力到脑力为基础的经济"的全球性转变③。他提出的"后普及时代"是完成国家或地区工业化和各项教育普及任务后，在知识经济初期教育发展的一个特殊时代。这一时代的显著教育发展标志不是追求教育的普及速度和规模发展，而是追求教育的质量与品质；不是以工业生产方式为国家工业化和城市化培养造就人才，而是以人为本、促进人的全面发展，为知识经济发展培养高素质人才。

由此，在当今世界，经济全球化深入发展，科技进步日新月异，国际竞争日趋激烈，知识越来越成为提高综合国力和国际竞争力的决定性因素，人才资源越来越成为推动经济社会发展的战略性资源。从深刻变化的国际环境来看，各国抢占人才和科技竞争的制高点，对我国教育改革发展提出了新的更高要求。人才培养的水平和质量决定着人力资源强国的基础，要求我们的教育，特别是学校教育要去适应这种新的发展和新的要求。然而我们的教育体系，基本上是工业社会的形态。通过筛选、淘汰、择优把人类分层，以分类培养专业人才为主要线索，以个人终身学历为学习目标，但是对不同的人又要求有划一的学习过程、进度、内容，完全是工业大生产的思路。我们的教育，基本上是崇尚服从，而不鼓励突破；学习的是旧知识，而不会创造知识。知识不断更新，建立一个终身学习型社会势在必行。面向终身教育体系，终身学习的意识和习惯都要从基础教育开始培养，基础教育就是要养成终身学习能力的教育。

在人才培养方面，知识社会给学校带来了什么样的挑战呢？"知识社会的另一面是'高危机社会'，在这样的社会里，人们要有处理模糊性、变化性和不确定性问题的应变能力。因此，教育不只是要促进认知学习，还要培养学生处理社会问题以及处理人际关系的能力，其中包括具有权利和责任意识，能够建立信任感、认同感，能明确公民的职责和权利。"④

---

① Drucker P F. Post-Capitalist Society ［M］. New York：Harper Business，1993：209.

② Drucker P F. Managing in a Time of Great Change ［M］. Oxford：Butterworth Heineman，1995：3.

③ 达尔·尼夫. 知识经济 ［M］. 樊春良，冷良，译. 珠海：珠海出版社，1998：20.

④ Blackmore J. A critique of neoliberal market policies in education ［J］. Journal of Education Change，2000（4）：381-387.

基础教育如何迎接知识社会的挑战，成为一个具有普遍意义的共同话题。"聪敏学校"（smart school）是美、英、澳等研究者在探讨知识社会的学校领导时经常使用的概念。为什么有的学校比其他的学校有更好的组织记忆？有的学校在组织学习方面做得更好？詹姆斯·马奇认为，"组织会追求智慧，在这种追求中，它们处理信息，系统提出规划和抱负，解读环境，形成策略和决定，检验经验并从经验中学习。"① 在一些研究者看来，在知识社会，成功学校的关键词已经不是"勤勉"，而是"聪敏"。聪敏学校的标志之一，是高度的组织智慧，而生成组织智慧的基础，则是组织学习。组织学习是构建聪敏学校的起点，正确引领组织学习也就是构建聪敏学校的一条重要的领导路径。②

布赖恩·J. 卡德威尔和吉姆·M. 斯宾克斯指出，要创建知识社会的学校③。在知识社会中，形成关于专业人员的观点的起点，考察在学校始终关注学习结果的条件下专业人员在学习上所取得的成功，同时，这些专业人员为那些坚持不懈地关注学习结果的学校的成功和满意度作出了贡献。教师作为专业人员，要能够在已有资格进行教学的学习领域里获得新的知识和技能，要能够熟练地运用多种诊断与评价手段来准确了解学生的水平和需要，每个班级的情况都有所不同。不但在理论上，而且在实践中，把每个学生都当做独一无二的个体来对待，教师应具有团队协作能力。

2. 人的价值日益得到尊重

"世界范围内对民主、个人自由、自尊和尊严以及自我实现机会的更高渴求"④，这是罗伯特·G. 欧文斯提出的在当今世界给科层制思想提出了一个"不可应对的"挑战的趋势。实际上，就是"以人为本"思想的发展。

事实上，"以人为本"的历史渊源可以追溯到我国古代的民本思想和西方的人文主义思想。我国古代的民本思想是与"君本论"相对应的，西方人

---

① March James G. The Pursuit of Organizational Intelligence [M]. Malden Mass：Blackwell，1999：1.

② 冯大鸣. 美、英、澳教育管理前沿图景 [M]. 北京：教育科学出版社，2004：82.

③ 布赖恩·J. 卡德威尔，吉姆·M. 斯宾克斯. 超越自我管理学校 [M]. 胡东芳，等，译. 上海：上海教育出版社，2005：169-170.

④ 罗伯特·G. 欧文斯. 教育组织行为学——适应型领导与学校改革 [M]. 窦卫霖，温建平，译. 北京：中国人民大学出版社，2007：90.

文主义思想萌芽于古希腊时期，形成于意大利文艺复兴时期，不同时代具有不同的内涵。古希腊时期政治改革和经济繁荣使得人们越来越关心社会和人的事务，哲学研究的重心从自然哲学转到人本哲学；在文艺复兴初期，人文主义思想主要是针对中世纪的"神本论"提出的；17世纪科学革命以来，自然科学取得了一个又一个辉煌的成就，唯科学主义大行其道，代替神和人成为万物的尺度，人本主义在与唯科学主义观念的斗争中得到了一定的发展；第二次世界大战以后，加快经济增长成为世界各国的共识，人类创造了前所未有的经济增长奇迹，但此时人们误以为"增长"就是"发展"，单纯追求经济效益，忽视社会公平、忽视环境保护等问题，造成了一系列诸如结构失衡、能源紧张、生态环境恶化、两极分化等问题，由此，20世纪70年代开始，许多学者将视线转向了人和社会的发展，发展应该是"为了一切人和完整人的发展"[①]"我们要重新调整以往研究国家发展的重点，把人作为注意的中心"[②] 等观点不断涌现。重视公平、以人的发展为核心的经济、社会综合发展观取代了单纯的经济增长观，"以人为本"的理念拥有了新的时代内涵。

党的十六届三中全会正式提出了"坚持以人为本，树立全面、协调、可持续的发展观，促进经济社会和人的全面发展"的科学发展观。党的第十七次全国代表大会强调在新的发展阶段继续全面建设小康社会、发展中国特色社会主义，必须坚持以邓小平理论和"三个代表"重要思想为指导，深入贯彻落实科学发展观。科学发展观，第一要义是发展，核心是以人为本，基本要求是全面协调可持续，根本方法是统筹兼顾。可以说，"以人为本"的理念深入人心。我国社会进入了一个和谐发展的阶段。这个阶段，以全面建设和谐社会为主要命题。它对人的价值、情感、尊严的重视，已具有重要含义。

当前，强调"以人为本"，就是要尊重人的价值和差异，既要遵循自然发展客观规律，又要满足人的发展需要，把人的自由、全面发展作为社会发展的终极目标。落实到教育上，落实到学校里，即是要培养具有主动发展意识的人。社会的发展变化要求人要不断地自主选择、主动发展，人必须有能力把握环境，因此，教育意义上的"以人为本"与一般意义上的"以人为本"其不同之处就在于不仅是要尊重人的价值、关注人的差异、重视人的发

---

① 弗朗索瓦·佩鲁. 新发展观［M］. 张宁，丰子义，译. 北京：华夏出版社，1987：4.
② 阿历克斯·英格尔斯. 人的现代化［M］. 殷陆君，编译. 成都：四川人民出版社，1985：11.

展需要，更要培养人具有主动发展的意识和能力。

在学校里，"以人为本"不仅是以学生为本，还包括以教师为本。要把人（包括学生和教师）当做鲜活的生命体而非可以灌输的容器来看待，重视个体的主动性以及潜在发展的可能。我们要培养有主动发展意识和能力的人，如果连教师都缺乏专业自觉、缺乏自我发展的生命自觉，那么让教师培养出具有生命自觉的人是非常困难的。

3. 现代信息技术快速发展

20 世纪 80 年代以来，现代信息技术取得了飞速发展，为人类信息系统的发展提供了物质基础，并渗透到社会各个领域，极大地影响了人的生存方式。信息技术的核心是把信息数字化，信息产业已成为社会的支柱产业。从技术上看，信息化的基本特点是数字化与网络化、知识化、全球化。

• 数字化与网络化：工业化带来的是机器大生产的观念以及在任何一个特定的时间和地点的标准化方式重复生产的经济形态，而在信息技术快速发展的今天，工作和生活可以是在一个或多个地点。数字化的信息以极快的速度传播，在它传播时，时空障碍完全消失，网络化形成。

• 知识化：信息化的发展正在使世界经济进入一个非物质化的时代，信息正在取代物质资源而成为创造财富的主要源泉。经济学家们指出，信息经济时代，产品和相关劳务中知识的比重将高于物质的比重。劳动密集型产业的比重将下降，技术密集型和知识密集型的产业将上升，从而凸显知识化的趋势。知识成为社会经济和社会发展的重要动力。

• 全球化：信息化将推动全球经济进一步一体化，信息技术的日新月异，使得各种信息能够很快超越个人和国家的界限，在更广阔的范围内有效地配置信息和其他资源，国内、国际的活动能更有效地结合起来，全球经济成为一个不可分割的整体。信息的高速流动、变化和互联网的普及，加速了全球化的进程和扩大了全球化的范围。

总体而言，我国当前仍未完成工业化，并不像很多发达国家一样以成熟的工业社会向信息社会过渡。我们当前所处的时代是前工业时代、工业时代与信息时代并存的，处于一种复杂的过渡期中，主要以后两种为主。两种社会分别呈现了怎样的特点呢？有学者进行了专门研究（见表 4-2）。

表4-2　工业社会与信息社会特点之比较①

不同时代 时代特点	工业时代	信息时代
生产过程	工业化、程序化、标准化	个性化、灵活性、多元化
生产形式	劳动密集、技术密集	知识密集、信息密集、创造性密集
组织形式	相对封闭的系统化	开放、发散、扁平化
对人才的要求	高度分化、专门化	分化综合统一、个性化、创造性
对教育的要求	标准化、工业化	多样化、个性化
信息传播	单向传播	双向化传播、交互化传播、个性化传播

　　信息已成为极其重要的竞争要素，既包含基础设施又蕴涵着人类的高级智慧的信息技术，对教育领域的方方面面提出了挑战。新技术的急速发展，包括了信息技术在课程、教学方面的作用以及学校管理信息的流动。新的技术和各种软件被源源不断地开发出来，有很多技术和软件已经应用于教育中，促进了教育的发展和普及，也使学生学习的方式更加多元化。信息技术的快速发展改变的不仅仅是学校局域网络和教师的授课方式。学校组织间的沟通、教学资源共享、教学管理、学生学籍管理等都随之发生了一定的变化，人们获取信息的途径大大拓宽，如何利用好信息技术的优势推动学校更好的发展，需要校长不断思考。

　　信息技术在教育中的广泛应用，使教学工作不再依赖单一的传统教学方式，在现代教学中，教师不再是单一的、甚至也不是最重要的信息来源。信息技术的发展同时促使组织产生巨大变化。从20世纪50年代到现在，组织结构已发生了重要变化，尤其是进入20世纪80年代以来，组织的变革与创新已成世界性的潮流。由于越来越多的组织开始使用信息技术以支持组织的运行，信息技术的使用必然导致组织的变化。信息技术目前已在组织中得到广泛应用，并引起组织发生了许多变化。组织在信息技术下发生的四种主要变化趋势：工作任务的变化、组织结构的变化、中层管理作用的降低和组织

---

　　① 唐晓杰. 信息化背景下的学校改革问题研究［G］//叶澜. 全球化、信息化背景下的中国基础教育改革研究报告集. 上海：华东师范大学出版社，2004：103-168.

规模的缩减①。在学校内部，信息技术带给校长的挑战是实实在在的（见表4-3）。

表4-3 工业时代与信息时代的教育比较②

工业时代	信息时代
教师即知识源	教师即合作学习者
课程为本的学习	学生为本的学习
时间分隔的、严格课表化的学习	开放的、灵活的、即期学习
理论的、抽象的原理与调查	真实世界、具体的行动与反思
操练与练习	探究与设计
规则与程序	发现与创造
竞争	合作
课堂为中心	学习化社区为中心
规定的结果	无确定答案的结果
遵循规范	创造性、多样性
计算机即学习的科目	计算机即所有学习的工具
静态的媒体描述	动态的多媒体交互
限于课堂的交流	世界范围的无边界的交流
考试：通过规范来评估	表现：由专家、导师、同伴和自我评估

我们生活在一个充满了随机性和不确定性的复杂世界中，从追求稳定到意识到变革的价值，从控制到授权，从竞争到合作，从事件到关系，从一致到差异，这些都是现代组织面临的新现实③。总的来说，学校正处于这样一个动态环境里，在教育外部，知识社会已现端倪，人们对个人自由、尊严以及自我实现有更高的渴求，现代信息技术快速发展。在动态的环境中，教育的基本概念和教育领导永远不够完美，永远处于不断完善之中。有些人力图寻找具有确定性和终结性的思想来指导自己的专业行为，对他们而言，这样

---

① 赵文平，黄正菊. 信息技术与组织的变革［J］. 科学学研究，1997（12）：91-93.

② 唐晓杰. 信息化背景下的学校改革问题研究［G］//叶澜. 全球化、信息化背景下的中国基础教育改革研究报告集. 上海：华东师范大学出版社，2004：103-168.

③ 理查德·L. 达夫特. 领导学：原理与实践：原书第2版［M］. 杨斌，译. 北京：机械工业出版社，2005：5-6.

的动态环境也许并非安适的环境，因为他们更适于合理性、明晰度、精确性高的环境。但是这对教育领导而言已经司空见惯：灵巧性、适应性和可变性是当今所有高效组织和专业都要具备的核心特征。①

（二） 变革中的学校

全球化推进下的社会转型是教育变革的深刻原因。我们的教育正处于一个重要的时期，当前我国教育的主要问题是教育观点、制度等对社会转型的整体不适应。社会转型是当代中国社会发展的特征，也是当代中国教育发展面临的宏观背景②。在从传统社会向现代社会过渡的过程中，人才培养的目标与方式必然会不断发生变化，也正因为如此，从 1985 年中央下发的《关于教育体制改革的决定》开始，近些年来，我们国家的教育改革不断进行，内容涉及教育体制、课程改革等很多方面。叶澜教授指出，我们国家教育改革的走向是"一步步地从国家宏观管理到学校教育内部变革。但从学校改革层面上，总体看来虽有进展，但差异却极大，且步履艰难，与期望目标的距离尚远"③。

OECD 的报告指出，"教育已经进入了政治日程——并已被视作解决社会问题和经济问题的关键。"④ 在我们所处的社会，包括身份认同、凝聚力以及对社会理解、接受的态度，很大程度上是在学校中形成的。学校可以通过学习的方式为人在社会化方面提供帮助。学校教育对知识的创造、获取、传达和灵活运用非常重要。简而言之，人们越来越同意：一个社会最重要的投资就是对其国民进行教育，在知识社会中，没有好的教育，我们就会遭受磨难；而有了好的教育，我们就会繁荣昌盛。

从全球视野来讲，中国的教育改革是世界教育变革进程中的一部分，进

---

① 罗伯特·G. 欧文斯. 教育组织行为学——适应型领导与学校改革 [M]. 窦卫霖，温建平，译. 北京：中国人民大学出版社，2007：23.

② 和学新. 社会转型与当代中国教育转型 [J]. 华中师范大学学报（人文社会科学版），2006，45（2）：135—140.

③ 叶澜. 全球化、信息化背景下的学校教育改革课题研究结题总报告 [G] //叶澜. 全球化、信息化背景下的中国基础教育改革研究报告集. 上海：华东师范大学出版社，2004：3-34.

④ OECD. Report on Hungary/OECD Seminar on Managing Education for Lifelong Learning [R]. Budapest Paris：OECD，2001.

入 20 世纪以来，世界各国的教育改革运动此起彼伏。国际学校改进运动也经历了 60 年代的从课程层面进行改革到 70 年代强调与课程改革相配套的教师培训，再到八九十年代从管理层面的变革的过程①；而从中国本土来讲，教育改革是我们实现社会转型、建设富强、民主、文明、和谐的社会主义现代化国家的必然选择。"我国当前的社会转型是社会经济、政治、文化结构分化重组、递升跃迁的历史运动，是整个社会由僵滞走向变革、由封闭走向开放、由落后走向文明的现代化过程。在这场空前的社会变革过程中，新旧体制胶着、利益分化、价值取向多元、文化碰撞等各种矛盾日益凸现出来，并导致人们的生存意识转化，从过去取向转向未来取向，从稳定取向转向发展取向；从趋同取向转向多元自主取向。当前我国教育事业发展的根本矛盾在于社会日益增长的教育需求与教育资源，特别是优质教育资源的有限性之间的矛盾。社会日益增长的教育需求包括量与质两个层面。从量上看，需要解决每一个学龄儿童的学习机会问题，也就是九年义务教育的普及与巩固；从质上看，在经济相对发达的区域，尤其是大中型城市，量的问题基本解决，人们的受教育需求不断向质的需求转化，从接受教育向接受好的、优质的教育转化，而优质教育资源又呈相对不足甚至短缺的态势，优质教育资源的供需矛盾自然形成。为了应对社会的教育需求，学校系统必须做出相应的变革。"②

"当我们开始把冲突、多元化和阻力看做是积极的、对成功来说是绝对必不可少的因素的时候，各种突破性的进步就要产生了。"③ 变革中的学校正处于这样一个境地中。学校作为一个边界比较模糊的开放系统，环境对其的影响是巨大的但同时环境也会被学校所改变。

学校中的教育变革远不只是政策出台就可以完成的简单事情，尽管政策的支持非常关键，但改革从来不能自上而下地强迫进行，因为就学校和课堂层面的改革而言，必须适应地方的需要。强调条件与责任的重要性，意味着

---

① David Reynolds, Charles Teddlie, David Hopkins, Sam Stringfield. Linking School Effectiveness and School Improvement［G］//Charles Teddlie, David Reynolds. The International Handbook of School Effectiveness Research. London and New York：Falmer Press，2000：206-231.

② 范国睿. 从时代需求到战略抉择：社会转型期的学校变革［J］. 教育发展研究，2006（1）：1-7.

③ 迈克·富兰. 变革的力量［M］. 中央教育科学研究所，加拿大多伦多国际学院，译. 北京：教育科学出版社，2000：193-194.

地方的发明创造必须得到政策的支持，而这些政策既要提供自上而下的支持，又要赋予自下而上的主动性。"学校的表现和基本价值会越来越受到整个社会的关注，而不是像以往那样认为学校的事只要交给教育专家就行了。"① 教育领导的研究在过去 20 年里得到了重视。20 世纪 80 年代和 90 年代的学校效能研究无一例外地将领导作为有效学校的特征之一，将领导作为改革的重要手段。

使自己的学校更加有效是所有校长的心声，那么具有什么样特征的学校是有效学校呢？很多研究者都在研究有效学校的特点，试图找出它们与低效学校的不同。学校的效率文化显示，在所有国家中，大部分有效的学校都拥有这样一个员工群体，他们确信自己是学校的"主人"②。S. C. 普尔奇和M. S. 史密斯的研究表明，有效学校是依据五个基本假定进行组织、运作的：第一，不论学校能够做什么，应该做什么，其中心任务就是教学——衡量成功的标准是学生在知识、技能和思考能力方面所取得的进步；第二，学校应负责提供教与学的一切环境；第三，学校必须被作为整体来看待——为满足某些学生的需要而损害教学计划统一性的一些做法可能会遭遇失败；第四，学校最重要的特点是教师和其他员工的态度和行为，而不是诸如图书馆规模、校舍的多少等物质条件；第五，最重要的一点是，学校要为学生学业成绩的好坏承担责任。③

马歇尔（R Marshall）认为高绩效学校的五个特征包括：1. 倡导一种结果导向的学习环境，在该环境中高水平的教育、社会性发展和健康是由所有学习者共同实现的；2. 在结果导向的环境中，教育决策和教育传播系统对每个学习者的需要、兴趣、能力、天赋、学习方式和生活方式作出了反应；3. 在结果导向的环境中，课程评价和人力资源的发展是相互促进和强化的；4. 在结果导向的环境中，在家长和其他市民的支持下，由教师团队共同计划、集中和管理学习资源；5. 在结果导向的环境中，交流和团队参与是社区

① Drucker P F. Managing in a Time of Great Change［M］. Oxford：Butterworth Heineman，1995：2.

② Reynolds D. Foreword. in Caldwell［G］//B. J. Spinks. The Self-Managing School. London：Falmer Press，1988：Ⅵ.

③ S. C. 普尔奇，M. S. 史密斯. 学校改革：学区政策对有效学校文献的启发［J］. 基础教育杂志，1985，85（12）：353-389.

的人力资源发展和经济发展的组成部分。①

罗纳德·埃德蒙德（Ronald Edmonds）在总结以往研究成果的基础上，得出有效学校的特征：强有力的学校领导，使学校不同的要素聚合在一起；在教学上，对来自贫穷家庭的孩子有高期望（对学生成就的高期望）；学校气氛秩序井然却不僵化，安静却不压抑，对教学是支持性的；强调基础技能的获得，把它作为学校的首要任务；必要时，把学校的精力和资源放在基础技能的获得这一首要任务上；经常对学生的进步进行评估和监控。②

蒋鸣和认为，高效能的学校应具备以下特征：学校有自身明确的发展目标；学校有促进学生全面发展的课程计划；学校具有面向教育需求和发展重点的科学决策程序；学生热爱学习，学校对学生寄予切合学生实际的教育期望；教师态度积极、齐心协力，具有高度的凝聚力；学校注重教师的专业发展，充分发挥教师的主动性和创造性；有科学的测量与评价体系及信息反馈机制③。姚利民在综述国外有效学校的研究文献的基础上，总结了有效学校的六个特征④：有效的管理；优良的学校环境和积极的学校氛围；高度重视教学和学习；有效的教学；共识与合作；准确评估与及时反馈。

在不同的社会文化背景中，学校发展中呈现出的问题是不同的，比如前面S. C. 普尔奇和M. S. 史密斯的研究指出，"学校必须被作为整体来看待——为满足某些学生的需要而损害教学计划统一性的一些做法可能会遭遇失败"，思路是对的，"学校必须被作为整体来看待"，但其问题却与我国的现实恰恰相反，我们的问题是——为满足教学计划统一性而损害学生的某些需要。

总而言之，随着我国社会转型性的变革与教育改革的深化，加之教育改革的重心逐步下移，学校在教育现代化中的主体地位日益凸显，学校一旦进入改革，以常规为特征的稳定状态被打破，就会面临方方面面的变化，校长面临的改革压力日益增大。"学校变革与外部环境保持着不仅多样、丰富，而且处于变动之中的复杂关系。学校变革片刻也不能脱离这些关系，受到它

---

① R. Marshall. Restructuring the American Work Place：Implications for the Public Sector ［M］. Eugene, OR：Labor Education Research Centre, University of Oregon, 1992：LERC Monograph Series.

② Ronald Edmonds. Effective Schools for the Urban Poor ［J］. Educational Leadership, 1979, 37（10）：15-24.

③ 蒋鸣和. 推进基础教育信息化的几点思考 ［J］. 教育发展研究, 2003（12）：33-36.

④ 姚利民. 国外有效学校研究述评 ［J］. 外国中小学教育, 2005（8）：25-29.

的制约，也同时得到它的滋养，在复杂的关系中存在与发展。"①

二、学校变革

变革已经成为学校的一种生存常态。学校组织的开放性特点决定了学校要在变革中求发展，学校是一个稳定而有弹性的动态系统，有着既紧密又松散的结构关系。要么是学校为了生存，为了适应不断变化的环境，必须进行变革；要么是学校组织内部出现严重问题，降低了学校组织的效能，从而提出变革要求。可以说，在变革的环境中实现发展、主动地参与变革是当前学校的主题，"素质教育最终必须也唯有通过学校综合改革，才能真正达到提升学生素质的目标"②，学校变革已成为解决教育问题的根本途径。

什么是学校变革？有研究者指出，学校变革是指学校作为一种独立的社会组织形态，在外部环境和内部因素的交互作用下，其组织结构、功能、运行机制及组织文化等方面所发生的复杂动态的变化过程及结果③。学校变革，特指在当代中国教育改革背景下，以一所所学校为单位主动开展的、自觉的、综合而富有深度的变革，就是我们在当前教育变革情境下可以感知、可以体验的学校自我变革这件"事"、这个"活动"④。学校变革是学校作为一种社会机构和教育组织，在受到外力（如社会转型）或/和内力（如学校自主发展的强烈愿望）的推动下发生的组织形态、运行机制上的更新与改造⑤。虽然三个比较经典的定义论述的角度不同，但有四个共同点是我们必须把握的：第一，学校是国家教育改革的细胞组织，是教育的实践主体，教育改革的每一步都要在学校的范畴中进行，学校变革以学校为单元和主体，"理解个人

---

① 吴遵民，李家成. 学校转型中的管理变革——21 世纪中国新型学校管理理论的构建 [M]. 北京：教育科学出版社，2007：71.

② 素质教育调研组. 共同的关注——素质教育系统调研 [M]. 北京：教育科学出版社，2006：249.

③ 孙翠香，范国睿. 学校变革成本分析——以政府主导型变革为例 [J]. 教育发展研究，2008 (19)：21-26.

④ 同①，第 68 页.

⑤ 杨小微. 全球化进程中的学校变革 [M]. 上海：华东师范大学出版社，2004：19.

在变革中所发挥的作用非常重要，但使变革取得成功的关键组织单元还是学校"①。第二，学校变革是复杂的、有深度的、动态的，是非直线的，充满着不确定性。这就要求在面对学校变革问题时运用复杂性思维方式。第三，学校变革是充满自觉性的活动，既不是在上级行政部门的强迫下进行的，也不是在大量教育专家的监督下进行的，而是学校及学校全体成员为了使学校获得更好的发展所做出的主动选择，这种主动精神和全员参与在学校变革过程中具有重要意义。第四，学校变革是一个过程，而不是一个事件。这就表明变革具有长期性和全面性。但往往很多人寄希望于学校变革是一次"短暂"的事件，希望通过一段时间的全方位配合以及投入马上见到回报，一旦没有看到积极的变化就马上失望然后认为变革方案无效，这种思路是有问题的。

把握学校变革的走向具有重要意义，对于整体的学校变革来说具有定向功能和调控功能。只有深刻把握方向性问题，学校才能在复杂多变的环境中清楚定位，在变革实践中协调关系，有效利用资源和条件，抓住机遇，主动发展。当前我国的学校变革应该走向何方？叶澜教授在研究中指出，"实现转型是中国学校世纪初变革的基本走向和关涉全局的基础性核心任务……学校教育变革应该由'近代型'向'现代型'完成转换。这就需要价值提升、重心下移、结构开放、过程互动和动力内化。"② 这给了本书较大的启发。总体而言，笔者认为当前我国学校变革有如下几个趋势。

（一）变革思路：由被动依赖到主动选择，由"千校一面"到特色化发展，由"头痛医头、脚痛医脚"到"整体性变革"

由被动依赖到主动选择，是指在变革过程中，校长摆脱"等""靠"思想，深入把握本学校发展现实，主动选择适合于学校的变革路径。我们在现实中总会碰到这样的校长，他们在头脑中固有的思维是"上级要我做什么我便做什么""别人怎么变我就怎么变""我的学校应该怎么做，直接去问教育

---

① 吉纳·E. 霍尔，雪莱·M. 霍德. 实施变革：模式、原则与困境 [M]. 吴晓玲，译. 杭州：浙江教育出版社，2004：17.

② 叶澜. 实现转型：新世纪初中国学校变革的走向 [J]. 探索与争鸣，2002（7）：11-15.

专家就好了"，这种思路从根本上是错的。学校变革必须真正调动起教师的积极性，只有让教师有参与感并感觉到与他们相关，他们才会真正有兴趣投入，真正的学校变革必须是校长和教师主动而且为全员参与才能持久和彻底。

由"千校一面"到特色化发展，指在变革过程中，校长深入挖掘学校发展过程中积淀的稳定性特征，并以此为切入点形成特色从而提高学校质量。我国中小学教育当前已经从量的发展提升到质的发展阶段，已经从为适龄青少年提供学习机会发展到为适龄青少年提供适合于他们的、优质的学习机会，这就要求学校必须以特色提升质量。同时，在特色化发展过程中校长需要注意的是，特色不是别人给的，也不是可以强加的，必须是学校发展过程中长期积淀的、融入学校气质中的，是以校长为首的全校师生员工共同认可的，这才是真正的特色。而且，学校的变革并不是只存在唯一一条最好的路，通过对学校形势的理性思考，自上而下与自下而上协同推进，必然能够获得成功。

由"头痛医头、脚痛医脚"到整体性变革，指在变革过程中，校长要摆脱线性思维和实体性思维，既重视学校内部的各要素，又重视各要素之间的关系，同时把握学校所处环境的动态性特征。学校作为一个复杂的系统，各个构成部门都有其不可或缺性、不可分割性和非线性特征，同时由各个部门构成的整体具有不可还原性。当前的学校变革在价值选择、愿景规划以及实现过程中都呈现出了极强的复杂性，"头痛医头、脚痛医脚"这种割裂地处理问题的方式无法从根源上解决问题，学校变革需要系统观和整体观的支持。

（二）学校组织结构：由"权威结构"或"韦伯结构"到"专业结构"

明茨伯格给了组织结构一个非常经典又简明的定义，组织结构是为针对不同任务而进行的劳动分工方式以及随后要进行的各种协调工作的总和。学校变革过程中组织结构势必会发生变革。

霍伊等在著作中梳理了霍尔对于学校组织结构的思想[1]，即基于"以技术能力与专业知识为基础的权威与以拥有等级职位为基础的权威之间的潜在

---

[1] 详细请参见：韦恩·K.霍伊，塞西尔·G.米斯克尔.教育管理学：理论·研究·实践[M].范国睿，译.北京：教育科学出版社，2007.

冲突"和"专业化与科层化之间潜在的不相容性",将学校组织分为科层的和专业的两个系列,由此形成了四种学校结构类型(见表4-4)。

表4-4 学校组织结构的类型

	专业模式高	专业模式低
科层模式高	韦伯结构	权威结构
科层模式低	专业结构	混乱结构

韦伯式学校结构是一种专业化和科层化相互补充的结构形式,这两者水平都很高。这种模式与韦伯所描述的理想类型很相似,因此将其称为韦伯结构。权威结构则是在牺牲专业性的同时强调科层权威。权威是建立在职位和等级制度基础上。专业结构是由专业人员作出重要决策的结构。混乱结构是一种科层化水平与专业化水平都很低的组织结构;因此,其典型特征是每天的运行过程中都会充满着混乱与冲突。混乱结构毫无效能可言,需要迅速采取行动。权威结构是机械的,可预测的学校效能也是适度的,其环境是支持性的、稳定的、简单化的。

霍尔(1962)认为学校结构发展的下一个逻辑阶段则走向韦伯结构。在这一结构中,集权化力量与专业力量达到平衡。等级、规则、程序、非人格化等科层特征与教师的技术能力和专业化相互补充。管理人员与教师根据共同的利益和共同的目标共同决策。教师与管理人员之间很少有冲突,但组织中各组成部分之间的联系的紧密度适中。简言之,组织的正式特征与非正式特征融为一体。可预测的学校效能较高,这样的结构在简单而又稳定的环境中能最有效地发挥作用。

大多数人宁要秩序不要混乱,因此,相对来说,从混乱结构转向权威结构比较自然。然而,要使学校从权威结构转向韦伯结构或专业结构,面临的挑战就非常严峻。

作为一种职业,教学变得更为专业化。一些学校的结构从韦伯结构转向专业结构。专业结构是松散的、流动的和非正式的。教师专业人员控制决策过程;事实上,教师群体是权力的主要源泉。管理人员服从于教师,在这个意义上说,管理人员的主要职责是为教师服务,推进教—学过程。专业结构是复杂的组织,组织中有高度专业化的人员、多元目标、高度的教师自治,以及水平的而非垂直的关系。最后,这种组织的效能几乎毫无例外地取决于专业知识、责任和教师的服务。在复杂的环境中，专业组织具有高效能的潜力，专业组织的可信度在于它的专业人员。最后霍尔强调，四种结构类型都是理想化的类型，大多数学校都处在这些类型的变化之中。学校要转变为专业结构甚至是韦伯结构都很困难。

霍尔在 20 世纪 60 年代提出学校结构发展的下一个逻辑阶段是走向韦伯结构，这与当时学校所处的大的环境比较稳定有很大关系。随着时代的变迁，当前环境呈现出了复杂的、动态化特征，笔者在调研中发现，当前大部分中小学已经处于"权威结构"或"韦伯结构"中，即科层的特征发展充分，权威结构中专业化水平较低，虽然韦伯结构中专业化与科层化水平都很高，但笔者认为霍尔的研究在此处有点矛盾，既然"专业化与科层化之间潜在的不相容性"，韦伯结构存在的可能性是较小的，而且韦伯结构是在稳定且简单的环境中能最有效地发挥作用，这与此时的大环境也不相符。所以，从权威结构或韦伯结构向适应于复杂环境的专业结构变革，是当前学校结构变革的主要方向。

（三）管理重心：外控管理到校本管理

20 世纪六七十年代，学校的改革主要集中在改善教学方法、课程设计、教学设备及资源投入方面，尤其是发达国家，多是这样的取向，"但不幸的是，这些改革的成果并不显著。例如，在美国，即便已经投注很多心血在教学革新和学校设备改革上，但学生的学习表现和成果似乎没有显著改善。"[①]
20 世纪 80 年代，随着组织和管理科学的进步及商业、工业管理发展的成功，人们开始相信，如果想要加强教育质量，就必须把焦点从教室层面转到组织层面，并改善学校的系统与管理。此时，学校组织管理问题进入研究者视野。

1985 年的《中共中央关于教育体制改革的决定》指出要"改革管理体制，在加强宏观管理的同时，坚决实行简政放权，扩大学校的办学自主权"，"基础教育管理权属于地方。除大政方针和宏观规划由中央决定外，具体政策、制度、计划的制订和实施，以及对学校的领导、管理和检查，责任和权

---

① 郑燕祥. 教育领导与改革新范式 [M]. 上海：上海教育出版社，2005：181.

力都交给地方"，"学校逐步实行校长负责制"。自此，我国中小学开始实行校长负责制，教育管理体制逐渐发生了变化，当然，变化是需要时间和过程的。二十多年的教育改革使得我国的教育在不同层次上取得了诸多进展。政府教育管理权限不断下放，当前一个明显的趋势就是以学校为单位的改革正在成为重心，建立现代学校制度、校本管理、学校自主发展等命题成为研究者共同关注的问题。

学校层面的管理改革在世界范围内都得到了重视。近年来，为改进教育质量所作的努力已经涉及学校权利、责任、义务的转换上，学校正进行更高程度的自我管理①。澳大利亚等英联邦国家的"自我管理学校"（self-managing school）和美国的"校本管理学校"都是这种趋势的产物。目前在美国，有三种相互竞争的学校改革策略，为赢得论战的控制权和人们的拥护而唇枪舌剑。一种策略被称为"标准本位学校改革"，核心是强化对各州公立学校控制的权力，推行自上而下的改革；第二种策略被称为"市场本位的学校教育改革"，主张抛弃由政府对公立学校进行管理的陈旧理念，绕过或摆脱公众对学校教育的控制，以教育券为纽带，转而由市场对学校进行间接管理。教育改革的第三种策略是"全校改革"。主张分散州政府的教育管理权利，创造扁平化的管理。学校改革被看成是组织学和行为学的问题，其关键是改造学校这个组织，从而激励校长和教师，使他们充满活力，激励他们进行合作，共同解决问题，使他们自己能够致力于完成他们自己深信的目标和抱负②。总的来看，最近这些年里，所有国家的教育制度中，都尽力在学校层面进行一定程度的权力、责任和义务的下放。

校本管理（school-based management）是相对于外控管理而言的。顾名思义，外控管理主要是指学校的各项工作由学校外面的力量"拍板"，这种形式在我国来讲并不陌生。新中国成立初期，伴随着计划经济体制的建立，受苏联教育模式的影响，政府采取了一系列措施以改造旧学校、建立新学校，国家对教育实行全面控制，政府基本上对学校实行了大包大揽的全面管理，

---

① 布赖恩·J.卡德威尔，吉姆·M.斯宾克斯.超越自我管理学校［M］.胡东芳，等，译.上海：上海教育出版社，2005：3.

② 罗伯特·G.欧文斯.教育组织行为学［M］.窦卫霖，温建平，王越，译.上海：华东师范大学出版社，2001：序，1-2.

学校的各种问题基本上均由政府解决，学校一层只负责执行就可以了，这是外控管理的一种表现形式，即中央以及地方教育行政部门"自上而下"的管理。传统的中央集权管理常常忽略校本需要；由于无效能及过分欠缺灵活性，很难促生出校本主动性及配合改变中的校本需求。外控管理的另一种常见表现形式是教育专家带来的。大学以及研究机构的专家学者与中小学实践的紧密结合本是好事，有助于研究人员与一线实践工作者之间的互动对话以及沟通，但在具体操作层面往往会出现一种倾向，专家学者鉴于自身的"专业优势"在没有深入了解学校具体情况的基础上就"出谋划策"，而中小学校长、教师源于对"知识权威"的崇拜和迫切发展学校的愿望对专家的指导"唯命是从"。校本管理，即指从学校的问题和需要出发，以学校为主体进行管理。然而在实践中，"以校为本"的模式也带来了很多挑战。就拿校长领导来说，很多校长面对自主权，常常出现一些不良的反应：要么是政府管惯了，学校被管惯了，所以学校仍然消极等待，工作如一潭死水；要么是学校领导非常想有好的发展，但盲目求助于外力，比如，照搬西方模式或所谓先进模式，不从自身实际情况思考问题；要么是嘴上喊着建立现代学校制度，一切以人的发展为本，但所有工作仍以学生的成绩为本，认为学生取得好成绩才是根本，一遇到反对的声音，就以高考为挡箭牌……校本管理对于学校发展来说，既是机遇，也是挑战。在校本管理的视野下，学校已从改革的对象成为改革的主体，已从政策的被动执行者成为政策创造型执行者。基于学校的文化传统和发展现实基础上进行思考，将学校发展过程中最迫切的问题作为切入点，充分调动学校内部强烈而迫切的发展愿望，是最重要的。

（四）教师群体与受教育群体日趋多样化

组织当前面临的最重要和最广泛的一项挑战是：如何适应各种各样的人。我们习惯于用"大熔炉的观点"来解释组织中的差异，这种观点假定，不同的人在组织中或多或少地会被自动同化。但是，现在我们认识到，员工在工作时不会把自己的文化价值观和生活方式的偏好扔在一边。因此，组织所面临的挑战是针对员工不同的生活方式、家庭需要和工作风格，使自己适应各种各样的人群。取而代之的假设是，人们对差异的承认和重视。①

教师、学生、管理人员包括校长的行为、态度、日常生活实践原本就内含在学校变革之中，因而会被学校变革所吸收、容纳，并构成学校变革不可忽视的内容之一，同时对学校变革产生着不可忽视的影响。② 受教育群体的多样化以及信息技术的快速发展也是摆在校长面前的重要问题。教育领导者需要向所有他们发现的不道德的政策和实践发起挑战，尤其是教育机构中根深蒂固的不平等的范式。③ 在学校受教育群体方面，伴随着经济、社会的快速发展，城市化进程加快，城市流动人口迅速增加，大量进城务工人员子女的受教育问题必须得到解决，而"留守儿童"的受教育问题也已成为社会关注焦点，还有一些较发达地区的中小学有越来越多的外国学生出现，如何给每个不同的学生适合其自身的教育是摆在校长面前的重要问题。社会文化价值的多元化，必须反映到学校教育中来，使学校文化日趋丰富化。教师群体也同样如此，举例来说，现在很多中小学已经出现了独生子女教独生子女的现象，这种现象在我国是特有的。独生子女教师的普遍特点是视野比较开阔，教师个人能力较强，但是与非独生子女教师相比，不太善于合作，容易以自我为中心，抗挫折能力较差。而且学校里总会有表现好的人与表现不好的人，如何与表现不好的老师与学生打交道，如何面对差异，将差异变成学校前进的动力，这都给校长提出了不小的挑战。

三、学校变革过程中校长领导力的问题考察

在 20 世纪对组织主要有两种观点，一个是将组织视为权力、信息集中于高层的等级体系，重视等级控制的逻辑；而另一种将组织视为协作的社团系

---

① 斯蒂芬·P. 罗宾斯. 组织行为学［M］. 孙健敏，李原，译. 北京：中国人民大学出版社，2005：16.

② 吴遵民，李家成. 学校转型中的管理变革——21 世纪中国新型学校管理理论的构建［M］. 北京：教育科学出版社，2007：70.

③ Patrick Duignan. Educational Leadership：Key Challenges and Ethical Tensions［M］. New York：Cambridge University Press，2006：20.

统，更重视组织成员的思想、观点。后一种观点即组织行为学的观点。组织行为学研究的是组织环境中人的行为。它出现于20世纪30年代，"是应用于管理实践的一门社会科学，旨在理解和运用不同社会文化背景中人的行为的知识，去改进组织表现"①，被证明为更适应当前快速变化的环境。组织行为学理论的充分发展，使人们越来越意识到领导在组织生活中的重要性，因为领导主要是通过与他人一道工作实现组织目标，领导如何充分发挥下属的才能，调动他们的积极性，通过关注组织中"人"的行为实现目标，领导之领导力的重要性凸显出来。在提升学校效能的过程中，校长需要强化意识，扎根于学校变革实践，在多元主体的复杂关系中，发挥自己独特的价值。对学校的任何主要组成部分进行根本性变革都会遭遇不确定性和重重阻力②。这时，作为学校变革的直接负责人，校长责无旁贷。尤其是在学校变革过程中，校长领导力的重要性更为明显。

领导者和领导之所以重要，是因为它们是组织的支柱，在变革时期会为组织指引方向，并对组织效能负责。综合来看，在持续变革的学校环境中，旧有的领导模式被证明是无效的，需要新的领导③。校长是学校变革的首要"催化剂"和促进者。④ 鉴于当前学校变革的复杂性特征以及校长领导力的重要意义，复杂性科学指引下的校长领导力是推动当前学校实现变革、不断发展的重要因素。学校变革的发起、开展与深化需要校长提升其领导力并有所作为。

而在当前学校变革实践中，校长要么是简单执行上级命令，要么是流行什么学什么，要么就万变不离其"宗"——学生分数为主，要么把自己完全当成外部关系的协调者，整天湮没在繁杂的交际事务中，要么倡导彻底的"管理主义"，为了管理而管理，完全忽视组织内最重要的人。目前对于学校领导者的预期已经发生了变化，旧有的权力主义和独裁的方式已经失效了。

---

① 罗伯特·G. 欧文斯. 教育组织行为学——适应型领导与学校改革 [M]. 窦卫霖，温建平，译. 北京：中国人民大学出版社，2007：65.

② 韦恩·K. 霍伊，塞西尔·G. 米斯克尔. 教育管理学：理论·研究·实践 [M]. 范国睿，译. 北京：教育科学出版社，2007：387.

③ Judy Reinhartz, Don M. Beach. Educational Leadership: Changing Schools, Changing Roles [M]. New Jersey: Pearson Education, Inc, 2004：4.

④ 吉纳·E. 霍尔，雪莱·M. 霍德. 实施变革：模式、原则与困境 [M]. 吴晓玲，译. 杭州：浙江教育出版社，2004：32.

人们提出需要新的领导力范式①。结合校长领导力的定义，我们可以通过下面两个例子更加深入地了解当前我国中小学校长领导力存在的一些问题。

（一）遭遇发展瓶颈的 F 中学

F 中学从 2003 年至今获得了不小的发展。2003 年以前，用现任 W 校长的话说，已经濒临崩溃的边缘。学校领导无力，教师人心涣散，学生无心向学，学校不仅升学率居于全县倒数，而且学生常常打架斗殴并自由散漫，是所处区域内"远近闻名"的差学校，很多学区内的家长都"竭尽所能"地让自己的孩子去其他学校读书，学校逐渐陷入了一种恶性循环的境地中。2002年末，县教委为了彻底整治 F 中学，从其他学校和教委机关选派了两名干部到 F 中学担任校长和书记，即 W 校长和 S 书记，并在 2004 年投资为 F 中学修建了 M 县域内顶尖水平的校舍，F 中学迎来了发展的"春天"。

W 校长在接手 F 中学后，首先以德育为抓手，着手改变全体学生的精神面貌，严格制定各项行为规范，取得了立竿见影的效果。在笔者问到为什么以"德育"为抓手时，W 校长谈到，一是当时 F 中学学生的整体道德素养堪忧；另一个原因是以德育为抓手操作性强，只要抓得紧变化会比较迅速，毕竟升学率的提高没那么容易。W 校长的举措在全校由上至下推行开来。因为F 中学的新校区就在县城里，离教委非常近，新修的塑胶跑道和现代化大礼堂派上了用场。县里稍微大型一点的活动开始在 F 中学举行。很快，F 中学学生崭新的精神面貌得到了上级领导和各界人士的一致好评。W 校长社会交际广泛，"资源"丰富，口才极佳，常为教师们谋得"实惠"，深得教师认同，随着 F 中学社会口碑的提升，教师们深感在此校工作有干劲、有前途而且有回报，于是纷纷积极投入到本职工作中，升学率渐渐回升，学校上下也一派欣欣向荣的景象。

当然，W 校长最关心的还是升学率，他说，这就是中国教育的现实。社会既然拿它来衡量我的学校，那这就是我们学校的核心议题。家长凭什么把自己的孩子送来你的学校？当然是希望孩子能考上重点高中。校长和老师怎

---

① Judy Reinhartz, Don M. Beach. Educational Leadership: Changing Schools, Changing Roles [M]. New Jersey: Pearson Education, Inc, 2004: 21.

样才能获得别人的认可？当然是学生的成绩好。学校的升学率提高了，学生的成绩有竞争优势了，学校才能有更好的生源，吸引更好的老师，得到更多的投入，进入良性循环。因此，W 校长非常重视对于"尖子生"的培养。

从 2006 年以来，学校的改观似乎没有前几年那么明显了，学生的成绩进步比较缓慢，W 校长开始从教师身上找原因。W 校长认为，教师的教学能力强，才能教出更多好学生，才能帮助学生获得好成绩。因此，他利用自己良好的人际关系，组织校内年轻教师向县教委教研室各科教师拜师，共同教研，希望借此打造出 F 校的名师。W 校长认为，教师最重要的素质就是能上好课，所以，他非常重视教师教学技能的培养。但是，W 校长非常"看不起"理论研究，认为校长是纯实践性工作，讲得再好的人不一定干得好。他也认为让教师做科研是毫无意义的事情，教师最主要的工作是教书育人，搞研究不是他们的事情，会不会写论文无所谓，主要是要会讲课，让教师搞科研只是走形式、耽误时间，教师的压力很大了，让他们把主要精力放在教学生上是最好的。

对于校本课程的开发、校本教材的编写等县教委布置下来的任务，W 校长认为其"形式"大于"意义"，因此找几名老师从网上下载些材料拼凑一下了事，因为在县教委有很多熟人，没有人会跟他较真。W 校长在 F 中学中很有威信，对于学校发展的大事 W 校长基本上说一不二，他认为教师只要能够做好校长要求的事，学校就一定能够得到迅速的发展。学校里大部分教师谈到校长时都充满敬佩，他们认为校长是非常伟大的，毕竟在学校处于极度困难的状态下，W 校长帮助他们摆脱了困境。而且，W 校长很有办法，常能给教师们带来些实惠，整个学校现在的状态比五年前要好很多。

实践总是鲜活而生动的，每个学校的校长领导力都有自己与众不同的地方，只是从根本要旨和层面进行分析时一些基本特征是相同的。W 校长的领导具有一定的代表性，总体上来讲是在简单性科学指引下的一种典型的领导力实施模式，下面笔者将对 W 校长的领导力实施加以梳理。

1. 组织引领层面——"工具理性膨胀，价值理性缺失"

不可否认，W 校长的领导对帮助 F 中学脱离困境确实起到了一定作用，在 F 中学改革之初，W 校长首先从"学生精神面貌"入手，是学校迅速扭转局面的重要原因之一，但学校摆脱困境后止步不前，与 W 校长"成事重于成人"做法有直接关系，这种做法体现了 W 校长"工具理性膨胀，价值理性缺失"的思想观念。为了能使学校在社会上有更好的口碑，从而吸引来更好的生源和更多的投资，F 中学一切工作围绕着培养尖子生、提高升学率来进行，"什么看起来有用就做什么，什么对高考有用就学什么"，重并未当所重，轻并未当所轻，整个学校处于一种教育"功利主义"和"工具主义"的氛围中，素质教育至今仍停留在增加几节课外活动阶段，没有深入课堂，除了现代化的校舍以外，课堂与十年前没有太大区别。

当前中国的学校变革，处于独特的历史文化之中，经费问题、体制问题，更多牵涉着校长的工作，并对学校内部改革形成至关重要的制约。也正是处于这一状态，校长能否处理好与外部教育行政部门及相关部门、社区、家庭的关系，能否为学校发展争取办学经费等学校发展资源，创造良好的外部环境，就构成为校长非常重要的工作内容。但是学校的核心价值取向是什么？我们要培养什么样的人、学校归根结底是个什么样的组织？这是每个校长必须首先要思考的问题。

在相当长的时间里，学校教育在一定程度上渗透着许多功利色彩：在办学目标上，只是把升入高一级学校，或者是考试的各种"率"的程度，作为学校的目标，组织学校的教育活动。牺牲人而"成事"和先"成人"再通过"成人"而促进"成事"是两种不同的境界。举例来说，要求中小学生跳集体舞本是为了陶冶学生的情操，然而青岛某学校在举行集体舞大赛时，为了整体效果的美观，竟然要求全体学生在十一月里身穿短裤、裙子参加比赛，学生们在瑟瑟秋风里抖作一团，试问这样的活动能让学生们有什么样的体验呢？即使再美观也是没有用的，甚至起到相反的效果。很多校长在学校工作中，更多的是考虑"事情"是否圆满，而忽视了其中最重要的人的体验和成长，这是本末倒置的表现。

这样的情况有很多，F 中学也是如此。现代化的校园环境、教学设施一直是 W 校长津津乐道的，也是 W 校长"创收"的途径之一。很多企业大型的活动都在 F 中学举行，若只是在周末还好，但很多重要的活动是在学生上课时间进行的，这难免给课堂带来干扰。确实，在我国当前的条件下，政府还不能给学校以充足的投入，学校主动寻求资金是难免的。但主次应该分清，若"创收"凌驾于学生的发展，那就值得三思了。

2. 团队效能层面——典型的金字塔结构的科层组织

F 中学的组织结构呈现了典型的金字塔式的特征（见图 4-1）。校长处于一个塔尖的位置，虽然党支部与校长同处于领导地位，但因为中小学校长负责制，而且 F 中学党支部 S 书记在到 F 中学之前并没有中学工作经验，所以在 F 中学，W 校长是集权力和信息于一身的。学校组织结构严谨，各传统职能部门正常运转，权责明确，命令统一同时便于监控，管理效率较高，学校内部层级较多，沟通通过既定的渠道进行，信息沟通不够顺畅，依赖规则和规范，由组织的规章来对教学进行控制；校长在决策上起主要的、决定性的作用，为实现学校的目标，在学校管理中强调科学化、规范化及完整的规章制度。

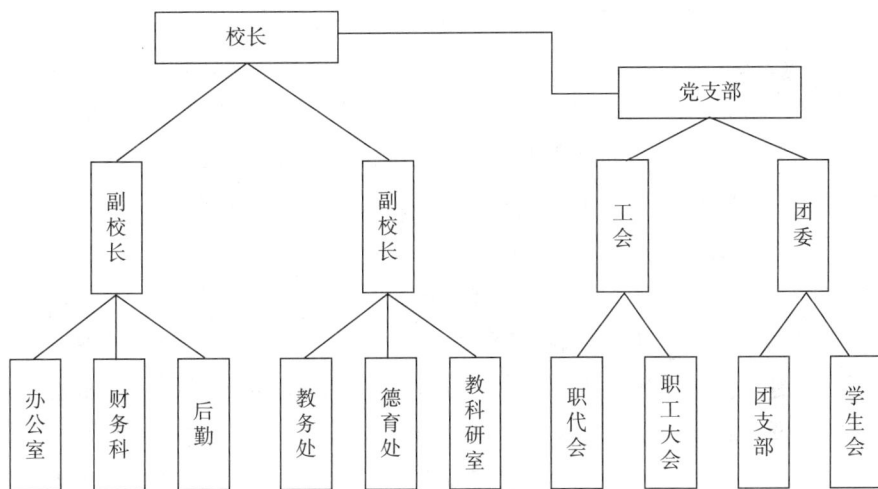

图 4-1　F 中学组织结构特征

计划和目标是校长的首要工具，校长依赖职位权力来影响他人，将重点放在把目标的设置和工作职位的明确作为保证正常秩序、效率和连续性的方式，我们需要明确的是，虽然结构、计划和理性是所有组织都需要的，但过于追求会导致组织的僵化和领导者的专制。在这样的组织结构里，学校领导以及中层干部都被视为要比教师水平更高、能力更强，有更多的专业知识和能力，决策往往从领导层中得出，教师只要尽量领会并执行就好。就像 F 中学正在进行的"教师发展工程"，完全是按照行政命令逐层推行的，教师学习什么、跟谁学、学到什么程度这都是由校领导来安排和制订的。学校命令自上而下传达，管理系统比较复杂。校长个人意见在学校决策过程中基本上能够起到决定性的作用。学校文化较松散、随意，而且常用行政命令的方式解决。

3. 二元关系层面——"命令与交易"

在F中学，W校长或者通过直接命令的方式，或是通过给教师承诺换取教师的付出来实现目标。教师只要遵守规则、按照学校领导的要求来做就可以了，教师的潜能并没有被完全激发出来，没有渠道或机会表达对于学校发展的看法，久而久之，教师对这些问题也不再感兴趣。校长和教师之间首先是绝对的上下级关系，命令与交易构成了F中学W校长与下级或教师沟通的主题词。

W校长在思考学校停滞不前的原因时，将视线投到了教师身上。然而，他的重视还仅仅停留在教师作为传统的"教书匠"这个层面上，这也是笔者认为F中学存在的一个最大的问题。F中学的教师们仅仅被鼓励去提高自己的教学技巧，方式就是向老教师学习，如此陈腐的理念是W校长非常坚持的。他坚信教师只要能"讲好课就可以了"，至于做研究"那跟教师没关系"，"也没什么意义"。

事实上，从教师的成长来说，在学校变革过程中，教师的参与非常重要。只有吸引教师积极参与，才能促使课程和教学发生变革。学校自治理论通常表明，正是那些最接近（教育）"行动"的人——也就是教师——才是改革最该赋权的对象①。教师已从单纯的"授业者"发展为"教育专业人员、新知识及科技学习者、教育伙伴、改革激活者、决策者及学校理想实现者"②，但是教师的这种地位并没有得到W校长的认可。

（二）尴尬中的Z中学

Z中学历史悠久，从计划经济时代起在"重点中学政策"的保护下，就

---

① 杰夫·惠迪，萨莉·鲍尔，大卫·哈尔平. 教育中的放权与择校：学校、政府和市场［M］. 马忠虎，译. 北京：教育科学出版社，2003. 82.
② 郑燕祥. 学校效能与校本管理：一种发展的机制［M］. 陈国萍，译. 上海：上海教育出版社，2002：156.

是老牌"重点中学"，全国闻名。改革开放以来，因为地处改革开放的前沿阵地，Z中学在坚实的基础上，抓住机遇，利用良好的资源优势和人才优势，在S市一直处于遥遥领先的地位，是当时我国优质中学的典型代表。

B校长于2002年初来到Z中学担任校长，此时Z中学已经频繁地换过四任校长，而且有大约半年的时间由副校长主持工作。这从一个侧面可以反映出的现实是Z中学的人事关系非常复杂，"派系斗争"激烈。B校长正是在这个时候来到这个"风口浪尖"上。在前半年的时间里，处于"蜜月期"的新校长和老学校相处融洽。

Z中学所在省是普通高中新课程改革的实验省之一，B校长来到Z中学时恰逢普通高中新课程改革准备和动员期。新课改给了B校长大刀阔斧开展工作的契机。源于思想观念、教育资源、人力资本等各方面的局限，普通高中新课程改革的推行在大部分地区和学校都被认为需要"循序渐进"，然而B校长从一开始就完完全全遵照国家颁布的课程标准开设课程，同一年级一千名学生就有四百余份课程表，不打折扣地落实学分制、走课制。同时在B校长的大力推动下，形成了一种总体上来说"以学生发展为本"的模式。导师制、学科组、单元制、学生辅导中心、学长团在新课程改革的过程中出现在Z中学的校园里，逐步建立任课教师、导师、辅导员与学生自主管理相结合的"全员教育+分层管理"的新型的学校教育与学生管理模式。这些成就使Z中学成为课改样板校。

目前，整个Z中学是三个年级三个模式。高一学生按行政班上课，学生以必修课为基础，课业比较均衡，以此打好基础，更好地实现从初中向高中的跨越，这是个稳定的过程；高二完全放开选择，学生自由选择，进行流动的走课制；到了高三，变成重新按照高二选定的方向分班，事情非常明确简单，就是高考，高考考什么就复习什么。实际上这三个年级的模式也是理想与现实的结合。目前这种做法培养出的毕业生在学习到了更多知识的同时升学率在S市依然名列前茅，当然，一部分持反对意见的教师认为这是因为有良好的生源，如果循序渐进的推进改革，学生们的成绩会更好。B校长也承认，Z中学在高考成绩上不会有什么大起大落，生源优秀，教师有能力、有专长，"应付"高考的机制比较成熟，正因为如此，学生完全有条件用较多的时间自主成长。高考升学率不是、也不应该是校长的全部重心。

给学生自由，让学生自主地成长，成为真实的、有权力、有思想、有个性的人，是 B 校长的理想。Z 中学学生的学习生活在某种程度上讲与大学生非常类似，学生在上什么课、参加什么社团、如何安排自己的生活有很大的自主权。学生和校长关系非常亲密，校长办公室的大门永远对每位学生敞开。但多数教师与校长间的关系比较紧张，而且大部分老师并不赞成 B 校长的改革举措。在访谈中，几乎所有的教师谈到，校长基本上不与他们作任何私下交流，有事情也是在会上说。大部分教师认为，B 校长的改革操之过急。他们认为 B 校长的理工科背景让他在处理问题时容易简单化，而且 B 校长的思想受西方一些教育流派影响较深，忽视了对教育环境、本土特点的把握。教师的工作不是用条例、标准就能要求和规定的，仅仅用岗位条例约束教师、用经济收益与评价挂钩更容易让教师不能全心投入。同时，很多教师认为高中生还比较缺乏分辨力和判断力，给学生过多的自由是一种放纵。70% 以上的受访教师认为目前 Z 中学的做法只是解放了学生，但是束缚了教师，而且造成了校园内人际关系的紧张。

对于改革只进行到高二，没有触及高三的原因，B 校长谈到，在触及高考的问题上，面对的就不仅是教师了，还包括社会和家长，这种压力自己承担不了。高三事实上是一种知识的机械训练，与学习所包含的兴趣、探究等本意相违背，但只要有高考，就必须这样做。

推进课程改革，涉及的绝不仅仅是课程的问题。面对改革对旧有文化的挑战和冲突，B 校长从学生入手，推动变革的发生。B 校长认为，学生做起来比较容易，没有那么多顾虑，目前，Z 中学学生发展体系已经建立的很好，完全不用教师参与。B 校长也谈到，Z 中学并不适合所有学生，而是适合那些知道自己要什么、有自主选择能力和自我管理能力的学生。至于他与教师间的关系，他认为，教师们之所以有情绪，除了一些课程、管理压力增大的原因外，主要是他们在自身的权威被逐渐消解的过程中无法适应的缘故，学生在校内实行走课制而流动起来，这给教师们传统的管理模式带来了很大的挑战，而部分教师对改变传统有畏难情绪，这造成教师的热情和能力远远没有发挥出来。B 校长有一个观点是，对学生一定要包容，因为他们处于成长期，成长就可能犯错误，所以要有耐心，帮助他们成长，但是教师不同，他认为教师是成人，拿薪水工作，就应该做好。通常情况下，B 校长会强行下令教师去做，他认为在做的过程中，教师们会认识和体会到。

校长在推动学校改革的过程中总会出现这样那样的问题，Z 中学遇到的情况只是其中的一种。

1. 组织引领层面——个人愿景的强制推广

组织的愿景是谁的？这是一个学校在发展过程中首先要确定的问题。我们知道，愿景应该是组织中全体成员共同的，因为它需要所有人共同参与去实现。一个理想的愿景应该注重组织的整体性，而非单个的领导者或领导层，应该能够抓住每一个人的决心和勇气，激励他们向同一个目标前进。但不难发现，Z 中学的在改革过程中所呈现的愿景主要是 B 校长的，B 校长通过个人学历、经验、多次的培训与学习等积累提出了一个看起来确实非常有吸引力的"愿景"，但是这个愿景并没有得到大部分教师的赞同，教师认为校长思考问题过于简单，不了解学校实际情况，有些想当然。总的来说，从核心价值取向上——在该培养什么样的学生上——校长与教师之间有严重的分歧，但毕竟直接接触学生的是教师，在育人的过程中，校长与教师矛盾重重。

2. 团队效能层面——"不通畅的机制"

在 B 校长的推动下，结合国外一些优良的经验和做法以及自身实践，Z 中学建立了新的组织结构和管理机制。学分制、走课制、导师制、学科组、单元制、学生辅导中心、学长团先后出现在 Z 中学的校园里，如果这些机制能够围绕在共同的愿景下，势必会如虎添翼，但鉴于 Z 中学的实际情况（原本人际关系就非常复杂，目前教师和校长间关系比较紧张），各个部门往往各自为政，错综复杂的关系交织在一起，互相之间很少沟通，纵向沟通不通畅，横向交流没保障，导致很多原本应该有效的机制名不副实，也浪费了一定的资源。

3. 二元关系层面——"拒绝沟通"

B 校长有个根深蒂固的观点，即学生可以犯错，犯了错误校长和教师应该与学生主动进行沟通，帮助他成长，因为学生是未成年人，来学校就是为了接受教育的；而教师作为成人，是拿薪水工作的，这涉及职业道德的问题，教师不能也不应该犯错。

B 校长通常用开会通知的方式来布置接下来要开展的工作，教师想得通要做，想不通也要做，因为这是他的工作。校长拒绝与教师作任何沟通，他认为沟通是没有必要的，只要让教师知道该怎么做就可以了。所以他常常直接把命令发布给中层干部，让中层干部去执行，这让中层干部也很辛苦。在Z中学的校园里常常看到的景象是校长与学生们打成一片，但并不太受教师的欢迎。

其实，校长的沟通能力非常重要，如何能与教师在第一线上共同工作、共同分享得失、有耐心地解释愿景、让教师看到全身心投入到改革中会得到的结果是组织与成员共同成长的重要步骤。

第五章

两种视野下的校长领导力

传统的领导理论是一种"炮弹"理论，它适合于目标静止不动的稳定环境。在目标静止的情况下，只要确认目标、计算距离和风速、瞄准、下令开火，就可以保证击中目标。因此，在一个稳定的环境下，炮弹的确是击中固定目标的优良武器。然而遗憾的是，我们生活在一个"巡航导弹"的世界里，学校教育的大多数目标都是正在运动之中的目标，更何况我们在行动过程中经常会发现与原先不同的、更称心如意的目标。在这样的环境下，"炮弹"理论势必被"巡航导弹"理论所取代。"巡航导弹"的优势在于根据变化的环境和变动的目标，不断做出正确的行动调整，而树立目的就是为了保证每一个个体能够在"巡航导弹"的世界里，依据共同体成员共享的价值观、信仰、理念、意义、承诺等，对自己的行动做出正确调整。

哈里·奎德雷西

教育环境已经发生迅速转变，科学技术迅猛发展，知识更新速度不断加快，公众对学校表现的关注程度不断增加，学校担任的角色开始转变，为满足教育环境的变化，教育理论、教育策略的更新势在必行。"学校需面对公众较高的问责，而教师则需发展不同的专业能力，以满足学生、家长、教育团队、社区以及公众等不同的期望。"[1]

---

① 郑燕祥. 学校效能与校本管理：一种发展的机制 [M]. 陈国萍，译. 上海：上海教育出版社，2002：154.

一、校长领导力的构成

在"校长领导力"的概念界定中，笔者谈到，校长领导力，就是校长在实现学校愿景、推动学校发展的过程中影响全校教师、员工和以学生为代表的利益相关者的能力，以及与全校教师、员工和以学生为代表的利益相关者之间的相互作用，主要包括组织发展引领力、团队效能提升力和二元关系构建力（见图5-1）。

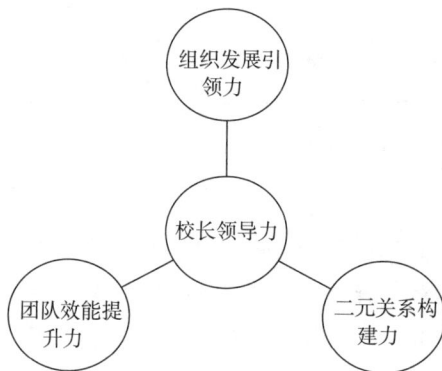

図 5-1 校长领导力的构成

为什么从这三个要素来分析校长领导力？这三个要素是否涵盖了校长领导力的所有层面？这恐怕是本章首先要回答的问题。

（一）理论依据

从组织发展引领力、团队效能提升力以及二元关系构建力三个要素来分析校长领导力的内涵，有坚实的理论基础。

1. 组织过程

组织是当今社会的主要组成部分，领导正产生于组织中，组织是领导力发挥作用的载体。对于组织与组织过程的分析有助于我们考察领导力的内涵。

什么是组织？韦伯虽以提出官僚制度闻名于世，事实上他也曾试图讨论组织问题。在韦伯的观点中，组织自身有边界，与社会关系有关，自身含有权威等级和秩序，存在专业分工。韦伯为"组织"的古典定义奠定了基础，他关注组织成员在为实现组织目标而从事组织活动时进行合法的人际互动的模式①。巴纳德将组织定义为"两个或两个以上的人有意识地协调其活动和力量的系统"，活动通过有意识、有目的、精心构思的协作来完成。组织需要沟通，要求成员愿意为组织作贡献，要求成员有共同的目标②。斯科特认为组织是在具有一定连贯性的基础上为了实现相对确定的目标而建立起来的集合体③。霍尔认为组织是有相对明确的边界、规范的秩序（规则）、权威等级、沟通系统及成员协调体系的集合体，这一集合体具有一定的连续性，存在于环境之中，从事的活动往往与多个目标相关④。德博拉·安可纳等认为无论是在新组织里采取行动还是从旧组织转移到新组织，都包含广泛的内涵，具体体现在以下三个方面：个体管理者的知识和技能、组织能力、组织和环境的联系。⑤

虽然研究者们对于组织界定的角度不同，但组织有几个特征是共同的。

首先，组织存在于社会环境之中。组织与环境之间存在一种相互关系，当前的主流组织理论强调环境对组织运作的重要作用，组织如何适应环境是组织生活中的重要主题。

其次，组织内部具有相对稳定的集合体。组织如何通过调整结构实现组织目标是每个组织共同关注的问题。

最后，组织从根源上讲是由个人和个人间的人际互动构成的，当然这种个人和人际的互动是以组织发展为前提的。

---

① Weber Max. The theory of social and economic organization [M]. New York: Free Press, 1947: 145-146.

② Barnard Chester. The function of the executive [M]. Cambridge: Harvard University Press, 1938: 73.

③ Scott W Richard. Theory of organization [G] //Robert E Farris. Handbook of modern sociology. Chicago: Rand McNally, 1964: 488.

④ 理查德·H. 霍尔. 组织：结构、过程及结果 [M]. 张友星，刘五一，沈勇，译. 上海：上海财经大学出版社，2003: 35.

⑤ 德博拉·安可纳，托马斯·A. 科奇安. 组织行为与过程：企业永续经营的管理法则 [M]. 李梦学，吕军，王萍，译. 北京：中信出版社，2003: 14.

组织与环境间的关系、组织结构以及过程、组织成员的行为等构成了组织的复杂性，理解这种复杂性对于全面理解组织是很重要的。在结构简单的组织中有效且效率很高的技术方法，在结构较复杂的组织中可能无效或效率很低。

2. 领导

领导是领导学研究的逻辑起点，领导力研究属于领导学的范畴，其概念是由领导派生出来的。研究领导力的内涵，必然要研究领导的内涵，详细可见表5-1。

表5-1　领导的概念梳理

学者	领　　导
萧宗六	领导有两个层面的内涵：一是领导团队成员实现共同目标；二是协调团队内各成员之间的关系，使团队保持团结和谐
秦梦群	领导是指组织成员赋予特定人引导组织运作与达成目标的过程
黑姆菲尔，库恩斯（Hemphill & Coons）	领导是"个人指导一个团队朝着一个共同目标活动的行为"
D. 卡茨，卡恩（D. Katz & Kahn）	领导是"对组织日常活动的机制性的影响"
伯恩斯（Burns）	当个人运用制度的、政治的、精神的和其他的资源去激起、促使和满足追随者的动机时，就实行了领导
里奥茨，贝灵（Rauch & Behling）	领导是"影响一个有组织的团队朝着既定目标活动的过程"
雅柯伯斯，雅库斯（Jacobs & Jaques）	领导是一个对集体努力给予目的（意义指导）的过程，以及激起期望达到目的的意愿而努力的过程
沙因（E. H. Sehein）	领导是"运用外界文化使更具适应性变化的能力"
戴斯，佩拉斯（Drath & Plaus）	领导是给人们共同工作赋予意义的过程，因而人们能够理解它并为之献身

续表

学者	领导
理查德，英格尔 （Richard & Engle）	领导就是在能实现的事情中阐明愿景、赋予价值和创造环境
豪斯等 （House et al.）	领导是"个人影响、鼓动和促使其他人奉献于组织的效能和成功的能力"
（理查德·H. 豪尔） Richard H Hall	确定组织的使命及角色；确定实现组织预设目标的方式；保护组织的完整性；控制组织内部的冲突是领导的主要任务
盖瑞 （Gary Yukl）	领导包含个人内在过程，二元过程，团队过程和组织过程
理查德·L. 达夫特 （Richard L Daft）	领导是在实现共同目标时领导者和追随者之间有影响力的一种关系
库泽斯，波斯纳 （Kouzes & Posner）	领导是一种人与人的关系，是领导者与其追随者之间的关系
罗伯特·G. 欧文斯 （Robert G Owens）	领导是一项组织功能，只有在两个或两个以上的人进行交往时才产生领导，同时领导是有意识地去影响别人的行为
托马斯·J. 萨乔万尼 （Thomas J. Sergiovanni）	领导包含三个重要元素：以学生学习和发展为中心，综合资本开发和道德权威首位

从众多学者对领导的界定可以看出，领导是提升组织能力实现组织目标的过程，是对被领导者施加影响的过程，领导是在大的情境中引领组织发展的过程。另外，我们在文献综述的过程中已经比较详细地梳理了其他研究者对于校长领导力内涵的研究和分析，在划分本书探讨的校长领导力要素时这些学者的研究给了我们很大的启发。比如，中科院科技领导力课题组在研究领导力的内涵时指出，领导力包括前瞻力、感召力、影响力、决断力和控制力，按照他们的界定，前瞻力属于引领组织发展、为组织制定战略目标的范畴，感召力和影响力属于领导者与被领导者互动关系的范畴，而决断力和控制力属于提高团队效能以完成组织目标的范畴。J. 科林特（J. Clint）指出，领导力的性质主要有四个范畴，包括倾听、愿景、关系发展和授权。还有的学者指出，校长高绩效领导力注重的是目标和战略的开发，是战略背后相关

人员（主要是教师）的整合，是授权给教师以帮助他们排除各种障碍来实现学校的目标。有学者指出，领导力包括创造一个引导组织内所有成员的文化的能力；运用人际能力构建信任、与他人共事的能力；沟通与表达任务、目标、策略的能力；在与他人相互影响的过程中展示个人责任的能力；为了获得结果将努力与目的整合在一起的能力①。这些分析的范畴与我们所界定的范围紧密相连。

由此，从组织发展引领力、团队效能提升力和二元关系构建力三个角度分析校长领导力的内涵是有其理论根据的。

（二）实践依据

校长的领导力应该包括什么内容，一线的校长们都有自己的看法。在访谈过程中，校长们的经验给了笔者很大的启发。参与访谈的校长大多从两个角度来论述校长领导力的内涵问题。

第一种角度是通过对校长在学校发展及领导工作中所承担的角色来解释。原北京师范大学附属实验中学 W 校长谈到，校长的领导力主要包括三个层面。第一，校长应该是学校的总设计师，设计学校的发展、育人和教师发展等的方向，设计学校目标、课程体系、制度形态等总体框架。W 校长强调，学校发展目标应以育人目标为核心，涉及学校的发展和整体定位，校长的教育理念是校长对教育本质、规律以及学校历史的理解、对学校发展走势的把握。教育脱离不了时代的要求、国家民族的希望，如何理解教育、如何把握自己学校的发展走向，是校长的首要任务。校长的领导应该不只是行政领导，校长的领导更主要的是包含了引领和影响。只有校长的思想被广大教师所接受，形成价值认同，才能形成真正的凝聚力，这时校长才真正有了领导力。因为校长所面临的人群大都是有自己独特教育思想的专业人员，简单的行政命令是不够的。第二，W 校长指出，校长是学校的组织者和指挥者，一个学校没有坚强的、有效的组织系统是不行的，校长必须有能力带领全校教师共同构建一个强有力的组织系统，完善组织结构，用制度将价值观和文化固化，

---

① Judy Reinhartz, Don M. Beach. Educational Leadership：Changing Schools, Changing Roles ［M］. New Jersey：Pearson Education, Inc, 2004：14.

更好地实现发展目标。第三，W 校长认为，校长是全校教师的领跑人，必须亲自与全校教师共同参与到实践中，同时要跑在前面，做到前面。

第二种是从界定校长核心工作的角度来描述校长领导力的。其中比较有代表性的观点是，很多校长指出，学校的核心工作是教学，因此应该将主要精力放在教学与课程上。人事和财务确实是校长的责任但教学与课程更是校长应该关注的。教学与课程专业性较强，所以，校长仅有管理经验是不够的，必须是教师或非常了解教师的工作。我们国家很多校长不是教师出身，这就带来了一个问题即有些校长只懂管理而不懂得学校中的管理，不可否认这种做法虽然可以实现较高的升学率，应试教育实际上非常容易，但这只是表面文章，只是单纯追求升学率，并不利于教师和学生的成长。另外，校长要有能力推动改革，具有胆识和魄力，尤其是要擅长与教师沟通。简单的行政命令对于教师的工作来说是不够的，有位校长生动地比喻，校长必须与教师一起在第一线工作，就像在战争中无论是将军还是士兵都身在战壕中，"生一起生死一起死"，校长时刻让教师感到自己始终和他们在一起是非常重要的。

成功的校长在领导力方面有何特质？2006 年出版的新教育力丛书中的《名校长的高绩效领导力》一书以及 2007 年出版的《治校之道：20 位名校长的智慧档案》结合被社会上普遍认可的优秀学校发展案例梳理了校长的高绩效领导力特征。这种梳理虽非从理论的视角进行阐释，没有严密的逻辑分析，但列举了大量丰富的实践案例，为我们分析校长领导力的要素提供了良好的素材。

如何铸造高绩效领导力？《名校长的高绩效领导力》列举了如下特征："知人善任""拥有改革的勇气和魄力""运用严格的管理和纪律治校""坚持注重实际的务实作风""拥有非凡的决策力""思路独特，善于打破条条框框""重视学习""以身作则""重视建设执行力""敢于放权，懂得授权""始终注重发扬民主意识""确立目标、矢志不渝""创新能力强""摒弃纸上谈兵，增强实践能力""亲和力强""具备丰沛的人格感召力""具有远见卓识的洞察力""有全球化意识""有高水平的沟通能力""自律能力强""永不放松质量管理""竞争意识强""对教育事业强烈的使命感""树立法律意识，坚持依法治校""努力提高自身的专业能力""具有宏观视野""高度的组织协调能力""有创业的激情""具有统揽全局的能力""重视信息化建设，实现跨越式发展"。

《治校之道：20位名校长的智慧档案》一书中提出了如下几个维度：重视教育思想的引领，其中包括以人为本、关注师生生命发展、重视教师与学生的心理和谐与生命成长、重视创新；以文化促进学校发展，构建和谐的人文环境；善于运用教育智慧，重视道德教育，等等。

将上述特征和维度重新划分一下，"坚持注重实际的务实作风""思路独特，善于打破条条框框""重视学习""创新能力强""摒弃纸上谈兵，增强实践能力""竞争意识强""对教育事业强烈的使命感""努力提高自身的专业能力""有创业的激情"这些都是从校长个人层面提出的；"重视教育思想的引领""拥有改革的勇气和魄力""拥有非凡的决策力""确立目标、矢志不渝""具有远见卓识的洞察力""善于运用教育智慧""有全球化意识""具有宏观视野""具有统揽全局的能力""重视创新""以人为本""关注师生生命发展、重视教师与学生的心理和谐与生命成长"主要是从校长在如何引领学校发展、有效适应环境层面提出的；"知人善任""运用严格的管理和纪律治校""永不放松质量管理""树立法律意识，坚持依法治校""高度的组织协调能力""重视信息化建设，实现跨越式发展""重视建设执行力""始终注重发扬民主意识""以文化促进学校发展，构建和谐的人文环境""重视道德教育"主要是从提升学校的效能以实现学校发展目标这个层面提出的；"以身作则""敢于放权，懂得授权""亲和力强""具备丰沛的人格感召力""有高水平的沟通能力""自律能力强"主要是从校长与教师和学生构建良好关系、充分发挥影响力的角度提出的。不可否认，诸如重视竞争、运用严格的管理和纪律治校不见得符合当前校长领导发展趋势，我们姑且不谈这种方式对错或者在什么情境下是对的，主要是由此来推断人们研究领导力的层面。

综合上述观点可见，实践中优秀校长的领导力总体而言也可以在校长个人领导能力、校长组织发展引领力、校长团队效能提升力和校长二元关系构建力几个层面梳理和阐述。本书研究首先分析校长在组织发展、团队效能、关系构建几个层面的领导过程和能力，在此基础上再考察校长的个人领导能力。

二、简单性科学视野下的校长领导力

首先需要说明的是，所有的校长都希望自己的学校能更好地发展。本书中分析的"秩序与稳定"及"发展与创新"取向并非校长想要怎样，而是学校的组织结构特征以及校长在实际领导过程中体现出的倾向。

从人类社会产生到 18 世纪，人类在生产生活中自觉不自觉地进行着管理活动和管理的实践，范围极其广泛。此段时期世界范围内仍以农业小生产为主，科学技术不发达，人们仅凭经验去管理，尚未对经验进行科学的抽象和概括，管理仍是比较朴素的思想，偏重治国之道和治人之道。可以说早期的管理思想发展阶段基本上是以调整人与人之间的关系为主的管理思想，是辅佐君王以获取个人政治上的统治地位，并以此取得统治者恩宠为目的的一种管理思想。在工业化前和官僚化前的时期，大多数组织规模较小，由个人经营，雇员很多是雇主的朋友或亲戚，由于组织规模较小、组织结构简单、环境稳定，个人可以较为容易地把握组织的整体规划、协调和控制所有的活动，以及保持组织的正常运营。

工业革命和大批量的教育是相伴而生的，两者都和工厂系统紧密相连，这就是学校的作息时间是用铃声作为标志的原因，也是一个学年分成几个学期的原因，学生被分成学校、班级、年级和小队。教师和授课人员在学生面前有很大的权威，他们不仅要求学生遵守纪律，而且利用信息对学生进行严密的控制。这就是为什么用课程内容、试卷导向和科层制结构来控制学校的原因①。组织规模的扩大使得组织不得不依靠规则和标准程序来确保组织行为的效率和效益。古典管理理论阶段是管理理论最初形成阶段。近代古典管理思想是以工业化大生产为主要背景、以市场经济中组织协调发展为主要研究对象的管理思想。在这一阶段，管理侧重于从管理职能、组织方式等方面

---

① Spender D. From the factory system to portfolio living: Access, equity and selfpromotion [R]. Canberra: Annual Conference of the Australian Council for Educational Administration on the theme "Beyond the Boundaries": 22-23.

研究企业的效率问题。等级制度成为一种监督和控制员工的重要机制，而以前基于经验或者传统做出的决策也被精确的程序代替。员工只要执行指定的行为、遵守规则和程序并且完成特定的任务就可以。领导者分析他们所处的环境、制订详细的计划并且控制组织的事务的理念是非常必要的。古典管理理论的主要代表人物是美国的泰勒（Frederick W Taylor）、法国的法约尔（Henri Fayol）以及德国的马克斯·韦伯（Max Weber）。对学校组织特征影响最大的是韦伯的官僚组织模式（科层制）。

韦伯认为，行政组织体系是以法律为基础、以理性和效率为支柱构建起来的。他勾画出了理想的官僚组织模式（Bureaucratic Ideal Type），他指出，越是接近真正的行政组织体系的组织，越具有效率和理性；当行政组织体系的任何一种特征在组织中出现时，行政组织体系的其他特征也有可能出现。韦伯这种强调规则、强调能力、强调知识的行政组织理论为社会发展提供了一种高效率、合乎理性的管理体制。行政组织化是人类社会不可避免的进程，韦伯的理想行政组织体系自出现以来得到了广泛的应用，成为各类社会组织的主要形式，很快便"浸融于包括学校在内的社会各部门的管理实践中"。①

（一）组织发展引领力

从组织发展的视角来讲，校长如何判断学校所处的大环境、如何面对变革、如何树立学校愿景、怎样设定战略目标、如何获取信息和资源是主要问题，在简单性科学视野下，校长在组织引领层面呈现的主要领导特征为：被动反应、外力驱动、个人愿景、静态目标，详见图5-2。

1. 被动反应

即校长如何处理学校与环境间的关系。一个组织的生存和发展取决于它是否能有效地适应环境②，这对一所学校来说，就意味着它所培养的学生能否成为合格的公民，能否得到家长的满意，能否得到上级部门的认可，能否

---

① E. 马克·汉森. 教育管理与组织行为 [M]. 冯大鸣，译. 上海：上海教育出版社，2005：7.
② 加里·尤克尔. 组织领导学 [M]. 陶文昭，译. 北京：中国人民大学出版社，2004：19.

获得社会上良好的声誉，能否成为所在社区活动的积极参与者等。在简单性科学视野中，校长及学校主要呈现出"被动反应"的特征。

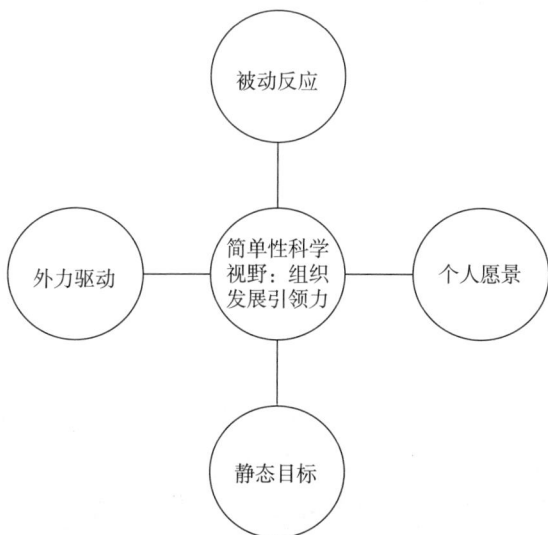

图 5-2　简单性科学视野下校长组织发展引领力的构成

简单性科学对事物的考察总是从某一实体性的事物出发的，最初学校与外界环境的关系并没有得到足够的重视，普遍的看法认为学校是封闭系统，学校领导者并不关注适应内外环境不断变化的需求。"被动反应论"是简单性科学的核心方法论之一，认为有机体只有受到刺激才会做出反应，它的确立同机械自然观以及还原论和决定论的方法论原则密不可分。在简单性科学视野下的校长领导中，校长更重视学校"当下"的状态上，重视对环境的理性分析，认为环境具有明晰性和精确性，是可以被完全掌握的，通常习惯在环境变化之后做出反应，依靠外界力量的推动进行变革，擅长让学校在稳定的、可预测的实践情境中平稳而有效率地运作。校长的主要精力在于保持组织的稳定性而不是促使它面对复杂的环境变化实现自我更新。

2. 外力驱动

案例 5-1

D小学是所历史悠久的学校，有许多著名人物毕业于此，至今仍保持着许多优良传统，在社会上口碑不错。如何在新时期应对挑战自主变革从而保持学校的优势是现任领导班子尤其是校长最关心的问题。在某次到该学校调研时（当时笔者和几位同事一起），因为是从大学里来的又是搞教育的，就被该校 Y 校长坚定地认为是"专家"，非要我们和学校的中层以上干部以及骨干教师一块儿聊聊。一落座，Y 校长就非常急切地表明，他们学校正处于变革的关键时期，学校上下都已经意识到了变革的紧迫性，想让"专家们"指点一下，现在大部分学校都在采取什么样的方式变革，最好是能直接给一个操作性强的模式让他们做……

这一部分要讨论的问题是在学校范围内，变革是如何发生的。我们知道，学校一旦无法适应变化的环境则难以生存。学校自产生之日起，就是在不断发展变化以适应新的需求，外部环境的变化既为学校的变革带来了挑战，同时也是学校变革的动力。但是在两种不同科学视野下，变革的形态是不同的。

在简单性科学视野下，组织变革是组织领导者完全规划好的具体行动，学校变革主要呈现为一种"外力驱动下的变革"。学校主要是一个理性的机构，只要按照预定的目标和有效的方法自上而下的推行变革，就会取得良好的效果。此时，学校依据什么样的理念发生变革、朝着什么样的目标转变、采取何种方式转变更多的是由教育专家或者上级主管部门来规定、设计，由行政指令来保证，学校领导者的主要任务就是怎样在学校内有效地执行校外专家和领导提出的变革策略、实现目标，如案例 5-1 中的 Y 校长。教师在变革过程中更多地被视为变革的"对象"而非变革的"主体"。学校内部的变革能量并没有受到足够的重视。在这种视野下，正确的变革目标、科学的程序相结合就会实现良好的变革效果，若教师在变革过程中出现不合作的状况那一定是因为教师的能力不足所致，因为变革设计者所规划的改革蓝图是非常完善的。人们更倾向于"墨守成规"，依赖以往成功经验。

再举例来说，我国中小学变革往往是依照上级教育行政部门的教育政策、行政指令发起的。如何"执行"教育政策是校长众多工作中的重要一环。尤其是我国政策制定过程具有"内输入"的特点①，这导致我们国家政策的出

---

① 在我国，社会结构分化程度较低，社会利益的表达与综合并非由各种社会结构来承担，而是由政治系统内部权力精英通过分析、研究和调查而将他们所认定的社会利益输入到公共政策中去的。因此，中国政策制定过程呈现出一种"内输入"的特点。

台多由党组织和政府内部的各级领导和管理者来推动，这是一个"自上而下"的流程。而且不少政策为校长执行留出了一定弹性空间，这给校长领会政策精神和执行政策的能力提出了较高的要求。面对一项政策，执行或者不执行，是两种基本的表现形态。但就政策效果而言，可能"执行"也会产生"不为"的效果。这就要看是如何执行。在简单性科学视野下的校长领导力实施过程中，"执行"往往是"依照政策指令的被动实践"，僵化照搬，校长将学校作为教育行政部门管理链条的环节之一，以行政部门的管理办法管理学校，这实际上并不是真正的执行，校长的主要身份是行政官员。

3. 个人愿景

在学习型组织研究走入学校管理的视野后，组织的"愿景"成为学校领导者和管理者关注的重点问题。人们重视"愿景"无疑是件好事，这表明组织的未来越来越受到重视。但是愿景的实质是什么？换句话说，"愿景是谁的"成为区分校长不同领导取向的一个标准。

在简单性科学视野下的校长领导力实施过程中，普通员工和教师的思想并没有得到足够的重视，要么是没有足够的表达机会，要么是领导给予的表达机会只是"走过场"，领导虽然"征求意见"，但在决定时更多的是按照自己的思路。与对待教师、员工的态度不同的是，上级领导和教育专家的意见是校长非常重视的。"高高在上的专家在建立组织愿景以及决定如何实现愿景方面特别受到信任。"[1] 愿景规划是领导者个人的责任，主要依靠领导者个人的卓见、智慧和技能。从整个学校来讲，校长是整个领导过程的唯一思想者，而教师和员工则纯粹是"被期望者"。很多校长在接受访谈时都有这样的态度，"教师只要能够做好自己的本职工作就够了，学校的发展问题是校长要考虑的事情"，可以说，愿景主要是校长"个人"对于学校发展的愿景，员工没有机会表达意见，久而久之对此兴趣欠缺，事实上在实践中也很难投入。

---

① 罗伯特·G.欧文斯. 教育组织行为学——适应型领导与学校改革 [M]. 窦卫霖，温建平，译. 北京：中国人民大学出版社，2007：230.

4. 静态目标

案例 5-2

在 C 中学，开学前那次全校教师大会是最重要的，在这次大会上，校长、书记等领导会详细宣读本学期学校各方面的工作目标和规划，然后教务处、政教处、工会、总务处等职能部门以及各教研室、年级组的负责人会在校长所提出的大目标中找到与自己工作相关的内容，将之分解，据此形成本部门本学期工作目标和计划，并安排好具体的时间表，然后召集本部门教师开会，教师再依照目标和时间表在一周之内形成自己的工作目标和计划，形成文字，上交备案。目标和计划要非常具体并分解到每周，这样以方便领导和各部门负责人随时检查进度，也有利于学期末考核。时间长了，老师们已经习惯了这种方式，下学期要做什么基本上谁都不会想，"想也白想，反正开会的时候领导就告诉了，直接按照那个写就行"，L 老师如是说。但 C 中学的老师们心里都有这么个谱儿：目标和计划一旦定了就最好不要改，校长是不喜欢经常有变动的人。①

制定目标是领导的一项重要职能。预测是对发展趋势的把握，而目标是在综合考察各种因素的情况下对于发展方向的定位。制定学校目标是重要的，"除非明确学校的目标，否则为教育观念、技巧和价值所设计的具体细节变成了目的而不是手段，从而模糊更大的目标。"②

简单性科学视野下的校长领导力是建立在工业时代的基础上的，把组织"机器化"，认为所有的目标都能被识别、描述和测量，损坏的部分能够被修复或者替代。大多数管理者都承认，虽然策略规划被认为是使组织变得更能掌握未来的方法，在压力较大时，他们的策略规划解决今日的问题多于创造明日的机会③。校长在为学校"树立愿景"后，将愿景传达给学校成员，结合愿景制定更加具体的学校发展目标。通常来讲，在简单性科学视野下的校

---

① 资料来自于笔者的访谈记录。
② John Goodlad. A Place Called School [M]. New York：McGraw-Hill, 1984：290.
③ 彼得·圣吉. 第五项修炼——学习型组织的艺术与实务 [M]. 郭进隆，译. 上海：上海三联书店, 1998：243.

长领导过程中，确立目标只是领导活动的起始步骤，是必须在一个相对短暂的时间内完成的工作，是领导活动的一个"点"。这在案例5-2中的C中学体现得非常明显。目标的确立主要依靠领导者个人的智慧和技能，目标相对简单而且处于静态，多以数字为指标，个体的目标比较离散，一旦确定在一定时期内不会更改。目标错位常常出现在长期惯例化的工作中。

被动反应、外力驱动、个人愿景、静态目标，是简单性科学视野下的校长在组织领导力层面的特征。

（二）团队效能提升力

领导力的团队过程主要表现为在一个任务团队中领导角色的性质，以及一个领导者如何贡献于团队的效能。从学校内部的角度来讲，校长该如何通过实施领导力提高团队效能从而实现发展呢？本书主要从校长的角色定位、学校组织机构的调整、学校文化呈现出的特征三个方面来展开研究，见图5-3。

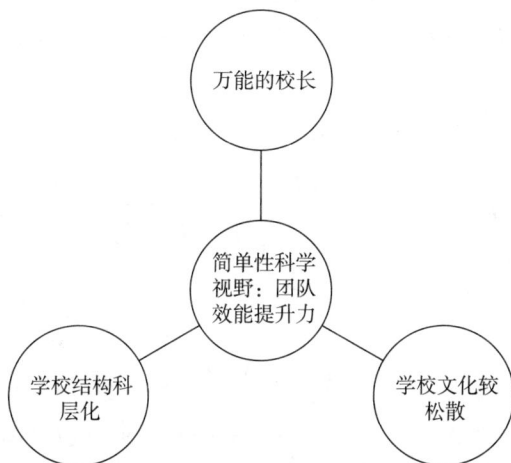

图5-3 简单性科学视野下校长团队效能提升力的构成

1."万能"的校长

案例5-3

"学校简直一天也离不开，什么事都要操心，太累了。里里外外这么多事儿，都得照顾到，否则出了问题更麻烦。"跟W校长约访谈时间就几经

"波折"，改了几次，终于如愿，刚刚见面，W 校长就说了这样一句话。确实如此，在 W 校长办公室坐了不到一个小时的时间，笔者也深切地感受到了 W 校长的"苦恼"。在短短的一个小时里，W 校长接了七个电话，有通知他出席会议和活动的，有学生家长谈自己孩子课外兴趣班的，还有老师要求转岗的；见了不下十个老师，有的是找校长签字，有的是希望校长看看自己教研室的集体备课计划，有的来和校长商量学校图书馆新进书目；还有的老师是校长打电话找来的，"很多事情需要安排一下"，包括第二天学校学生军乐队去参加市里运动会的时候是带面包火腿肠还是由食堂统一做盒饭当午餐，都由 W 校长来拿主意，"这么一个大摊子，方方面面都得照顾到，琐碎着呢，我们校长可真不容易，我们学校一天也离不开他……"离开学校时，送我的司机小 Z 颇有感慨。

角色是一个心理学概念，表示与人相互作用过程中的行为表现。组织中各种职务和职位都伴随着旁观者和角色担任者自身的一些预期。这些预期就是角色的定义①。角色假定主要指在特定文化和情境中对于不同角色行为标准的基本信念和理解。

在简单性科学视野下的领导中，校长应该是"万能的"或者"英雄式"的，居于组织的顶端，领导行为围绕着明确的学校目标和任务的实现而展开，领导者在决策上起主要的、决定性的作用，为实现学校的目标，在学校管理中强调科学化、规范化及完整的规章制度，校长是完全值得信任的。校本管理理念的本质属性原本应该是放权于学校，放权于校长，让学校和校长拥有管理学校的充分自主权，然而在我国一些校长那里却演变成了"校长英雄主义"和"独断专制主义"②。学校领导以组织赋予的权力为基础，以自己拥有的行政权威进行管理。校长需要解决学校发展中的所有问题，制定目标并将目标传达给学校成员，为他们分派具体任务并监督执行，尽量在学校中营造和谐的人际关系和发展氛围，与学生的标准化考试、教师的标准化评价相呼

① 罗伯特·G. 欧文斯. 教育组织行为学——适应型领导与学校改革［M］. 窦卫霖，温建平，译. 北京：中国人民大学出版社，2007：105.

② 吴遵民，李家成. 学校转型中的管理变革——21 世纪中国新型学校管理理论的构建［M］. 北京：教育科学出版社，2007：3.

应。案例5-3中校长和司机都说的一句话不知大家是否注意到，"学校一天也离不开校长"，就是"万能"校长的体现。校长必须将一切行为安排妥当，否则学校就可能无法正常运转。这就是一种实质上的"专制主义"。

在这种模式下，"执行者"是教师、员工的理想角色。教师积极参与的最佳方式就是听从校长的安排认真去做，并不要求他们有太多个人的想法，能够领会领导意图是非常重要的，教师们大多缺乏独立思考的意识和批判的精神。教师不需要考虑结果，乐于避免冲突。规章制度是否被遵守非常重要，墨守成规可以保证不被批评。校长往往对教师的专业、课程的内容、教学的方法有统一的规定，教师在教育教学上没有专业的选择权。

可以说，当管理系统非常复杂时，对教师的主动思考能力、行为能力要求并不高。此时，教师的方向就被狭隘化了，行为变得更为条文化，教学变得更为简单化。可以说，复杂的结构导致简单的行为，而简单的结构导致复杂的行为。

2. 学校结构科层化

"组织结构"是指"对于工作任务如何进行分工、分组和协调合作"[1]。任何一个社会组织，包括学校组织，都是由许多要素、部门按照一定的形式组合而成的，学校内各个"团队"依照这种形式结合在一起。组织内部各个要素的联结方式和联结框架就是组织的结构，学校的组织结构反映了学校组织的框架体系。

"一般而言，我们习惯于用古典结构术语来思考和描述学校系统或学校。比如，认为学校是用等级结构联系起来的金字塔，由强大的集中控制和指挥单位组成（一般描述为科层组织和军事组织）。"[2] 大多数学校将科层制作为学校领导控制和协调工作的首选机制。如何有条不紊、按部就班地实现目标，这是学校上下所关注的焦点问题。为了使成员了解自己的工作任务，组织中明确地规定出每一个细节的实施过程。计划、组织、控制，组织运行的每一

---

① 斯蒂芬·P. 罗宾斯. 组织行为学 [M]. 孙健敏，李原，等，译. 北京：中国人民大学出版社，1997：423.

② 罗伯特·G. 欧文斯. 教育组织行为学——适应型领导与学校改革 [M]. 窦卫霖，温建平，译. 北京：中国人民大学出版社，2007：134.

个环节都充满了理性并且追求高效，没有充分考虑人的因素来安排组织的活动，将学校按照机器运转规律运行，领导努力实现效率，计划和目标是首要工具，领导者逐渐依赖职位权力来影响其他人。将重点放在目标的设置和工作职位的明确上，保证正常秩序和效率。校长将学校看成一个理性的系统，强调工作职位的清楚描述以及确切的政策和程序。领导者强调遵守广泛接受的标准并控制结果。

学校被描绘成一个角色和职责的层级序列；权力集中于主要领导的手中；管理重心高，沟通通过既定的渠道进行；由组织的规章来对教学进行控制；上级管理下级；下属受经济需要驱动；人们需要监督。此时，任务界定倾向于机械化，以严格的规定、正式的程序和清晰的权力等级为特点。知识和控制集中于上层领导者，员工只能进行他们被告知的行为，采用指定的方法，而不能决定完成工作的方式。校长坚持构建等级式的权力控制，自上而下的垂直交流更多，擅长制定明确的书面规划和程序以确定标准和指导行为，"在组织等级体系中增加监管人员和行政人员"①。在这样的结构体系下，教师是等级排列体系中的一部分，管理者优于教师，始终贯穿检查和要求，教师工作必须符合既定标准，试图追求一种标准化的"工作流程"。标准化的工作过程在高度确定和可预见的环境中运行的最好。

案例 5-4

L是我的大学同学，大学毕业之后就进入北京市某中学工作了，现在也是学科骨干教师，做得不错。作调研的时候，我特意约她出来聊聊。

"'沙龙'是什么？"

L没等我提问，首先抛了一个问题给我，问得我一愣。但看来她并不需要我回答，接下来急切地说，"我记得上大学的时候我们参加音乐沙龙、电影沙龙、读书沙龙，忙得不得了，可那时候多开心啊，现在可千万别再跟我提沙龙两个字，我快烦死了。"

"为什么呢？"我很纳闷。

"我们校长闹得呗，差不多几个月前有一次急匆匆地开会，讲了一个多

---

① 罗伯特·G. 欧文斯. 教育组织行为学——适应型领导与学校改革 [M]. 窦卫霖，温建平，译. 北京：中国人民大学出版社，2007：91.

小时沙龙对于教师的重要性和必要性，然后要求学校成立与学科、专业或教学相关的沙龙，责成教科室的 B 主任负责。原则上 40 岁以下的老师都要参加沙龙的活动。"

"参加沙龙不是挺好的吗？你怎么那么大情绪啊？要不平时老师们各上各的课，也没什么时间交流，在一起读读书、听听报告、讨论些问题不是挺好的?!"我反问她。

"是啊，我也这么想，我想多个平台也挺好，而且咱是年轻老师，学校活动不参加也说不过去，到时候领导该认为我不上进了。可你不知道我们学校那沙龙搞成什么样了。B 主任把它弄得都快赶上上课了，每两周活动一次，每次都要签到，还要跟年终考核挂钩，每次两三个小时，要是内容有意思或者有用也行，基本上次次都是讲座，要么就是区教研室的老师，要么就是我们学校的老师，讲来讲去就是那些内容，大家都觉得挺浪费时间的。还有，你见过沙龙留作业吗？我们那沙龙还留作业呢，老让我们写反思、写体会，我现在还当班主任，课还挺多的，整天弄这个，特别烦。"

看着同学紧锁的双眉，我无话可说。

简单性科学视野下的组织理论一般把组织视为封闭的系统，试图"通过规范化、定量化、精确化、简单化和最优化来把管理变得更有效率"①，对组织成员的知识和行为有统一的要求和规范，并对组织成员的管理有一套严格的规章制度，在决策过程中采取自上而下的高度集权的方式，组织成员基本上不参与学校的决策和管理。此时，组织是一个封闭的静态的结构，并在静态的组织结构的框架下，以"工作"为核心，研究组织的目标、组织的分工、组织的权责分配、组织的职能划分、组织的控制，等等。应该说，这种组织理论反映了社会分工的需要，适应工业化社会的发展，有其合理和积极的一面。

在这种组织中，非正式组织受到限制，或者是常常按照正式组织的模式和原则处理非正式组织的问题，就像案例 5-4 中的学校，沙龙本来是以兴趣为主要原则凝聚的群体，崇尚自由，但从校长到主任却按照自上而下的行政

---

① 孟繁华. 教育管理决策新论——教育组织决策机制的系统分析 [M]. 北京：教育科学出版社，2002：58.

管理方式"管理"沙龙，反而窒息了教师们的发展，教师个人的兴趣、志向得不到鼓励，影响潜能的发挥；特别是组织要求成员对目标的绝对服从，对上级的绝对服从，个人不能灵活处理新情况和新问题，难以满足变化和创新的需要，严重影响了工作效率的提高。学校内部的团队主要以行政组织为主，各部门往往独立地处理各自领域的事务，相互之间往往缺乏必要的协作，甚至还进行直接的竞争。机构间界限分明、职责明确，行政组织有助于提高团队内部的效率和协调。

3. 松散的文化

学校文化是一所学校全体成员在一段时间内的共同产物。学校因为文化的不同而不同。组织文化由共同的信仰、种种期望、价值观以及组织成员行为的规范所组成。在任何一个组织中，非正式的文化与正式的组织结构相互作用，控制着组织系统对"这里的行事方式"形成总体上的清晰认识①。学校文化包含了校园文化、教师文化、学生文化和课程文化等，校长是学校文化的核心。

案例 5-5

普通高中课程改革是近年来高中发展的一个主题词。随着课程改革的进行，学校的方方面面都需要变革，以课改为契机的学校整体性变革势在必行，这给学校带来了良好的发展机遇，然而机遇总是与挑战并存的，一些学校在这个过程中也遇到了前所未有的问题。G 中学随着课程改革的进行就出现了这样一种情况，原来的模式教师的责任归属是非常明确、清晰、简单的，比如，某班的物理归张老师教，那么如果不出什么特别情况的话，这三年都是张老师教，这样高考成绩很明显就体现出了张老师的水平，教师们也很有干劲儿。随着课程改革的进行，选课制、走班制也走进了中学校园，不再是一个老师对一个班级，而是多个老师对多个班级，这就复杂了很多，那么这个时候该怎么对老师进行管理和评价呢？G 中学的 Z 校长想出了这样一个办法，引用企业管理中非常盛行的 ISO 9000 标准体系，将教师工作与划分非常严谨

---

① E. 马克·汉森. 教育管理与组织行为 [M]. 冯大鸣，译. 上海：上海教育出版社，2005：79.

的标准对应起来对教师予以评价，同时重视学生对教师的评价，学生每结束一个学段的课程都要从很多方面给老师打分，另外增加阶段性考试，横向比较各不同班级教师授课情况将之与教师考核挂钩，这一系列举措让大部分教师怨声载道，学校层面一直以为教师不适应新课程带来的教材编排、使用习惯以及授课方式等问题，不断开会疏通、强调，但一直解决不了问题。"高中生还比较缺乏分辨力，经常让学生评价老师我们很有情绪，既然学生都有权利评价老师，那老师还怎么管学生，谁还敢批评学生？还不如索性不管了。""整天用这个标准那个标准要求我们，我就一次迟到他们看到了，我那么多天加班怎么没人看到，那也好，以后大不了就按照他们的标准来，做一天和尚撞一天钟呗。""现在人家学校都强调集体备课，团队发展，就我们还拿老办法，这让我们很难真正合作。"一时间，学校里部分教师与学生对立情绪严重，很多老师认为工作就是完成任务了事，暗暗的一些老师又开始较起劲来……

在简单性科学视野下的领导中，校长将更多的精力用于维持不同教师、员工身份、角色的差别性上，文化成为行政管理的手段之一，甚至很多校长习惯性地使用行政办法解决文化问题，文化成为一种附属在科层管理上的手段，而非维系全校成员共同发展的核心力量。文化以服从为主要特征——通过明确、通用的组织制度维护层级控制与命令链条，管理纪律严明。如案例5-5，科层制规则占据了文化的大部分语言，重视执行，鼓励遵守章程，支持稳定而非变化，追求同一性，从而造就了一些顺从、无个性、受压抑的教师，教师把取向放在了"领导的满意"而不是"学生的发展"上面。简单性科学的思维范式使得人们习惯于从一般的文化定义来推演学校文化定义，从西方研究成果推演学校文化实施策略，这样的基本路径容易导致学校文化普遍化、浅表化，缺乏特色。组织文化模糊，建设较失衡、随意、松散、无序，"大多数学校的文化特征是事不关己、高高挂起和相互疏离的规范。这种规范使教师一直保持相互分离"①。这时，一所学校可能会出现一种人为制造出来的团队精神形式。

万能的校长、学校结构科层化与松散的文化构成了简单性科学视野下的

---

① 托马斯·J. 萨乔万尼. 道德领导：抵及学校改善的核心 [M]. 冯大鸣，译. 上海：上海教育出版社，2002：104-105.

校长在团队领导力层面的特征。

（三）二元关系构建力

二元关系构建力主要描述的是领导者构建自身与追随者之间关系的能力以及两者相互影响的过程，是领导力的基础。二元关系构建力的重点在于一个校长与另一个通常为追随者的两人之间的关系、领导者与追随者的相互影响过程。目前大多数对于校长权力和影响技巧的研究，也是按照二元过程加以定义的。"大多数关于领导效能的理论主要是在二元层次上加以定义的，这些理论通常认为，团队和组织的过程涉及领导，但它们并没有清晰地描述这些过程。"① 因此，二元领导力研究得到了极大的重视。在学校情境中，这种二元关系主要就是校长与教师及员工之间的关系。二元关系构建力的关键在于领导者如何发展与追随者的合作关系。在二元关系构建力中，主要从人性假设、沟通性质、二元关系构建方式以及二元关系构建结果四个方面展开探讨，可见图5-4。

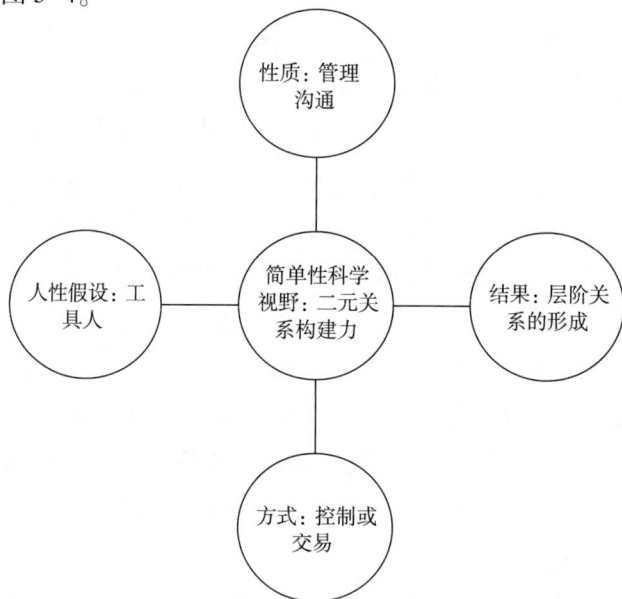

图5-4　简单性科学视野下校长二元关系构建力的构成

---

① 加里·尤克尔. 组织领导学 [M]. 陶文昭，译. 北京：中国人民大学出版社，2004：14.

案例 5-6

L 市是一个中等城市，W 中学是 L 市最好的高中，曾被评为全国百强中学，建校已有五十多年的时间，在 L 市市民中有这样一种共识，只要孩子上了 W 中学，80% 就能考上大学，因此，很多孩子中考即使考不上 W 中学，家长也要想方设法交赞助费让孩子到 W 中学读书（交赞助费也需要达到一定的分数线），可以说 W 中学集中了 L 市最好的教育资源，并且获得了社会的认可。Y 校长在 W 中学已有三年的时间，她认为原来的校长有些保守，她来到 W 中学后不长时间就将 W 中学进行了较大的扩展，三个年级从原来的 33 个教学班扩展为 70 多个教学班，学生发展为 4 000 多名，但只有一少部分是计划内招生，剩下的大部分是需要交赞助费的，借此机会 W 中学也发生了很大的变化。盖新楼、增加新的实验室等等只是表面上的，每年 W 中学都会新进一批大学毕业生充实到师资队伍中，因为学生人数的直线上升带来的问题几乎成倍增长。面对这样一个局面，Y 校长坚持一种非常"铁腕"的管理方法，她认为要想管好学校就必须能"镇得住"，那么多老师个个都恃才傲物的，必须抓住人的"软肋"才能管住人。必须要管住教师，否则会影响学校的发展。教师奖金与学生高考成绩直接挂钩，就这一点，就调动起了很多老师的"兴趣"。

Y 校长的办公室非常大，宽宽的老板台让坐在后面的 Y 校长显得很有气派、也有点儿距离感。在 W 中学，除了校长主动出席集体活动，否则见校长并不是件容易的事，连老师都不行，如果有事该谁负责就去找谁，一般情况下她不会直接面向普通教师。Y 校长基本上每天都会召集学校班子成员开会，听各方面情况的汇报，她认为这么大的学校什么事都自己操心的话会累坏的，因此她给中层干部的分工很细，每天听他们的汇报就可以了。鉴于 W 中学在 L 市的社会地位，Y 校长的社会活动很多，当然也给学校带来了很多好的资源。谈起他们的校长，很多老师都会说一句，Y 校长挺厉害的，我有点怕她。

1. 人性假设：工具人

从本质上讲，领导力是一种基于共同目标的影响力，这种影响主要就是发生在领导者与被领导者之间的。领导者要为被领导者创造良好工作环境和氛围、调动被领导者的积极性、与被领导者共同实现组织目标首先是基于一种假定、信念和价值观基础之上的。因为每种情境中的人都会接受某些隐含的基本假设，对人性有些基本假定，这种假定决定了我们的信念、价值和行为方式。

"人性假设"是管理学和领导学中一个极其重要的问题，是行为科学管理理论的出发点，事实上，在我们探讨不同科学视野下的校长领导时，校长对人性的基本假设也有不同，正因如此才有不同的领导力模式和策略。

道格拉斯·麦格雷戈（Douglas M McGregor，1906—1964）是美国著名的行为科学家。麦格雷戈认为，有关人的性质和人的行为的假设对于决定管理人员的工作方式来讲是极为重要的。各种管理人员以他们对人的性质的假设为依据，可用不同的方式来组织、控制和激励人们。工具人假设又叫机械人假设。即每个人都是被某一组织雇用的机器或者工具，他的职能只是接受组织的管理完成组织交与的任务，工作是他迫不得已的生活手段。人是典型的被动行为者、天生的偷懒者，离开了管理就会逃避工作，X 理论就是一种典型的工具人假设。

从整体上来讲，在简单性科学视野下，校长对于教师的基本假定是"工具人"。教师只是完成某种目标的"工具"，接受上级布置的任务和命令是其重要职能，教师是被动的、愿意偷懒的、需要管制的，工作只是教师用以谋生的手段，怎样让教师服从命令、设置机构监管教师的工作最重要。案例5-6中 Y 校长就认为，教师是帮助学生提高高考成绩的"工具"，能最大限度发挥教师这一职能是最重要的。

2. 性质：管理沟通

领导者实施领导力的过程从二元关系的角度来讲就是与被领导者间的沟通过程，通过沟通影响他人实现共同目标以及想要的结果。在这个过程中信息和理解在信息的发送者和接收者之间完成了转移。

工具人假设决定了此时校长与教师间沟通的性质。在工具人假设中，领导关心的是如何提高劳动生产率、完成任务，主要职能是计划、组织、经营、指引、监督；应用职权，发号施令，使对方服从，让人适应工作和组织的要求，而不考虑在情感上和道义上如何给人以尊重；强调严密的组织和制定具体的规范和工作制度，如工时定额、技术规程等；应以金钱报酬来收买员工的效力和服从。

因此，在简单性科学视野下的领导中，校长与教师间的沟通以"管理"沟通为主。人们认为最好的信息和解决问题的最好思想来自组织上层，然后应该向下传达，由基层的人去执行。校长每天要处理大量的信息和指令，将信息和指令传达给被领导者，在这个过程中，校长处于主动方，而被领导者是比较被动的，是信息和指令的接收者和执行者，事件、规则和大量的信息构成了领导者和被领导者即校长和教师沟通的主要内容，被领导者通常向领导者汇报信息的反馈情况，以便领导者把握沟通的效果。"校长们在指引和控制整个学校方面负有巨大的沟通方面的责任。"①

3. 方式：控制或交易

"控制"方式的基本假设是领导者在所有方面优于被领导者，领导者在处理与被领导者间的关系时，以命令和监督的方式为主，被领导者按照领导者的计划与安排行事；"交易"方式的基本假设是被领导者只受自我利益的激励，不顾及共同利益，领导者必须用奖励、实现被领导者目标的方式达成组织既定任务，以此与被领导者进行交换。

案例 5-7

我们学校的一些重大事情的研究决定方面只有领导们商量决定，普通教师和学生们只有听结果和服从决定的份。有一天下午，我有三个班的课，中午吃完饭，到学校时，学生都拿起扫帚、铁锹到处跑。我想下午课是否有变动了？对身边经过的一名学生问怎么回事，学生说今天下午有一位领导要来我们学校，下午打扫卫生不上课。果然不出所料，上午没什么动静，而中午领导的一句话可以改变一切计划，这样的事情常会发生。一些老师和家长对此很反感。

课程安排不按教师专业和特长，而是由学校领导安排，教师必须服从。就拿我来说，毕业几十年都教小学数学，可由于我校语文老师缺乏，就让我教语文，我不太了解语文这门学科的特点，授课压力很大，校长还说，你连语文都教不了，还能教什么。

① 达夫特. 领导学：原理与实践 [M]. 杨斌，译. 北京：机械工业出版社，2005：166.

在简单性科学视野下的领导中，校长在实施领导力的过程中对教师和员工主要采取"控制"或"交易"的方式。由于"官本位"管理理念赋予了学校管理人员的诸多特权，因而这也使得信奉这种理念的学校管理人员对现在正在大部分学校施行的"科层制"管理并无不适，但却并不理解"科层制"管理理念的最本质属性——分工和专业化、非个人取向（公事公办、不讲情面），而维护其负面的特点——强调权力等级关系、信奉官僚主义。① 校长要么就明确告诉教师们该做什么事情、怎么去做、何时去做以及谁去做，同时监督各种负有不同职责的人工作，通过严格的控制保证学校高效率运行，维持僵硬的组织层级和结构化的程序（如案例 5-7 中的校长）；要么擅长了解教师、员工的需要，与教师、员工通过交易各取所需，创造良好的人际关系，使教师满意、提升工作表现。因为交易的方式能够让领导者了解被领导者的愿望，从一个角度来说，这可以让被领导者得到更好的鼓励，但校长发展融洽氛围、良好人际关系和满足教师需要的主要目的是使自己的意志更加容易推广，从本质上讲教师的投入是斤斤计较的，与前面的"服从命令"相同，并没有完全投入到组织愿景的实现中。

4. 结果：层阶关系的形成

案例 5-8

我们在上班时，作息时间跟学生一样，就是上厕所也只能在下课 10 分钟内去，否则按旷课算。一次检查不在岗，罚款 10 元。我们每学期都会重新安排班级，老师只能服从，不能有意见。大多数老师刚刚适应了一个班级的教学，刚和学生建立起了感情，新学期一到就要马上换班，是很无奈的事情。学校领导还经常强制老师进行一些捐款和购书，而这些书与教学无关。就拿2008 年的一件事来说吧，2008 年乡政府下达任务，让行政干部买内部发售的法律书籍，50 多元钱，这本来与我们学校无关，但领导为了表示他的"诚意"，强行从老师们的工资中扣除了购书款，并把书发到老师们的手里。

---

① 吴遵民，李家成. 学校转型中的管理变革——21 世纪中国新型学校管理理论的构建 ［M］. 北京：教育科学出版社，2007：3.

科层制的、机械的学校组织结构、自上而下的权力等级、控制或交易的领导方式等一系列因素使得校长与教师、员工之间形成了严格的层阶关系。校长高高在上，整个学校是一个鲜明的等级序列，下级服从上级，这在案例5-8中体现的非常明显。另外，大部分领导者对于组织的动力和复杂性缺乏充分的了解，倾向于将组织理解为线性的、决定论的、机械的系统，从而促成了竞争的、个体化的文化，强调角色和结构甚于道德的、可靠的行为①。校长和教师们严格遵守职位所带来的权力特征，领导力成为附着在领导者身上特有的一种影响过程，教师作为校长的下级，需要按步骤执行自己的工作，被监控感很强，信任缺失，教师常常因为校长能够满足他们的某种需求或给予某种奖赏才按要求工作，教师的主动性得不到发挥。

工具人假设、管理沟通、控制或交易、层阶关系的形成是简单性科学视野下的校长在二元领导力层面的特征。

三、复杂性科学视野下的校长领导力

简单性科学视野中，校长们受到的训练是把问题分割成许多部分来解决，每一部分的成功加起来就是整体的成功。但是事实上，整体是由各部分之间的关系组成的。复杂性科学重视运用复杂整体性、非线性、动态生成性、开放性、过程性、关系性的方法论考察组织。伴随着知识经济的到来、全球化进程的推进以及信息技术的极大发展，稳定的大环境已经过去。一切似乎都在改变，而且改变的速度越来越快。一些领导者仍然囿于旧的思维方式，试图实施适用于稳定环境的理性管理，无视组织和环境不断发生的巨大变化。

和所有的开放系统一样，组织是随着不稳定的状态而变化发展的，无序可能就是有序的开始。应该关注整体，而不是孤立的局部，减少部门与组织之间的界限以生成新的关系模式，承认人和组织的健康发展是建立在不稳定的基础上的。校长应该不断地学习，鼓励追随者的发展和成长。组织内每个

---

① Patrick Duignan. Educational Leadership：Key Challenges and Ethical Tensions ［M］. New York：Cambridge University Press，2006：14.

人都参与发现和解决问题，促进组织的不断成长和改变，从而保证组织有能力迎接新的挑战。这就需要一种全新的、超越了传统的理性管理的领导观念。领导者必须具备全局观能力，需要学习如何放弃具体的细节管理，转而关注如何创造愿景，以及如何改变有助于实现愿景的组织文化和价值观。这个时代的领导者不依赖等级控制，致力于将整个组织建设成为共享愿景和信息的团队。知识弥漫于整个学校组织之中，不仅可以分享和积累，而且可以生产。校长是自由沟通和思想交流的促进者，是提供条件加强授权的促进者。校长领导力实施的价值取向是"发展与创新"。

（一）组织发展引领力

从组织发展的视角来讲，校长如何把握学校所处的大环境、如何执行上级行政部门的政策要求、如何树立学校愿景、怎样设定战略目标、如何获取信息和资源是主要问题，本书对于校长组织发展引领力的分析主要从四个方面进行，包括有效适应环境、主动引领变革、发展组织愿景、动态生成目标（见图5-5）。D小学是一所无论是办学质量还是社会口碑都非常好的学校，历史悠久，在新时期主动抓住变革机遇获得了非常好的发展。下面这个案例5-9是笔者对D小学X校长的访谈内容。

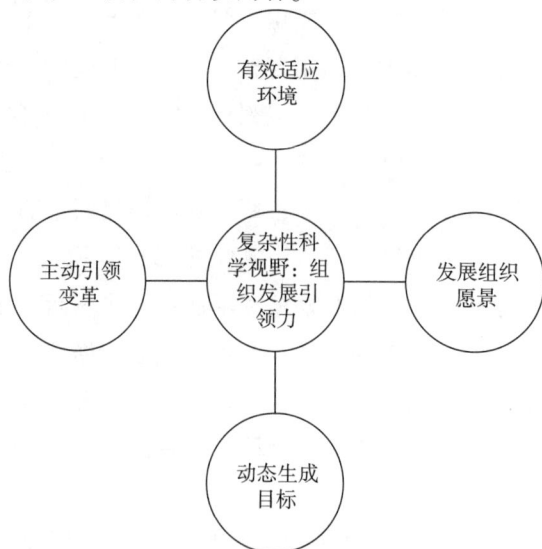

图5-5　复杂性科学视野下校长组织发展引领力的构成

案例 5-9

我们学校具有半个多世纪的历史了，在新世纪该怎么变革，我们该怎么发展？21世纪的学校到底该是什么样？我们很早就开始思索这些问题。不论是老校还是创造一个新校，应该在立足本土的同时有国际视野，吸收国际上的先进思想和理念。作为校长应该有想法，国际化不是开个外语班就可以的。我们学校的想法是立足国际视野培养地球村的村民。这符合未来发展的趋势。那么怎么做能让进入学校的人深刻感受到学校国际化的特征呢？这就需要我们结合新世纪的教育理念构建国际化、大视野的学校教育理念。

结合这个理念，我们设计了分步执行的方案，在很多制度上予以配合。比如，时间制度，要改变过去固定化的时间表，实现时间的弹性化管理，这在课表上、人员管理制度上都有了相应的变化。很多国外学校没有铃声，因为他们的上下课时间不统一，走廊里教室里有很多钟表，就是提醒学生掌握自己的时间，这种开放是为了养成他们更好的时间意识。而我们学校的学生在改革之初，如果没有铃声，时间观念是相当淡漠的。

在教室建完之后，该怎样保证教室的使用效率？要根据学生的学习规律充分营造空间和氛围，不要为了形式而形式，要真正起到作用。在空间上怎样使学生的学习、生活、娱乐一体化并达实效才是我们的最终目的，同时角落文化、走廊文化怎样建设，必须统一在一个理念中。我们不能在学校空间不够的同时在使用上还浪费。比如，我们的食堂，就中午一顿饭我们认为很浪费，因此我们的食堂平时是教师和学生的活动室，中午再铺上餐布。当然，一个校长办学理念的提出、变革的实施应该能够反映该学校教师团队共同的价值追求，只靠领导思考不够，要与老师交流。而且整体变革方案的形成的过程不是一蹴而就的，是团队成长的过程，是学校办学理念成熟的过程，是一个复杂的过程。①

1. 有效适应环境

简单性科学对事物的考察总是从某一实体性的事物出发的，但事实上，由于演化的单元并不是孤立的实体，而恰恰是由实体与其周围的环境要素所

① 来源于笔者的访谈资料。

组成的一种组织模式，从而使得我们在很多情况下必须以一种关联性思维来进行分析和考察。尤其在当前，学校环境充满不确定性和模糊性，组织不是静态的、固定不变的，而是经常谋求与外界环境及内部情况变化的适应。改进组织适应能力，让学校能够有效适应环境是校长领导力的一个重要方面。

在复杂性科学视野下的领导中，校长能够认识到把握组织与环境间的关系非常重要，学校所处环境在保持一定规律的基础上同时具有动态性和模糊性，重视引导学校在现有环境下实现"理想中"的状态。简单性科学的被动反应论排除了自主性、目的和主体等概念。复杂性科学认识到生命系统中系统目标的非预设性，关注偶然、无序等"干扰因素"，从而增进了对生命系统自主性、开放性、自组织机制的理解。因此，在此取向下的校长领导中，学校的主动发展能力非常重要，这与校长是分不开的。正如案例 5-9 中那样，校长并非被动回应环境要求，而是努力与环境产生互动，如何在快速变化的环境中寻求良好的发展是校长思考的重要问题。

2. 主动引领变革

有计划、有控制、有指导的社会变革是 20 世纪出现的主导思想之一。如今全世界普遍相信，社会不必局限于对变化中的价值观和发生的时间作出适当的反应，而是能够自觉地运用变革力量去适应预定的目标和社会价值[①]。从这个意义上说，变革并不是完全因为受到外力驱使所致，而是组织惯常的表现形式。组织时时刻刻都处于变化状态中，组织变革是组织的常态，而不应该视为有意为之的结果。

从组织发展的角度来看，学校必然会受到环境广泛而深刻的影响。过去那种适应于静态社会发展需求的方式已不足以应对迅速变迁的时代需要。作为社会重要构成部分的教育，在社会中不断谋求发展，也不可避免地随着社会的变革而不断发生变化。由此，呈现在复杂性科学视野下的校长领导力，更重视从学校内部寻找变革的力量，不断推动学校向前发展。因为变革并非是预设好的，也并非是有条不紊的、单一层面的，常常呈现出多重性、长期

---

① 罗伯特·G. 欧文斯. 教育组织行为学——适应型领导与学校改革 [M]. 窦卫霖，温建平，译. 北京：中国人民大学出版社，2007：184.

性、不确定性等特征，学校领导者关注教育专家的观点和意见，但更重视专家意见与本校教师、学生需求的沟通与融合，学校不是校长一个人的学校，而是所有人的学校。教师从变革的"对象"成为变革的"主体"，学校呈现出了哪些问题和矛盾？学校领导者认为教师和校长一样有发言权。

学校变革不再是外部力量驱使下的变革，因为伴随着变革的复杂性和生成性，并不总是有现成的答案摆在那里，学校的变革需要全校成员共同探索，在实践中解决问题。纯粹技术性变革采用自上而下的方式还可行，但其他变革是不行的。此时，学校领导者作为学校组织变革和发展的中心，其职责不是快速解决出现的问题，而是强调动员组织中的其他成员去找出问题的解决方案，怎样激发学校内部的变革动力、使学校逐渐摆脱对外在变革动力的依赖就成为关键。

3. 发展组织愿景

"谁的愿景"依然是我们要探讨的主要问题。在复杂性科学视野下的领导中，校长们能够认识到由自己简单地宣布一个愿景然后强加给学校，无法产生推动学校向前发展的集体力量。过去校长常通过决策规划权控制教师行为，而现在更注重发展校长带动教师参与制定能够鼓舞教师投入到努力工作的愿景目标中。校长能够调动学校教职员工的积极性、共同创造愿景是非常重要的，教师个人的愿景必须得到发展和分享。

这也就是说，组织愿景的开发虽然注重领导者的主导作用，但更强调共享性，强调愿景开发是领导者和被领导者共同的任务，而不是领导者一人提出高见，尔后众人服从、响应的过程。愿景的制定不只是领导者个人的责任，只有通过大家的实际执行才能够达到，因此应注重组织愿景的整体性，而非单个的领导者或领导层，应该能够抓住每一个人的决心和勇气，激励他们向同一个终极目标前进，允许个人独立而又一致的行动。校长通过创造愿景激发员工的信心和热情，持续不断地鼓励成员发展自己的个人愿景，重视发展员工的组织核心能力和共享的价值观。传达和自上而下的宣扬并不是组织愿景建立的有效方式，应该尝试从自上而下的管理向合作、分权、参与式的领导形式发展。一般教师员工清楚一线实际，有鲜活而直观的感受，可以提供有价值的思考，是学校在确定组织愿景时必须要考虑的组成部分。领导能力广泛分布于整个组织。在赋予教师权力，使其为建立、更新本校愿景的过程中，校长要使教师充分认识到这种做法的重要性和可行性。当然，学校愿景的建立需要沟通和时间。"当愿景的价值和盟约的附加价值维度都形成时，教师和学生就会以更高的动机和责任感来做出回应。"①

4. 动态生成目标

强有力的使命和愿景非常重要，但并不足以构造一个健全的、强大的组织。成功的组织需要寻找使愿景转变为行动的途径，学校发展目标就是让愿景与学校实践结合的一种有效方式。在复杂性科学视野下，学校发展目标具有共享性，是领导者与被领导者要共同完成的任务。

自组织是开放系统在大量子系统合作下出现的宏观的新结构。系统随着时间而变化，经过系统内部和系统与环境的相互作用，不断适应、调节，通过自组织作用，经过不同阶段和不同的过程，向更高级的有序化发展，涌现出独特的整体行为与特征。在复杂性科学视野下的领导中，校长们认识到目标的设立并非短期内完成的一次性的领导步骤，学校发展目标需要围绕着一个核心价值观随着环境和资源的变化不断调整，这是一个动态的同时具有自主生成特征的过程。目标的生成不是领导活动的一个"点"，而是贯穿领导活动中的一条"线"。校长最重要的行动之一就是根据新生事件、新生观点、新生信念不断调整目标，以此把组织的成员凝聚在共同目标与共同决策之中。

（二）团队效能提升力

领导力的团队过程主要表现为在一个任务团队中领导角色的性质，以及一个领导者如何贡献于团队的效能。从学校内部的角度来讲，校长该如何通过实施领导力提高团队效能从而实现发展呢？本书主要从作为领导者的校长的角色定位、学校结构的调整、学校文化呈现出的特征三个方面来展开研究，详见图5-6。

---

① 托马斯·J. 萨乔万尼. 道德领导：抵及学校改善的核心 [M]. 冯大鸣，译. 上海：上海教育出版社，2002：87.

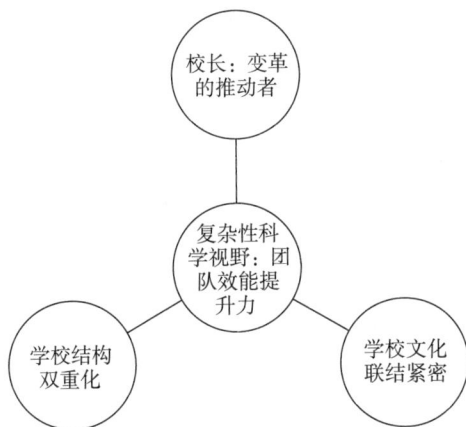

图 5-6　复杂性科学视野下校长团队效能提升力的构成

1. 变革的推动者

角色假定主要指在特定文化和情境中对于不同角色行为标准的基本信念和理解。在复杂性科学视野下的领导中，校长是"变革的推动者"和"教师学生发展的服务者"，校长通过向教师、员工授权和使用自主的团队来体现追随者的重要性，让他们进行批判性、独立的思考，采取行动改善组织；赋予教师自主权，给教师提供帮助、支持和专业发展的机会；对他人表示信任，鼓励和支持学习；关注学校的核心工作——教学，愿意在课堂上花时间。

而教师不再是"唯唯诺诺"的"盲从者"或是"斤斤计较"的投入者，应该是具有独立意识和批判精神的思考者、实践者，同时积极地参与组织活动，不逃避风险或者冲突，为了组织的利益勇于倡导创新。教师角色的深刻变化，并非意味着放弃传统的观念原则，事实上是传统观念原则得到了扩展和丰富。教师的角色得到提升，当然需要通过智慧、反思等更加复杂的方式来管理学习。在赋予教师专业发展空间的同时，挑战也是很明显的。比如，校长不会再按部就班地指导教师的行为，教师要有较强的独立思考能力和处理问题的实践智慧。

2. 学校结构双重化

从组织结构上讲，学校远比人们传统上的理解复杂得多。"组织结构"

是指"对于工作任务如何进行分工、分组和协调合作"①。任何一个社会组织，包括学校组织，都是由许多要素、部门按照一定的形式组合而成的，组织内部各个要素的联结方式和联结框架就是组织的结构，学校的组织结构反映了学校组织的框架体系。复杂性是组织在结构方面的一个基本特征。它关系组织及组织内个人的命运。有强有力的论据显示，组织在垂直、水平及空间上的复杂性的特定程度与组织在特定条件下的生存与延续相关。如果组织选择的形式不恰当，或者由于某种原因——经济、人事、传统或是领导方面的原因——而不能根据环境的变化调整组织结构的话，"它就有可能很快陷入麻烦之中"②。

传统的学校结构的形状像一个金字塔，校长处于金字塔的最高点，其他人都处在其下的某个层级中。垂直的公司结构在稳定的环境下是有效的，但是在快速变化的环境中却成了负担。等级森严的垂直结构妨碍了交流，限制了各部门之间的合作，过分地强调了基层岗位层面的正规权利。科层制的基本假设是，每一位下属的技术性专业知识都不及他或她的上级。这一假设当然不适用于学校，也不适用于其他专业组织③。事实上，在学校这样一个专业化组织机构中，它往往更多地受到复杂环境因素的制约。在现实情况中，线性结构根本无法体现出学校复杂的组织形式。

相当一段时间以来，组织的研究者早已认识到，学校系统和学校其实结构很松散：学区内的学校有相当的自治权和自由度，教师在课堂上也只受校长的一般性控制和领导。当前，学校不仅具有科层特征，还具有松散结合特征，是一种具有"双重系统的教育组织"④。也就是说，学校是个松散结合的组织系统，一方面，它具有官僚组织的特征，需要通过正式的规章和权力来避免混乱，提高效率；另一方面，由于教师的专业学习和学生的学习都需要自主性，都需要创造，因此，学校组织系统的各个要素之间、各个成员之间

① 斯蒂芬·P. 罗宾斯. 组织行为学 [M]. 孙健敏，李原，等，译. 北京：中国人民大学出版社，1997：423.

② 理查德·H. 霍尔. 组织：结构、过程及结果 [M]. 张友星，刘五一，沈勇，译. 上海：上海财经大学出版社，2003：71.

③ 韦恩·K. 霍伊，塞西尔·G. 米斯克尔. 教育管理学：理论·研究·实践 [M]. 范国睿，译. 北京：教育科学出版社，2007：95.

④ 罗伯特·G. 欧文斯. 教育组织行为学——适应型领导与学校改革 [M]. 窦卫霖，温建平，译. 北京：中国人民大学出版社，2007：134.

虽然相互联系，但却保持自己一定的独立性，即学校在一些主要方面是松散结合的——即指组织的子系统以及它们从事的活动相互关联，然而却保持着各自的特点和个性——在另外一些方面却具有鲜明的科层特点。但因为在学校的核心任务——课堂与教学上，其主要特点是松散结合的。比如，教师在课堂上只受校长的一般性控制和领导，因此校长主要应该通过愿景、价值观和关系而不是权力和控制来影响其他人。

松散结合并不意味着各项决定、行动和方案实际上是不相关的，而是说它们相互之间的关系很松散。"对于不确定，不能仅仅通过规则、工作描述和一种事先的详细规定来加以组织，还必须运用诸如共享的前提、文化、坚持不懈、宗派控制、即兴创作、记忆和模拟等方式来加以组织。在一个松散结合的系统里，领导并未减弱影响力，而是以不同的方式施加影响。"[1]

一个学校的不同子部门（如学科组、教务处、校长办公室）都有它们各自的特点、作用和分界线，尽管这些部门的连接非常少。"相结合的事件之间虽然反应敏感，但是，每个事件同样保持它自己的特点和某种物理或逻辑上的独立的标志"[2]。松散的结合允许一个教育组织在同一时刻针对不同的问题，从若干不同的方向进行适应性运动。在松散结合的条件下，系统的一些部门可能极富创新意识，而另一些部门则极端传统甚至守旧。在复杂性科学视野下的领导中，校长能够认识到教育组织的双重性特征，着力于改变过于精密的控制，给学校和教职员工的发展和变革提供空间。

学校组织结构是线性的还是非线性的成为一个重要的区分点。在现实世界中，具有线性相互作用的系统和具有非线性的相互作用的系统这两者之间有着质的区别，具有十分不同的属性。在线性相互作用的系统中，两个量之间是一种比例关系，即存在一个比例常数，而这一常数的存在表明这种线性相互作用在时空上是均匀的、对称的，在性质上是等价的即具有某些相同的性质。这种性质上的等价关系的一个重要特征，就是可加性和可分性。因为只有相同性质的事实间才能够相加和分解，在相加或相减的过程中不会产生

---

[1] 托马斯·J. 萨乔万尼. 校长学：一种反思性实践观 [M]. 张虹，译. 上海：上海教育出版社，2004：61.

[2] E. 马克·汉森. 教育管理与组织行为 [M]. 冯大鸣，译. 上海：上海教育出版社，2005：188.

也不会丧失某些原来性质，即不会产生新的东西。而与这种线性相互作用的同一性、等价法、单一性、均衡性和对称性相反，非线性关系的第一个整体特征就是它的多样性。多样性是复杂性的基础，也是复杂性之源①。校长领导力的实施过程是一个非线性过程，因为它面临的是一个快速变化的环境以及众多怀有不同愿望和目的的个体。学校是一个复杂的组织系统。无论在自然科学领域还是在社会科学领域，线性简单的相互作用和秩序只是一种特例，而非定律，世界从本质上讲是复杂的。②

在复杂性科学视野下的领导中，校长并非只关注呈现线性特征的行政组织子团队的建立。学校内部子团队类型多样，既包括行政组织，也包括非行政组织。除了严格地按照权力等级设置的行政职能型部门如校长办公室、教务处、德育处、政教处外，还有很多跨职能型团队以及专业小组等非行政组织。建立在技术能力和专业知识上的权威与建立在等级职位上任职的权威之间常有冲突③，正式的组织结构可能会成为制约学习的严重障碍④。通过组织结构扁平化、取消或合并一些部门以及更多运用跨职能工作团队等方法可以强化人们之间的相互依赖关系、减少人们之间的界线。跨职能型团队是由不同职能部门的成员组成的，通常处于同一等级，有时不仅需要跨越水平的界限，还要跨越垂直的界限。这使得信息可以跨越职能部门之间的界限得以共享。不过此时仍以领导者为中心，由领导者来指导。而专业小组是以教师为中心，按照专业发展兴趣为轴心凝聚在一起的，强调以教与学相关领域为基础，建立团队支持教学，帮助教师认识到自身专业知识的价值以及与组织内其他人共同学习的价值，以此为教师提供收集信息、形成自我判断的空间。

3. 学校文化联结紧密

案例5-10

学校文化会影响师生的价值取向、思维方式和教与学的方式。学校文化

① 彭新武. 复杂性思维与社会发展 [M]. 北京：中国人民大学出版社，2003：35.
② 文雪，扈中平. 复杂性视阈里的教育研究 [J]. 教育研究，2003 (11)：11-15.
③ 韦恩·K. 霍伊，塞西尔·G. 米斯克尔. 教育管理学：理论·研究·实践 [M]. 范国睿，译. 北京：教育科学出版社，2007：93.
④ 斯蒂芬·P. 罗宾斯. 组织行为学 [M]. 孙健敏，李原，译. 北京：中国人民大学出版社，2005：480.

需要积淀，所以通常情况下历史悠久的学校在文化方面更有建树。但新建校可以慢慢等历史把文化积淀下来再以之去滋养教师和学生吗？当然不行，所以作为一名建校只有 5 年时间的新生学校的校长，Q 校长用文化凝聚力量推动学校向前发展、建设学校文化的经验更有代表性。

Q 校长说，校长的文化传承力、选择力和创造力是决定一所学校文化品貌最关键的因素，然而，没有教师和学生的参与，这种学校文化是没有意义的。因为，真正的文化基于一个群体对核心价值观的认同、信奉和执行。因此在建校之初，Q 校长就多次召开会议，与教师共同沟通学校的核心价值观，找到最能代表学校文化精神的象征物——竹子，以此为核心梳理出了学校的办学理念、校训、校歌等。为了使抽象的文化内涵清晰起来，学校对竹子精神给予了充分的解读，提炼出了学校精神、办学思路、育人目标等，使得学校师生能更加清楚地把握学校的定位。当然，文化的构建不是一天两天的事情，Q 校长有意识地渗透，学校从环境、活动、仪式、课程等多个方面构建了立体的文化网，取得了良好的效果。最后，Q 校长指出，学校文化的使命在于传承与创新，着眼于学生健康精神的发育和完全人格的养护。学校文化应当体现时代的发展，体现高尚的人文情怀。

文化是组织或群体的核心价值观和在此影响下形成的规范、态度和行为，组织文化是决定教育组织品质的根本要素，这一信念得到了学校研究的有力支持。文化虽不能直接研究，但可以通过工作场所中普遍遇到的语言、人工环境的应用、礼仪及象征手法等观察到的行为进行推测，就像案例 5-10，将竹子作为象征学校文化精神的主体，统领了整个学校从物质层面到办学精神、育人目标等方面的设定。"在文化定义的最核心之处是一种习得的无意识（或半意识）的思维模式，反映在人们的行为中并得到加强，默默地但有力地形成一个人的经验。"[1] 学校文化随着时间的推移而产生，将团队精神作为内化了的感受和受道德驱动的相互依赖关系来推进。

在复杂性科学视野下的领导中，文化作为维系全校成员共同发展的核心力量，与程序、规则和关系等学校结构方面的重构是相辅相成的。文化并非

---

① 罗伯特·G. 欧文斯. 教育组织行为学——适应型领导与学校改革 [M]. 窦卫霖，温建平，译. 北京：中国人民大学出版社，2007：154.

行政管理的手段，但关注文化也并不意味着忽视组织结构。

迈克·富兰认为，"重视组织文化将使组织结构的重构更加有效，在组织结构变革和文化变革之间存在着相互依赖的关系。"① 强势的学校文化使学校组织显示出独特的凝聚力和别具特色的整体氛围，这种文化支持自由公开的沟通，特别是由下至上的沟通，把问题的解决放在首位。在文化联结紧密的学校中，师生员工具有团结、积极、向上的行为态度价值观，学校改进持续而持久。处于这个文化体系中的成员能正确对待偶然性与不确定性，重视整体性、参与式的问题解决方式，人们互相依赖和支持，能持续地检查和协商工作分工。在这种文化氛围中人们相互信任、共享知识、具有强烈的责任感，校长避免用行政的逻辑来生成文化，重视以文化引导学校、教育学生、引领教师。大多数学校的文化特征是鼓励变革，学校领导和教师员工积极投入。

校长是变革的推动者、学校结构双重化、学校文化联结紧密是复杂性科学视野下校长在团队领导力层面的特征。

（三）二元关系构建力

二元关系构建力主要描述的是领导者构建自身与追随者之间关系的能力以及两者相互影响的过程，是领导力的基础。在学校情境中，这种二元关系主要就是校长与教师及员工之间的关系。二元关系构建力的关键在于领导者如何发展与追随者的合作关系。在二元关系构建力中，主要从人性假设、沟通性质、二元关系构建方式以及二元关系构建结果四个方面展开探讨，见图5-7。

1. 人性假设：复杂人

对人性的基本假设通常都内化到同一文化背景中人的思想深处，被视作理所当然。在简单性科学视野中，被领导者是被动的、需要监督和控制的，

---

① Fullan M. Change forces: Probing the depths of educational reform [M]. London: Falmer Press, 1993: 3.

其工作像是机器中的某个零部件的运转。在复杂性科学视野中，领导者对于追随者的人性假设为"复杂人"。

复杂人假设认为，人有许多种不同的需要，且需要会随着时间、环境的改变发生变化；人是怀着不同的需要来参加工作的；人的主动性和创造性不是天生就有的，而是培养和影响出来的；组织机构的设置、管理层次的划分、工资报酬需要综合考虑，不具有那种可以满足所有人需要的策略。

根据复杂人假设，领导的重点在于创造一个使人得以发挥才能的工作环境，发挥出被领导者的潜力，并使被领导者在为实现组织的目标贡献力量时，也能达到自己的目标；在激励方式方面，关注被领导者多层面的需求，对人的激励主要是让其担当具有挑战性的工作，担负更多的责任，满足其自我实现的需要；给予被领导者更多的自主权，实行自我控制，让被领导者参与管理和决策，并共同分享权力。在学校情境中，校长要意识到教师的主动性和创造性，将教师视为乐于主动发展的个体，鼓励教师对于工作的全身心投入，帮助教师将个人发展目标与组织目标结合到一起。总而言之，在复杂性科学视野下，领导者对于被领导者的假定是符合复杂人假设的。

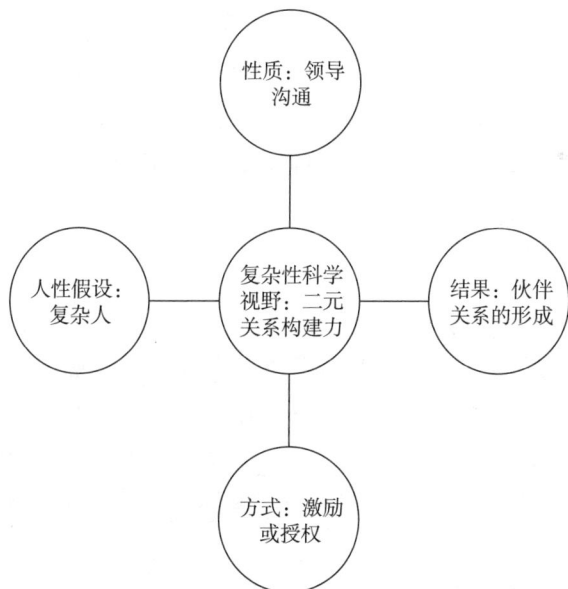

图5-7　复杂性科学视野下校长二元关系构建力的构成

2. 性质：领导沟通

在复杂性科学视野下的领导中，校长与教师间的沟通以"领导"沟通为主。校长经常是沟通、传递总的规划——愿景，而不是事实和一些琐碎的信息。沟通对于学校愿景的实现是至关重要的。人们认为有创造性的想法并非只集中在组织上层，人人都有机会表达自己的"奇思妙想"，沟通不再以传达指令为主，校长和教师的主动性都能够极大调动起来。

此时，信息网络全面完整，不仅有自上而下的沟通，还有水平沟通以及自下而上的沟通。领导沟通着重于创造令人向往的愿景，学习、解决问题、做出决定以及战略规划都围绕着并从属于这一愿景。沟通是非线性的、动态的、变化着的。有效的沟通并非建立在等级基础之上的。下属既不是被动的、也不是从属的，教师在学校组织的成功中可以发挥积极、重要的作用。价值观、愿景、信息等成为领导者和被领导者即校长和教师沟通的主要内容。

在这种取向中，校长重视建立开放的沟通环境，这与传统的自上而下有选择地传递信息的方式是相对立的，打破了传统界限的沟通使领导们能够听到追随者的真实声音，更有助于信任的达成。沟通反馈是动态的、持续的。有效的沟通是校长领导能力的一个重要方面。校长有能力引导学校的愿景、战略和文化的变化，关注愿景、共享价值观等无形的品质，而不是用规定、指导来控制与追随者的沟通。教师被赋予更大的自由度来控制自身行为。

3. 方式：激励或授权

几乎没有什么复杂的人际关系间的问题可以用简单的、逻辑的、线性的管理程序或工具解决[1]。激励和授权是在复杂性科学视野下的领导中校长常用来与教师和员工进行沟通的方式。"激励是指引起人们采取某种行动的热情和毅力的内部或外部的力量。"[2] 校长怎样通过行动引发教师具有达成共享教育目标的意图，并激励他们采取达成目标的最佳行动是非常重要的。校长

---

[1] Patrick Duignan. Educational Leadership：Key Challenges and Ethical Tensions ［M］. New York：Cambridge University Press，2006：61.

[2] 理查德·L. 达夫特. 领导学：原理与实践：原书第 2 版 ［M］. 杨斌，译. 北京：机械工业出版社，2005：145.

不会专横地监管教师的工作，以身作则，关怀教师的发展，教师工作士气高，校长重视教师的体会感受。教师的责任心、独立性和创造力增强，校长不再直接监督下属，可以提高教师的满足感、责任心和学校的凝聚力。这种激励不仅是在情感与态度上给予信心、信任并激发士气，更是给追随者独立思考的空间并在需要的时候给予帮助。授权可以满足教师个人的高层次需求，让教师认识到自己的价值，可以促使教师主人翁精神的发扬，增强他们的责任感和工作动机。反之会使教师责任感减少，行为机械，造成不满和疏远。授权并不是领导者将有限的权力下放，而是分享，建立了一个更广泛的权力基础。从过度控制中释放出来，使得员工可以自由发挥智慧和能力。授权的过程中，领导需要让员工充分了解信息，给他们机会掌握知识和技能，决定权，了解自己工作的意义和产生的影响。"权力与责任、承诺并用可能比与指挥并用更能发挥作用。"①

领导鼓励教师参与到学校决策中。让教师负责自己所做的工作，领导在这样做的同时能学会如何放弃控制。教师决定讲什么或不讲什么，很多时候是自己主观决定的，甚至有周密的课程计划也是这样。领导不应该成为"警察行为"，但它应该成为促进发展的有效工具，即管理者为教师提出问题，以改进他们所作的关于教学的决定②。此时，校长可以为教师创造那种让教师觉得自己即使犯了错误也能感到安全、愿意与别人分享经验、甚至是错误的体验的环境，教师愿意改善自己的行为及表现以达成目标。教师能够倾听他人的意见，不惧怕犯错。当然，授权在已建成的组织中很难推行，因为它会破坏等级制并且打破原来的权力平衡。这点是需要注意的。

4. 结果：伙伴关系的形成

在复杂性科学视野下的领导中，校长重视的不再是通过等级关系的建立和维护保持与教师的层阶关系。在领导沟通的过程中，通过激励或授权，校长鼓励教师成为领导，不断发掘出教师们的潜力，而不是用领导权力来约束

---

① 托马斯·J. 萨乔万尼. 道德领导：抵及学校改善的核心 [M]. 冯大鸣，译. 上海：上海教育出版社，2002：序言Ⅸ.

② 马尔扎诺. 学校如何运作：从研究到实践 [M]. 杨宁，卢扬，译. 北京：中国轻工业出版社，2005：43.

限制他们，把他们从被动的、不用进行独立思考、命令什么做什么的状态中解放出来。职位赋予校长的权力并非校长领导力的主要来源。校长与教师、员工形成了超越层阶关系的伙伴关系。

在这种伙伴关系中，校长与教师共同分享了更广泛的权力，"教师为发展学校愿景出谋划策，提供知识，提供远见，从而积极参与动态的领导过程；教师在学校价值观及其塑造的愿景方面增强了主人翁意识，从而获得更强的个人责任感；教师通过积极参与以及对结果承担个体责任，更加意识到学校的重大使命以及完成使命与自己日常工作的关系。"[①]

领导沟通、激励或授权的方式和伙伴关系的形成是复杂性科学视野下校长在二元领导力层面的特征。

简单性科学视野下的校长领导力和复杂性科学视野下的校长领导力构成要素如表5-2所示。

表5-2　校长领导力构成要素对比

校长领导力取向	以"秩序与稳定"为取向	以"发展与创新"为取向
哲学背景	简单性科学	复杂性科学
组织发展引领力	被动反应	有效适应环境
	外力驱动	主动引领变革
	"推广"个人愿景	开发组织愿景
	制定静态目标	动态生成目标
团队效能提升力	万能的校长	变革的推动者
	学校结构科层化	学校结构双重化
	学校文化较松散	学校文化联结紧密
二元关系构建力	人性假设：工具人	人性假设：复杂人
	性质：管理沟通	性质：领导沟通
	方式：控制或交易	方式：激励或授权
	结果：层阶关系的形成	结果：伙伴关系的形成

---

① 罗伯特·G. 欧文斯. 教育组织行为学——适应型领导与学校改革 [M]. 窦卫霖，温建平，译. 北京：中国人民大学出版社，2007：231.

第六章

如何提升校长领导力

> 一个有目共睹的现象是，组织经过了一段时间之后，就有一种萎缩的倾向，往往迷恋于自我保存，不断增长官僚主义的僵化，企图维持传统的做法。在以迅速变化为特征的世界上，这样的组织往往被认为是不健康的，因为这种组织只强调自我保存，其代价却是丢弃了不断适应。
>
> 罗伯特·欧文斯《教育组织行为学》

人们已经迅速意识到：组织生活的复杂和不确定性使得任何关于领导的简单描述变得问题重重，甚至是危机重重①。翻开当前关于学校组织发展、变革等方面的书籍可以发现，有一个观点基本上已经取得了共识，即：领导是决定教育机构，或是一所学校、学院、大学成功与否的一个主要因素。就当前来讲，运用简单性科学的思维范式探讨领导力问题根本行不通，转换思维范式运用复杂性科学的理论视角进行领导是校长们必须关注的问题，两种不同取向的校长领导在不同层面的领导力要素中具有不同体现。

"复杂性理论已经在复杂系统中检验变革模式的各学科分支里广泛运用，教育理论和研究常获益于科学领域的变革"②。运用复杂性科学的思维方式重新认识研究对象是必要的。领导力应该在个人、组织与广泛的社会情境的复

---

① Glatter R. , Kydd L. "Best Practice" in Educational Leadership and Management: Can We Identify It and Learn from It? [J]. Educational Management & Administration, 2003, 31 (3): 231-244.

② M Jayne Fleener. Dissipative Structures and Educational Contexts: Transforming Schooling for the 21st Century [D]. San Francisco: American Educational Research Association Annual Meeting, 1995: 18-21.

杂互动中被重新理解，超越个人或职位的责任，这也是复杂性科学研究的重要视角之一——关系性视角。学校若想实现为所有学生以尽可能平等的方式提供高质量教学的目标，那么校长就需要运用复杂性视角有创造性地工作。而且，随着学校变成越来越复杂的组织，责任和责任机制变得更加复杂。同时，二元关系中领导与个体的互动过程日益受到重视，组织和学校的理论倾向于忽视构成组织的个体的视角，而集中在结构和文化方面。将组织视为平稳运行的体制表明了组织生活的理性图景。而组织内活生生的经验表明组织是与个体联系在一起的，组织是否具有包容度非常重要，要承认组织内存在的过程和情感。

简单性科学视野还是当前大部分校长领导力实施的"实然状态"，而复杂性科学视野是应然状态。在学校变革的情境中，校长们该如何实现从实然向应然状态的转变？怎样从组织、团队、二元三个层面进行改变和完善从而提升领导力？这是本章要解决的主要问题。

一、组织层面校长领导力的提升

学校的发展方向、组织定位是校长最先要思考的问题。这也是很多研究者谈到的"做正确的事"与"把事做正确"的差别。从组织层面来讲，校长领导力主要体现在如下两个方面：第一，凝练学校的核心愿景和价值观；第二，营造利于变革的学校组织环境。

（一）凝练学校组织的共同愿景及价值观和核心价值

近年来，对校长的认识已经发生了巨大的变化，正如教师营造课堂氛围一样，校长在营造学校氛围中扮演了极其重要的角色。"学校领导不再被看做被动管理者。相反，今天的校长要负责塑造其学校，使之成为有效学习的显著标志。他们面临的挑战是澄清自己的价值观、信仰和立场，并主动鼓励他人和自己一起重新设计并改进其学校。"①

无论是教育家、政府决策者，还是家长、普通公民，我们大多数人都对学校寄予极大的关注，然而，学校的任务是什么以及这一任务完成到什么程度，我们常常无从把握。"除非清晰确定学校的目标，否则为教育观念、技巧和价值所设计的具体细节变成了目的而不是手段，从而模糊更大的目的。"② 学校需要发展，但学校朝着什么样的方向发展？这是发展的目的问题。这是非常重要的，因为在一个目标不一致的组织中，鼓励人们各自追求愿望会产生反效果。

从哲学的角度来看，"价值"是指客体（事物或人）满足主体（个人主体或集体主体）需要的关系。也就是说，"价值"表现的是主体基于自身的需要、偏好与理想，对客体某种特性的选择或倾向，价值观是相对稳定和持久的，能够从总体上影响一个人的态度和行为，代表了人们最基本的信念。而核心愿景是一所学校主要的精神旨归，一旦被人们接纳并付诸行动，就会产生巨大动力。愿景能够激发人们通过创造性的方式改善现状，以价值观为核心，现实可行，有着丰富的想象力，表达清楚明确，能提供一种新秩序使组织与众不同。愿景是一种召唤及驱使人向前的使命，而不仅是一个美好的构想③。如果一种愿景不能提供清晰的未来前景并证明可以为组织或成员带来更多优势的话，那么很可能是失败的。理想的愿景要符合时代和环境，要反映出组织的独特性。组织中的成员必须相信愿景是完全可以实现的。

登普斯特和洛根（Dempster，Logan）认为：校长无法使他们的学校不受政府、教育政策制定者和由企业、工业和商业等要素构成的广泛世界带来的影响……校长的领导必须包含伴随改革而来的愿景和价值观，以及授权的变革④。明确学校的核心愿景及价值观是校长带领学校主动、有效适应大环境的第一步，沟通"学校应该培养什么样的人、朝着什么样的方向发展"对于

---

① 杰拉德·C. 厄本恩，拉里·W. 休斯，辛西娅·J. 诺里斯. 校长论：有效学校的创新型领导 [M]. 黄崴，龙君伟，译. 重庆：重庆大学出版社，2004：4.

② John Goodlad. A Place Called School [M]. New York：McGraw-Hill，1984：290.

③ 彼得·圣吉. 第五项修炼——学习型组织的艺术与实务 [M]. 郭进隆，译. 上海：上海三联书店，1998：170.

④ Dempster N，Logan L. Expectation of School Leaders：an Australian Study [G] // J Macbeath. Effective School Leadership：Responding to Change. London：Chapman，1998：96.

校长领导力的发挥具有指向性的作用。纵观领导学研究可以发现，无论是早期的研究还是当前，无论人们认为领导力的发挥在一个组织中是自上而下的还是摆脱了科层模式，在领导价值观确定的过程中，通常从两个方面入手——组织和人，这也是本章在此研究的基本框架。

1. 我们要建设什么样的学校

"我们对自然的看法正经历着一个根本性的转变，即转向多重性、暂时性和复杂性。"① 正因为这种转变，非线性、非平衡、不稳定性、混沌、涨落等词汇，成为科学家常用的概念。所以通常来讲，在纷繁复杂的环境里，预测是"有限度"的，但对其本质价值属性的追寻是不变的。笔者认为，一个理想学校发展应该具有如下核心愿景，见图6-1。

图6-1 学校发展的核心愿景

(1) 以育人为核心的教育组织

在社会学看来，学校是一个有目的、有组织的社会群体，称为社会组织，这从一般意义上揭示了学校的性质，而教育社会学的研究又给学校从特殊性上予以了把握，即学校是受社会委托、按照一定的目的和计划进行教育活动的组织②。也就是说，学校是专门进行教育活动的组织，以育人为核心工作，教育性是学校的本质属性，学校应该要发展人，而不是"管住"人。校长既有教育责任，又有社会责任。

"学校的本质属性是教育性"这样一个命题没有人会反对。但在实践中，却混乱不堪。中央电视台"焦点访谈"节目曾曝光甘肃省永靖县某中学"按成绩排名收管理费"的事件，该校将学习成绩与交纳学费挂钩，同时规定，

---

① 普里戈金，斯唐热. 从混沌到有序［M］. 曾庆宏，沈小峰，译. 上海：上海译文出版社，1987：26.

② 鲁洁，吴康宁. 教育社会学［M］. 北京：人民教育出版社，1998：358.

每学期考试后，排在全年级 548 名后的理科生和排在 95 名后的文科生每人交纳 400 元的管理费，而校长认为这是对学生的一种激励机制。江苏省某中学专门拿出十多间套房，免费提供给学校里学习成绩名列前茅的十几个"尖子生"作为宿舍，每套房三十多平方米，设备豪华，不但有淋浴器、空调机、洗衣机、微波炉，还为每个学生配备了手提电脑，将之作为优待好学生、使之安心学习、有学习动力的手段。还有一些学校，对学生实行所谓的"军事化"管理，对学生和老师"管理到牙齿"，甚至诸如学生在什么地方能说话，老师必须采取什么方式批改作业都规定的及其详细，认为管理条例制定的越多越详细，就必定越科学、越有效。笔者某次听一个家长谈起，他儿子所在的小学为了评比某某文明单位，建设"文明教学楼"，学生在教学楼里一律不许跑、跳、大声说话，否则就被扣分，直接与班主任老师的年终考核挂钩，为了防止学生出现这种情况，他儿子所在班的老师让班长和体育委员每次下课后在教室里先整队，学生们排着队静悄悄走出去，这种做法很快被效仿……试想一下，这样的教育方式带给孩子们的是什么？中小学"企业化""国家机关化""军队化"甚至"监狱化"的倾向实际上是教育工作者对学校的本质属性——教育性没有准确把握的表现。

钟启泉教授在一篇文章中谈到，严格地说，当今我国教育理论界和实践界所持有的"学校"概念是混乱不清，甚至是陈腐不堪的。学校不是"官僚机构"，但一些学校校长却满足于"上传下达""上命下从"，靠"行政权威"而不是靠"专业威望"去领导学校；"学校"不是军队，但一些学校领导打着改革的招牌却依然醉心于 19 世纪的教育思维模式，居然大言不惭地宣称"实施'全封闭、半军事化'的管理体制"；"学校"不是企业，但许多学校校长忙于"创收"，却把本职工作——课程教学的改革与教师的专业成长——置于脑后，如此等等，都是跟"素质教育"格格不入的。"学校"是一种特有的社会组织，作为基础教育的"学校"是以"教师人格"的力量去塑造新生代的人格发展，以"学校文化"的底蕴去奠定新生代的学力发展的基础①。事实上，在教育领域中即使是借鉴市场规律也不能以此置换教育本性，教育与经济毕竟是两个本质上有所不同的领域，对于人的"精神"的养

---

① 钟启泉. 知识社会与学校文化的重塑 [J]. 教育发展研究，2002（1）：5-9.

成永远都是教育最重要的功能之一。学校发展的关注点从标准化向个性化发展的今天，仍然追求经济理论、强化工厂模式是一种历史的倒退。而把学校比做"机器"，这也是科学管理时代的特征，学校管理采取严密的科层制，虽然管理效率有所提高，但控制过度，窒息了学校内成员创造性的发挥，学校领导习惯性地控制和命令教师、学生，表面上看学校秩序良好、平稳运行，但"其静止的环境里存在着产生衰败的趋势"①。这实际上都是在实践中没有遵循"以人为本"教育理念的结果。

保证学校的核心工作——育人，保证学校的本质属性——教育性，是学校的出发点和旨归。而学校教育的内容也需要我们思考和审视。对此，学界仍有争论。有学者认为，随着工业革命的完成，学校教育的工具价值备受重视，使学校教育越来越偏离其本原价值。事实上，学校教育的本原价值只是在培养学生读、写、算的能力方面具有重要意义，它在其他方面的作用在某种程度上说确实非常有限②。而与此针锋相对的观点是，传统的普遍教育唯一重视的就是认知，任何人，不管是否有专攻学院研究的倾向，都无从收益。学校生活应该有一半花在学习生活中"关怀"的一面，包括关怀自己、关怀他人、关怀动物、关怀环境，当然一定要把这种学习与学术科目多多联系。应该说，我国学校教育的成绩是有目共睹的，但其存在的问题也相当严重。存在的问题之表现为教育的不全面，问题之症结是对人的认识的偏差，学校教育缺乏的是全面和完整的生命关怀。未来学校教育的方向何在？学校应该有更有效的校园学习生活，重视学生对于课程内容的参与，重视对学生成长的全面关注，与现实世界建立联系，设定有趣的课程来实现学生的参与。

学生的价值失范是当前很多学者都在探讨的问题，并有学者指出这是全球化给学生带来的一个主要影响。那么实际上，校长能够构建一个积极的、重视文明与道德的、注重培养学生品德、素质与正义的学校氛围，是非常有意义的。这些与学生的学习成绩同样重要甚至更重要一些，但我们当前存在的一个问题是，很多校长和老师以及家长都认为（或在实际工作中遵循这样的准则）考试成绩好的学生在行为习惯和品德方面都是优秀的，学习好的孩

---

① 杰拉德·C. 厄本恩，拉里·W. 休斯，辛西娅·J. 诺里斯. 校长论：有效学校的创新型领导 [M]. 黄崴，龙君伟，译. 重庆：重庆大学出版社，2004. 4.

② 娄立志. 论学校教育对其本源价值的背离 [J]. 齐鲁学刊，2002（3）：84-89.

子必然有礼貌、诚实、道德品质良好，实际上，"考试成绩与诚实、礼貌及公民责任感之间的相关度是很低的"①。

当前很多学校给了学生很消极的影响，不利于他们对于生活作出有价值的选择。严格遵循课程表、听着铃声从一个教室转到另一个教室这些都不利于发展学生的独立性。学生要学会思考、有责任感，而非简单地接受世界甚至盲从。应该教会学生道德地、聪明地选择，而我们实际上只是在教他们如何通过考试。这种压力促使学生形成了"自私的、个人主义的、过度竞争的态度和行为"②。在一个以拥有无数选择为特征的世界里，如果学校只教会了学生顺从而非选择那是非常讽刺的。每个学生都需要在多样化的选择中实现自己个性化的成长，从选择到承担，这也是培养有责任感的公民的必经途径。

参与到教育过程中的人首先是鲜活的生命体，叶澜教授曾经对"教育"二字做出过如下解释，教，是教天地人事；育，就是育出人的生命自觉。因此关注人的主动性和潜能是非常重要的。当然，对人的生命关怀不代表知识学习不重要，让学生放任自流，知识学习毕竟是学生在学校里学习的主要内容，只是在教育过程中应该以人的成长和发展为本。两者是相辅相成的。美国著名教育家柯尔伯格曾指出："学校的隐蔽课程必须体现某种更重要的目的而不仅仅是体现学校本身的目标和社会秩序。"③ 实际上，柯尔伯格这里强调的"更重要的目的"就是教育目的，也就是使学生成为什么样的人。学生应该成为什么样的人呢？全面发展的人，有浓厚的学习兴趣，善良，正义，好奇心被珍视，善于选择并能承担选择的结果，有团队精神和合作意识，会学习，关爱他人，能发现问题并解决问题等，这才是我们的学校应该培养的。由此，学校的教育性特征、学校应成为充满人文关怀的、以育人为核心的教育组织是校长作为学校领导核心实施领导力的重要关注点之一。

（2）重视分享与合作的学习共同体

高度不确定性、复杂性和动态变化的社会环境也要求组织具备较强的自

---

① 富兰. 学校领导的道德使命［M］. 中央教育科学研究所，加拿大多伦多国际学院，译. 北京：教育科学出版社，2005：6.

② Patrick Duignan. Educational Leadership：Key Challenges and Ethical Tensions［M］. New York：Cambridge University Press，2006：9.

③ 柯尔伯格. 道德教育的哲学［M］. 魏贤超，等，译. 杭州：浙江教育出版社，2003：276.

我学习能力，很强的灵活性与应变能力。因此，为提升组织素质，增强组织的生命活力，组织必须不断创新努力成为学习共同体。教学和学习永远都是中小学的核心任务，在学校中，教—学过程就是组织核心，"其他所有活动都位居教与学的基本使命之后"①，在即将到来的几十年里，"学校领导者面临的真正的挑战仍旧是教与学"②，而非管理。但是在进入知识社会的今天，在终身学习已经成为共识的时代，学校如何转变传统的自上而下传授知识的形式，值得我们思考。"学校即学习共同体"，安迪·哈格里夫斯（Andy Hargreaves）在他的新作《知识社会中的教学》里再次重申了这一观点。

在教育领域对"学习共同体"的探索可追溯到美国教育家约翰·杜威（John Dewey）提出的学校概念。杜威提出了"学校即社会""教育即生活经历，而学校即社会生活的一种形式"，其含义表明，学校并不是专门去学习知识或技能的一个场所，而是一个社会组织；学校教育是一种人与人交往互动的社会活动。因此，接受学校教育不只是为未来生活做准备，接受教育本身就是社会生活的重要内容。虽然杜威当时没有提出"学习共同体"这个概念，但他的许多观点与当前的学习共同体思想观念是相符的。博耶尔（Ernest L. Boyer）在1995年发表了题为《基础学校：学习的共同体》（The basic school：a community of learning）的报告，在报告中用到了"学习的共同体"的概念。学习共同体（Learning Community），是一个由教师、学生、管理人员以及其他人员组成的组织，在学习共同体中，成员有清晰的奋斗目标，可以面对面的沟通与互动。日本东京大学佐藤学教授提出将21世纪的学校设定为"学习共同体学校"，认为"学校是学生共同学习成长的场所，是教师作为专家相互学习的场所，是家长与市民参与教育实践，并进行学习的场所"。哈格里夫斯在研究中引用了纽曼（Newmann F）等的观点，指出学校作为专业学习共同体强调三个主要组成部分：学校专业人员之间的合作和讨论，强有力的、持续的关注合作中的教学和学习，收集和评估其他一些信息以探究和评价发展过程及存在的问题。杜富尔（Dufour R.）等认为，专业学习共

① 韦恩·K. 霍伊，塞西尔·G. 米斯克尔. 教育管理学：理论·研究·实践 ［M］. 范国睿，译. 北京：教育科学出版社，2007：27.

② Judy Reinhartz, Don M. Beach. Educational Leadership：Changing Schools, Changing Roles ［M］. New Jersey：Pearson Education, Inc, 2004：2.

同体的特征包括：共同的使命、愿景与价值观、集体探究、协作共同体、行动导向和实验、持续发展、结果导向；而专业学习共同体的形成需要分享准则与价值观、反思性对话、探索性实践、以学生学习为中心以及合作文化。①

将学校建设成为学习型组织现在已取得了大部分研究者和校长的共识。学习共同体与学习型组织是什么关系呢？哈格里夫斯认为，如果学校成为了学习型组织，能够在各种难以预测、复杂多变的环境中自如学习并作出快速反应，那时，学校将会像真正的共同体那样运作，实现持续改进的目标②。由此看来，两者虽然一个来自系统科学视野，一个来自社会文化视野，但对改善学习的基本价值取向是统一的，试图克服知识观的简单化，学习观的局部化问题。

"一个学习共同体是一个变革永不停息的组织"③，这与我们学校当前的状况是非常吻合的。个体学习是经验与反思的过程，团体学习是通过分享个体经验的过程，组织学习是通过分享个体和团体经验的过程④。校长在创建学习共同体的过程中，非常重要的一个责任就是把握当前学校现状，通过学习实现新知识的产生，扫清障碍，在获取经验和知识的同时创设平台促进分享、合作和沟通，以实现组织学习，增强组织的弹性和反应能力。总而言之，学习是共同体本身内在的属性。在学习共同体中，学生和共同体的其他成员担负着思维、成长和探究的义务，学习既是一项活动又是一种态度，即是一个过程又是一种生活方式。学习共同体所依赖的是共同的核心价值观、思想和信念，在学习共同体内部，共同体成员有相类似的意向，而在非共同体的组织里，是由他者建立关系。普通组织和共同体都必须处理控制问题，但是共同体不依靠外在的控制测量标准，而是更多地依靠规范、目的、价值观、专业人员社会化、团队精神和自然的相互依赖。当共同体的纽带在学校建立的时候，代替了正规的监督、评价和教职员发展系统。

此时，学校就是由学生、教师、领导、专家等形成的具有共同目标、支

① R. 杜富尔，R. 埃克. 有效的学习型学校——提高学生成就的最佳实践 [M]. 聂向荣，等，译. 北京：中国轻工业出版社，2005：19-23.
② 安迪·哈格里夫斯. 知识社会中的教学 [M]. 熊建辉，陈德云，赵立芹，译. 上海：华东师范大学出版社，2007：114.
③ 约翰逊. 学校的持续变革：超越差异，关注品质 [M]. 陈海燕，译. 北京：中国轻工业出版社，2006：103.
④ Judy Reinhartz, Don M. Beach. Educational Leadership：Changing Schools, Changing Roles [M]. New Jersey：Pearson Education，Inc，2004：185.

持性的共同体，所有参与者在不断互动的过程中沟通和交流，体验和分享，形成相互影响、相互促进的人际关系，共同学习，实现发展。在学校作为学习共同体的构建过程中，创造互动合作、支持共享的学习文化是非常重要的。授权、去权威化、组织扁平化、师生平等、对话、合作等词汇也走进了学校领导的视野。

（3）迎接挑战、主动变革的实践主体

在知识经济时代，变革将不再是一个特定时期的特定的活动，而是生活的一种普遍形态。持续变革是知识经济时代的一个重要的特征。

"现代学校是人类进入现代社会之后的产物，是社会的进一步大分化，特别是教育从生产劳动中第二次分离的结果……对整个教育事业都具有重大的意义。"① 对于国家来说，学校作为一种重要的社会组织，是一个国家培养高素质公民的主体机构。"学校承担着多项任务：通过孩子们的社会化来维持社会秩序，提供生产劳动力，增进宽容，培养人才，预防犯罪和懒散。"② 无论现在和将来，学校都应该增进学生和其他社会成员的幸福；学校应该在减少学校内部和社会不适当的不平等形式方面担负起自己的责任。同时，许多国家的政府都要求学校能够带来有意义的、系统的、持续的变革以改善学生在所有情境下的成绩，同时还施加命令，以确保学校能够提供高品质教育，高效有力地运行。因此，国家和政府的测验计划、标准化日程和报告伴随着许多重要的需求被强加在学校身上。前文已经谈到，学校管理从外控管理向校本管理的转换、学校所受关注日益增加以及变革压力的逐渐加大，总之，学校对于国家发展、社会进步具有重要的意义。面对复杂多变的社会环境以及如此多的改革要求，学校必须主动迎接挑战。

学校教育不再仅仅是为维持秩序而设，而且也是为改造秩序而设，不再仅仅为接受而教，而且为创造而教。国家教育改革的细胞组织是学校，因为学校是教育的实践主体，教育改革的每一步都要在学校的范畴中进行，学校改革的核心是要改变管理和日常教育教学实践，日常实践是学校改革的舞台，千千万万校长和教师是改革的主体。因此，在国家政策方针的指引下，充分

---

① 黄济，王策三. 现代教育论 [M]. 北京：人民教育出版社，1996：260-262.
② 艾格·B.S. 萨伦森，史蒂芬·L. 摩根. 学校效能——理论和方法论问题 [G] //莫琳·T. 哈里楠. 教育学会学手册. 傅松涛，孙岳，译. 2004：179.

调动学校的主动性、积极性是非常重要且必要的。学校应将权力和责任充分转移给教师和学生，使变革从集体的层面真正落实到个体层面，依托教师和学生的需求真正成为变革的主体，取得实效。

因此，学校作为改革的主体和策源地，在改革过程中更应该主动发挥首创精神，主动改变自身面貌，沿着健康的道路向前发展。其工作思路应该从等政策、靠领导向主动实践、主动创新发展，从被动执行者发展为创造型执行者，当然，改革的目的不只是让学校现在有效，而是持续有效。校长应该在国家战略方针的指引下，充分结合社会、教师、学生的发展需求，结合学校历史传统、发展特色，创造性地推动学校发展。学校变革处于具体的情境之中，既要遵循教育的规律，又要尊重个体的成长；既需要肩负起对国家和民族的责任，又要肩负起对每一个个体生命、对人类命运的责任；既要具有国际视野，充分借鉴其他国家和地区学校的先进经验，又要充分发挥学校校长、教师的主体精神，紧密结合学校实际，主动创新，只有这样，才能推动学校变革的成功进行，充分发挥学校的功能。

2. 校长领导力的终极价值——人的成长与发展

案例 6-1

我所在的学校是一所偏远的乡村普通中学，师资严重缺乏，教学设备也很陈旧落后，学生学习基础普遍不太好。校长到湖北省黄冈中学参加了一次新课改的培训后，感觉黄冈中学的课改落实得非常成功，尤其是学生的高考录取率非常高，所以学习回来后就当即拍板，以后学校所有的试卷都采用黄冈中学的。结果是学生考试的及格率只有5%。于是责怪学校的老师们工作不努力等。根本不考虑学生的实际情况，不从根源上加强师资力量，提高教学质量再逐步提高学生成绩。只想走捷径，照搬重点名校的教学模式，使用与本校学生差距很大的试卷，这如何能提高教学质量，为广大师生营造健康愉快的教学环境呢？弄得现在很多老师为了不被批评，为了达到要求获得奖励，有的科目只讲授课后练习，不讲授课文，只关注学生成绩，不考虑学生的整体发展和成长。教室里装了监控器，校长监督老师和学校的一举一动。晚自习不是自习，而是晚课，本来学生有很多作业，利用晚自习可以完成，但是校长及有关主任不让上自习课，硬要老师讲，这造成学生抄袭作业的现象越来越严重。

"无论是组织还是个人，在决定要做什么之前，首先应该确定到底想要什么。"① 在学校这个具有特殊社会意义的相对独立的教育组织中，校长以教育者的身份定位学校的组织性质及核心价值观，又以领导者的身份制定学校的发展规划，具有至关重要的作用。"育人"是学校工作的核心环节，但这在案例 6-1 中没有得到丝毫的体现，那么，从校长领导的角度来讲，学校该怎样培养人？

组织的成功取决于个体的成功，作为对组织有贡献的成员，每一个个体的存在都有其自身的价值，领导就是要创造一个能最大限度发挥每个人才干的组织。领导活动区别于一般的管理活动的重要特征在于它是关涉人与人之间关系的活动，是关涉人的利益和需要、人的价值和实现的活动。领导价值是对领导活动的宗旨、使命的预设、定位，这种预设、定位既体现为领导动机的抉择，也体现为领导活动"游戏规则"的"制度安排"。无论何种场景下，真正的领导活动，合理的价值预设都是关涉社会共同体共同利益和需要（包括公共利益和个人利益两个方面）的行动，也关涉领导者能否合理合法地实现个人价值的问题。价值预设是一切领导活动、领导者无法回避的重大问题。合理的价值预设、定位尽管不能全部解决公众或领导者在领导活动中所遇到的所有困惑、难题，但它至少可以将"领导""领导者"的活动置于具有合理性和社会认可的逻辑起点和行动准则之上。

当前学校教育缺乏学生的参与，本质上不能激发学生的积极性，无法调动学生来参与。因为大部分的学校教育是自上而下强加给学生，学生自然就没有什么"主人翁"感。可学生们还是倾向于"为分数奋斗"，追求"好学生"的地位，以及学业和职业方面的上进，而不是从个人角度参与教育。学生们打听有关自己学习的事情，最常问："我得了多少分？"结果，学习就流于表面化，变成暂时的。克里夫·贝克指出，当前学校教育有两个主要缺陷：一是学校极大地剥夺了儿童的智慧和文化激情，以比所需要的狭窄得多的范围和较低的效率去教育他们；二是学校极大地歪曲了儿童对社会和政治现实

---

① Handy C. The hungry spirit [M]. London：Hutchinson，1997：8.

的概念及对生活意义的看法。① 事实上，无论现在和将来，学校都应该增进学生和其他社会成员的幸福；学校应该在减少学校内部和社会不适当的不平等形式方面担负起自己的责任。

另外，许多教育领导者正在面临着管理主义（效率、效益、责任）的需求与以价值为基础的学校共同体内产生的期望之间存在的张力。"过度的管理主义"导致人们希望管理者和行政人员变成更关注组织内与人相关的问题的领导者②。换句话说，对于人的需要的关注是非常重要的。父母关注孩子的需要，教师关注学生的需要，而校长应该关注组织内所有人的需要。

校长为何而领导？答案呼之欲出。通过前面的分析，一个理想中的学校，应该是充满人文关怀的教育组织，重视分享与合作的学习共同体，迎接挑战、主动变革的实践主体。"我们周围的一切都在变，我们需要一些不变的东西来坚持下去，价值观是我们的道德导航仪。"③ 校长为何而领导？为了学校组织内"人的成长与发展"而领导！学校教育应该真正满足学生的需要，保证学校教育的有效性。这是校长发挥领导力的终极价值。以"人的成长与发展"为价值取向，要求校长在领导过程中，真正尊重学生的兴趣和认知规律，重视教师的专业成长和发展潜能，重点关注能促进师生成长的主要环节——教学，关注教师和学生的自尊、成就、交往、幸福感和价值实现，为学生和教师的主动成长营造良好的环境。校长要尊重传统并从传统中吸取精华，与人们可以切实开展的行动相联系从而调动人们的潜能，使变革成为现实。

我想用罗伯特·G.欧文斯的话来结束这个段落，"教育组织的独特之处在于其教育使命，学校必须是有助于成长的教育组织：促进成员的学习进步和个人成长与发展，鼓励不断成熟，增进自信和自尊、满足感、主动性和对自己行为的责任感。"④ 这就是校长领导的价值。

① 克里夫·贝克. 优化学校教育——一种价值的观点 [M]. 戚万学，赵文静，唐汉卫，王向华，译. 上海：华东师范大学出版社，2003：2.

② Patrick Duignan. Educational Leadership：Key Challenges and Ethical Tensions [M]. New York：Cambridge University Press，2006：1.

③ R. 杜富尔，R. 埃克. 有效的学习型学校——提高学生成就的最佳实践 [M]. 聂向荣，等，译. 北京：中国轻工业出版社，2005：67.

④ 罗伯特·G.欧文斯. 教育组织行为学——适应型领导与学校改革 [M]. 窦卫霖，温建平，译. 北京：中国人民大学出版社，2007：17.

（二）营造利于变革的学校组织环境

变化性、复杂性和不确定性是环境的主要特征，当今的学校必须敏锐地适应这种环境。领导的作为在变革的环境中举足轻重。领导不得不几乎是连续地改变组织，否则就无法与外部环境的变化保持一致。组织应付外部变化的一些方法是转变成自主工作团队或者进行结构创新，领导者需要不断地改变组织结构和文化，还需要处理技术方面的革新。很多人都会有这样一个假设，变革的方案一旦制定出，经过自上而下的实施和推广，变革自然会发生，这是一个水到渠成的过程。事实并非如此。

1. 阻碍变革的原因分析

人们总是抗拒变革，为什么？詹姆斯·亚当斯（James Adams）在《概念障碍》（*Conceptual Blockbusting*）一书中指出，在面对变革时共有四种障碍，分别是感知障碍（Perceptual blocks）、情感障碍（emotional blocks）、文化和环境障碍（cultural and environmental blocks）、知识和表达障碍（intellectual and expressive blocks）[1]。感知障碍主要是指让人无法清楚认知问题本身造成的障碍，这主要是认知方式造成的，对环境、问题、事件本身缺乏充分的了解，无法从不同角度看问题等；情感障碍主要是影响变革的情绪、情感障碍，比如说人们害怕风险和失败，害怕不确定性，不喜欢打破习惯，对新观点过早下判断等；文化和环境障碍是来自于外部环境，社会常常会强加一些抑制变革过程的严格准则，对传统的依赖也会阻碍创造性思维；知识障碍主要是因为缺乏解决问题相应的知识基础，或者使用错误的策略解决问题，缺乏灵活性，表达障碍主要是无法有效交流造成的。

还有学者将教师抵制变革的根本原因归结于变革破坏了教师和学校之间的私人契约（personal compact）[2]。私人契约是指界定员工和组织关系的互惠的义务和承诺。它们包括工作任务、业绩要求、评价过程和报酬组合。私人

---

① Adams J L. Conceptual blockbusting [M]. Perseus Books Group, 2001.

② Paul Stebel. Why do employees resist changes [J]. Harvard Business Review, 1996 (5-6): 86-92.

契约的这些方面通常会被清楚地界定，而且可能会以书面形式出现。教师认为变革会破坏私人契约是出于以下几个方面的原因：追求个人的利益——教师认为变革会损害他们的既得利益；不确定性——教师缺乏对未来事件的信息，代表了对未知世界的恐惧心理，担心自己能否满足新的任务要求等。

总而言之，在学校内阻碍变革的主要原因可以归结为：内在于变革的不确定性带来的情感障碍；抑制变革的外部环境带来的文化与环境障碍；缺乏有效沟通的认知和沟通障碍。

2. 跨越变革障碍，主动引领变革

教育要变革，作为教育实施主体的学校必然也要承担起变革的重任。学校是构成国家教育的细胞组织，是国家教育改革的实践主体。因为所有的教育改革思想都要落实到学校层面，所有的教育改革的理想都要通过一所所学校的努力来实现。重大的变革并不是轻易产生的。领导者只有通过推动变革才能帮助组织更好地迎接外部的挑战，抓住外部的机遇。校长若想营造利于变革的学校组织环境，就需要跨越情感障碍、文化和环境障碍、认知与沟通障碍，这需要校长在实际工作中形成认同、循序渐进创造利于变革推行的心理环境，充分运用智慧、在超越现实局限过程中把握创造空间，重视学习和沟通。

（1）形成认同，循序渐进创造利于变革推行的心理环境

在面临变革时，人们的普遍反应并不是主动投入其中。人们对于变革的接受程度取决于变革与既有的实践和文化是否具有一致性。另外，只有当一项改革是由相关者提出时，他们才更可能对这项改革表现出强烈的奉献精神[①]。一项变革如果不具备一致性，即便有证据证明其可能带来的积极效果，也会遇到阻力。换言之，为什么人们通常以特定方法来做事，是因为他们对这种方法已经习惯了。"学校经常被描绘成抵制改革的组织。与此同时，学校也时常被看做是瞬间的时髦的牺牲品。实际上，学校教育的结构和方法，一直非常稳定，尽管对其进行改革的努力有很多，但经常都是开始时热情高。

---

① 约翰逊. 学校的持续变革：超越差异，关注品质 [M]. 陈海燕，译. 北京：中国轻工业出版社，2006：23.

我们很容易看到，教育改革多是开头轰轰烈烈，但几年后几乎销声匿迹，同时，有一些改革却产生了巨大影响。"①

每一个人在生活与工作中都有熟悉的范围和习惯的经验，在这个范围内活动就会觉得安全和舒适，而一旦逾越则可能遇上困难、麻烦、危险和挑战，所以很多人都宁愿留在自己的"舒适地带"中，不理会外部环境的变迁，期望能够平安、稳当地生活。一定意义上，教师抵制学校变革的根源就在于他们对未知的恐惧或对超越自我舒适地带的犹豫，他们本能地担心人际或组织的变革会对自己带来潜在威胁和影响。②

因为教育决策部门要关注教育的全面工作，所以可能在不同时期会有不同的工作重点和抓手，校长要时刻关注决策部门的政策内涵，同时切忌完全被各种变革牵着鼻子走，否则会打破学校内部工作的常态。因此，校长首先要在中层干部和教师中间形成一种心理认同感，然后鼓励教师以组为单位，共同推进变革，在全校范围内形成良好的氛围，让老师们在共同实践中逐渐消除不确定感，即跨越"情感障碍"。

有一个需要注意的问题是，很多校长在推行变革的过程中，很容易一开始轰轰烈烈，然后很快悄无声息，虎头蛇尾，学校里基本上没有发生实质的变化。这是值得警醒的。而且，很多校长在推动学校变革的过程中，总是强调即将实施的计划的完美性以及对原有状态的"根本性超越"或"根本性转向"，将现状描述的一文不值，将前景描述的异常完美，实际上我们实施的变革有很少是与以前完全断裂的，这种做法反而不利于教师们认同和接受。变革的真正推行并非一蹴而就，越是覆盖面广、涉及多个主体、意义重大的变革越需要时间。这也需要校长在设立变革目标时掌握一定的技巧，具体的、富有挑战性的同时可以实现的目标会增强学校成员的动机，将变革逐渐推向深入。

（2）充分运用智慧，在超越现实局限过程中把握创造空间

"很多外部因素可能迫使学校偏离政府的政策方向。"③ 变革之所以意义重大，正是因为其处于错综复杂的现实环境中。很多校长认为，文化和社会

---

① B. 莱文. 教育改革——从启动到成果 [M]. 项贤明，洪成文，译. 北京：教育科学出版社，2004：143.

② 卢乃桂，操太圣. 论教师的内在改变与外在支持 [J]. 教育研究，2002（12）：55-59.

③ 同①，第 147 页.

环境的限制是他们无法完全推行教育变革的一个主要原因，即"文化和环境障碍"。比如说减轻中小学生课业负担的问题，国家三令五申，可到学校里还是令行难止。为什么？整个社会都关注高学历；家长们认为把孩子送到学校里就是为了将来能考个名牌大学；能培养出几个考上名牌大学的学生是地方政府评价学校、学校评价老师的重要尺度，考试文化蔓延，一切围着分数转……这种畸变的环境确实给校长们带来了很大的压力，也使很多教育变革的推行陷入困境。山东某市在推行普通高中新课程改革时，市区里几所重点高中共同采用新课标，着力提升学生们的综合素质，然而学生家长因为担心这种做法影响学生们的高考成绩，一多半家长将孩子转学到没有推行新课改的郊县一中，市区中学生源大量流失。由此可见，社会大环境是非常重要的。但这并不代表我们只能无所作为。

佩特森、普尔凯、帕克，认为我们对这个世界的反映存在着一个致命错误。他们称之为条件难题。他们指出，采取那种依赖性工作态度的人，一味认为"只有当甲和乙发生后，（人们）才能做好（自己的）工作"①，事实上，这很难实现，而且这会使人们因循守旧。学校变革是一种复杂的、不确定的过程，不能等到外部环境、实践以及各种条件都具备了再来进行学校的变革，我们不能期望一个内、外条件全然充分的环境然后再有所作为，因为这样的环境实在是太难以出现，实践作为我们的外部环境也在变化，也在动态的变化过程中实现转型。还有的校长谈到，外界（尤其是上级行政部门以及社会舆论、家长）的评价标准往往主导了自己的行为，有些时候知道一些做法确实从根本上不利于学生成长，但鉴于外部标准的压力，不得已而为之，这从总体上来讲也是环境带来的压力。在一种正常的环境中，校长内心的准则、责任感和道德追求与外界标准应该是统一的，只是在当前这种异化的环境里，两者呈现了分裂的态势。

因此，在社会条件还不够充分的情境下，校长如何打破这种依赖性束缚、坚守自己的社会责任感和教育使命感，如何创造性地培养具有创新精神和实践能力的人才，如何在教师、学生、家长等各方面都能接受的基础上推行变革、有效推动学校发展，需要校长们认真思考。学校变革过程本身就充满着

---

① 转引自富兰. 学校领导的道德使命［M］. 中央教育科学研究所，加拿大多伦多国际学院，译. 北京：教育科学出版社，2005：20.

变革所需要的资源和力量，学校变革的力量就在于学校变革的过程之中。

（3）重视学习和沟通

教育变革的成功取决于校长、教师、家长和学生的理解和行动，尤其是教师。但教师对任何威胁到自身作为独立创造个体的变革都具有天然的排斥心态。以自上而下模式开展的政策实施主导的学校变革方案，不仅会因给教师们增添工作负担而受到抱怨，而且会因侵犯了部分教师的教学自由而被质疑。教师技能与态度是政策实施过程中的关键因素。教师是变革过程中必须依赖的力量。

使学校文化从强调因循守旧、僵化的官僚习气转化为学校本身的成员掌握制订计划和在学校中执行变革所需要的大量知识。因此，校长在变革的过程中，通过组织学习让所有相关教师了解变革的实质、达成共识、建立理解是非常重要的，这是跨越"知识和表达障碍"的必然要求。"长期以来，关于学校改革和政策实施的文献越来越关注这样一种思想，即将政策实施看做是个人或组织的学习形式。"① 学习的过程也是解读、沟通、再次创造的过程。很多校长认为教师只要知道怎么做就可以了，至于是什么、为什么没必要了解很多，这种看法比较片面。当然，应该避免"形式主义"的、"枯燥"的"宣讲"会，同时校长在推行改革的过程中要把握原则性与教师实施的灵活性之间的关系，教育关乎人的成长，同时具有情境性和生成性，一直以来，教学作为一个特殊的职业有其独有的特点，如风险趋避、注重技艺和孤立性等。其中所谓的"技艺"，是指那些对教学情有独钟的教师非常看重教学自由，他们能在开设独具一格的课程和自行设计教学单元的过程中体会到艺术家创造般的成就感，他们会在日常的教学工作中坚持并捍卫自己的教育理想。过于死板的规定会影响教师的创造性。"人们已经做过很多努力，来限制教师的自由决定，比如，制订详尽而且不可变革的政策细则，从而限制教师自由解释的空间。这些措施存在的问题在于将教育看做是一种标准化的活动，而无视学科和场景的差异。"②

---

① Fullan M. The school as a learning organisation：distant dreams［J］. Theory into Practice，1995，34（4）：230-235.

② B. 莱文. 教育改革——从启动到成果［M］. 项贤明，洪成文，译. 北京：教育科学出版社，2004：145.

人类依赖沟通而生存①。面对变革时，校长更需要及时而又艺术的沟通，沟通遍及学校生活的各个方面，虽然沟通不能总是直接解决问题，但通过沟通分享信息、思想，了解不同人的态度，可以促成人与人之间的理解，这是校长领导中的一个重要过程。案例6-2中的校长就是用四两拨千斤的方式巧妙地解决了沟通中的问题，推进了学校的发展。

案例6-2：用"背后话"巧对沟通尴尬②

王老师因某种原因违反"坐班制"被扣分，心怀不满，在办公室里大发牢骚："为什么教师不按'坐班制'执行要扣分，而校长却不用呢？这公平吗？'坐班制'如果只针对教师的话，那校长为什么不相信教师的自觉性呢？实行'坐班制'，征求教师的意见了吗？这样的校长独裁、专制！"这时，校长刚好走进该办公室巡查，王老师顿时脸色大变，忙拿起书本奔向了教室。此后，王老师每次远远看见校长，要么抄小路，要么低头装作没看见，尽一切可能避开校长。

其实，这位校长对王老师所提的"坐班制"问题，也有同样的感觉，也曾思考过"坐班制"的存废问题，但由于没有了解教师的想法，加上时间有限，就没有深入研究。校长虽然对王老师发难的方式颇感不妥，但也没有记恨，一直想找机会跟他谈谈，但王老师每次见到他都是躲得远远的。校长想直接到教师办公室找王老师，顺便听听其他教师的建议，但认为冒昧造访难以让王老师以及其他教师说出心里话。于是，校长想到了一个妙计。

校长对部分班子成员和教师说："王老师在办公室里说'坐班制'不公平，是对教师的不信任。我很惊讶，现在很少教师敢这样直言不讳。不过，我觉得他的话有些道理，想找时间跟他聊聊，可惜一直没有时间。半月内，我一定找机会当面听听他详细的建议，如果切实可行，我会采纳他的意见，取消'坐班制'。要是学校多几个人跟他一样，都肯花点时间为学校提些建议就好了。"

校长的话迅速在学校传开了，王老师听到后，心里踏实多了。渐渐地，

① 韦恩·K.霍伊，塞西尔·G.米斯克尔.教育管理学：理论·研究·实践 [M].范国睿，译.北京：教育科学出版社，2007：329.

② 李荣灿.用"背后话"巧对沟通尴尬 [N].中国教育报，2008-11-25（7）.

见到校长也不躲了，还积极地与同事交换意见，梳理自己的思路和想法，等待与校长进行交流。半月内，校长果然找到王老师，与他促膝长谈，还全权授予王老师在全体教师里开展关于"坐班制"的民意调查。后来，王老师的建议得到全校教师的认同，他把大家的建议和意见详细地整理好，交到了校长手里。学校采用了王老师向校长建议的"轮班制"，取消了"坐班制"，教师们无不拍手叫好。

在与王老师出现交流困难而又无法当面深入交流时，王校长借"背后话"卸下了王老师沉重的心理包袱，表达了自己对王老师观点的一些看法，暗示他做好交流的准备，同时告诉全校教师，要多为学校发展出谋划策。校长的"背后话"，确实起到了相当重要的作用，缓和了与王老师难以交流的尴尬局面，也间接宣布了他的管理理念——有问题可以当面讲，每位教师都可以为学校发展献计献策。

关于沟通还要注意的一点是，校长需要确保沟通的有效性。事实上常常发生的一种情况是校长和教师或员工之间发生了沟通的形式，但是没有产生沟通的实质效果。通常很多校长做出了愿意与教师沟通的态度，比如，当教师遇到某些问题来找校长沟通时，校长用非常和蔼可亲并且欢迎沟通的态度告诉教师你不用告诉我细节，我百分之百相信你，你不要让我失望等之类的套话，但教师与之沟通的内容并没有真正对校长产生影响，这会让教师产生强烈的挫败感。

二、团队层面校长领导力的提升

我们生活在一个全球化的世界中，"全球化的世界塑造了这样一种社会进程和制度，即越来越鼓励益发个人主义的生活状态，强烈的个人主义，较少思考伦理和道德"[1]。这样的一种状态使得人的生活与工作以及人与人间的

---

① Patrick Duignan. Educational Leadership：Key Challenges and Ethical Tensions ［M］. New York：Cambridge University Press，2006：19.

关系越来越有疏离的可能，人们常常习惯于以自我为中心，与他人竞争，学校也同样受到了影响，这时校长如何建立一个合作的、积极的、充满责任感和专业精神的团队就变得非常重要。

不同领导力层面的相对重要性依照组织的发展阶段有所不同，当组织初形成时或变革刚刚发生时，愿景非常重要，而在组织已经认同一个愿景之后，实现愿景的组织结构就更为重要。因此，在探讨完校长在组织层面如何提升领导力后，我们进入下一个层面——团队层面。在这个层面，校长领导力主要体现在如下两个方面：第一，从行政命令走向专业引领；第二，构建紧密联结的文化。

（一）从行政命令走向专业引领

校长领导力，是校长在实现学校愿景、推动学校发展的过程中影响全校教师、员工和以学生为代表的利益相关者的能力，以及与全校教师、员工和以学生为代表的利益相关者之间的相互作用。校长基于学校组织目标下的引领力和影响力是非常重要的。"组织内的领导是在无数的信仰、每天的例行工作以及作为组织生活和工作一部分的日常事务的逐步作用中形成的。"[1]

在简单性科学的视野下，校长的领导更趋向于"管理"职能的发挥，这也是当前我国校长领导的主要现实。校长普遍重视自己作为"行政官员"的身份，学校内部的团队主要以行政组织为主，校长重视垂直等级的维护，正规的程序和结构是校长领导实施领导力的重点。这与当前的学校发展和领导现实是相违背的。

校长角色有专业引领者和行政管理者两个层面。然而目前校长们越来越觉得这两个层面是冲突的，校长角色中管理要素的比重呈几何增长，包括战略规划、预算、资源分配、与政府官员打交道和绩效管理等占据了校长的大部分时间，而关于"建立并维持一个组织内共享的愿景和价值观，提供明确的方向，最至关紧要的是激励他人，释放他们的能力、责任感，促进思维和

---

① Southworth G. Leading Improving Primary Schools：The Work of Heads and Deputy Headteachers [M]. London：Falmer Press，1998b：44.

技能的发展"① 等事实上更为重要的专业引领责任反而被忽视。有时候，校长没有能力直接改变教师们的动机，但可以创造一种促进教师个人发展的学校内部环境——一种支持团队建设和参与解决问题的组织结构，这样，校长能够触及内在动机力量的强大能源，增强教师的动机，为教师发挥创造性开拓空间，而传统组织环境按常规是抑制、阻止这种动机力量的。在第四章我们曾谈到，当前学校组织变革的基本方向是从权威结构、韦伯结构到专业结构，在这个过程中，校长领导力是非常重要的。调整组织机构、增强校长的专业引领力从而为教师发挥创造性开拓空间成为校长在团队层面增强领导力的主要入手点。

案例 6-3：办公室里传出来的叹苦声②

夜自修快结束了，某学校的会议室里，却还是灯火通明。"下面请教导处总结一下前期工作并布置近期有关工作……""政教处关于'科技宣传月'活动作具体的布置……""教科室有些事情要布置……""总务处还有些说明……"忙碌了一天的工作，老师们坐着听了两个多小时的领导讲话，已经显得有些不耐烦了……

第二天，某年级办公室。几位空课的老师埋头在"作山作海"里，一手翻着本，一手批着作业……文印室的文员走了进来，代发了一张纸——是本次"科技宣传月"开展"三小"活动的具体内容，各班要进行的相关系列活动与上交的具体作品和材料都细细罗列在内。看了满满的一纸文字，虽说是"三小"（小制作、小论文、小发明）活动，可却像三座"大山"一样压了下来。这下，老师们从郁闷的作业堆里"翻身"出来，谈起了心中的那份苦恼。

甲：这么多的事情，我们哪还来得及做啊！

乙：昨天晚上的会议，从原来领导说的"会议控制在一个小时左右"到后来的两个半小时，事情能不多吗！

甲：教导处还要随堂听课，教科室又要交案例、读书摘记、教学体会，

---

① Lawlor H，Sills P. Successful Leadership-Evidence from Highly Effective Headteachers［J］. Improving Schools，1999，2（2）：53-60.

② 转引自周俊. 学校管理案例教程［M］. 杭州：浙江大学出版社，2006.

现在政教处又要进行"科技宣传月"活动，总务处还说要我们老师给课桌椅编号……

丙：唉！这么多事情，想想都想不过来，别说做了；要是样样事情都做好的话，那真是昨晚谁说的"老师不是'人'是'神'了"。

乙：有什么办法呢！这学期又新增了几个中层领导，每人一条线，各个挖空心思的想点子，想出成绩，什么事都做细了，工作就一大堆了。

甲：那也不能再同一个时间段里，安排这么多事情和活动，他们有没有考虑老师的负荷能力，能吃得消吗？

丙：我看他们都是在变相"竞争"，生怕自己一"上岗"，工作没到位，落后于"他人"，他们每人一个"念头"，我们就有做也做不完的事情了！

乙：不过我看现在领导班子成员好像都是"独立"想事情，各顾各的，有没有协调和商议过？一下子摊下这么多工作，叫我们从哪里开始做起？真是无从下手了……

下课铃声响了，又进来了几位刚上完课的同办公室老师，看了"科技宣传月"的实施方案，想起了昨晚的会议，一脸的愁绪和无奈也都写在了脸上。

学校里的核心永远是教和学，一切活动都应围绕此来进行，领导应该为了教师更好地开展教学活动开拓空间，然而案例6-3中的这种场景在我们的中小学里却并不少见，领导不仅没有开拓空间，反而不断侵占教师的空间，有本末倒置之嫌。那么校长该怎样在领导过程中从行政命令走向专业引领呢？M小学的做法会给我们很大的启发。

上海市M小学进行改革已有八年的时间，改革的契机来自于与华东师范大学新基础教育项目的合作。随着改革的逐步推进，学校已经发生了切实的变化。通过对M小学变革的分析，可以给我们极大的启发。

案例6-4：M小学的变革①

M小学的改革主要集中在三个方面：课堂教学改革，班级建设改革以及

---

① 案例6-4来自中国教育学会第二十次学术年会文献汇编，在此表示感谢。

领导与管理变革。其目标是通过变革和重建学校的日常教育实践，实现当代新型学校的系统转型。M 小学的 X 校长认为，学校几年来管理实践的变革，最核心的是价值取向的变化，即更关注"人的体验"以及"自主与合作"。以前学校在组织活动时，更多的是考虑活动能否成功，即成事，而现在考虑更多的是"成人"，教师和学生通过活动能够体验到什么，通过做事来促进人的发展，以"人"的发展促进"事"更高层次的成功；而关注自主与合作，主要是指充分鼓励教师和中层干部在思考、决策与行动方面的独立性，以及师生团队意识、合作意识的培养。总的来说，强调学校每一位教师和管理者既是一个具有自主意识与能力的责任人，同时又是一个具有合作意识与能力的合作者。为教师充分表达思想、发挥创造性拓展空间。

在 M 小学的改革过程中，大部分老师反映一个问题，即学校原有中层组织机构的设置、分工和职能定位不利于学校新的价值观的实现，教导处和教科研室的分离导致教学与科研距离越来越远，德育室阻碍了对学生工作的整体关注，校务办公室和总务处分工不清、功能交叉，寄宿部管理范畴大，与其他部门职能重叠。为了更好地满足学生和教师的发展需求，学校进行了中层组织机构变革。变革后，将教导处和教科研室合为课程教学部，强化课程规划、建设和执行的力度，有利于课程、教学、科研等相关资源的集聚、整合、利用；将德育室改为学生工作部，强化对学生发展的全面而整体的关注，强化对德育工作本真性质的认识；将校务办公室、总务处、寄宿部合为校务管理部，避免了职能的交叉与重复，提高了在资源利用与事务统筹方面的整体效益。新增了信息技术部，以信息技术为各领域发展提供支撑，同时促进各领域主动发展。

学校利用中层机构调整的机会，努力在中层机构与人员的工作定位和职责方面实现变革，即由原来在改革实验推进中的执行机构（执行者）的角色转变为分管领域改革研究的策划者、组织者与反思重建者的角色，同时成为各领域研究深入推进和相应团队建设的第一责任人。以学校的"课程教学部"和"学生工作部"为例，每学期开学前，他们都会根据学科建设的五年规划、前阶段研究的现状以及华东师大专家组的建议，主动拟订该学期实验推进的构想，并提交校长办公会议讨论；在讨论整合、确定初步框架的基础上，各学科主任再与骨干教师商量，结合学校实际，思考和策划一学期具体的研究思路。在整个研究过程中，各领域分管负责人的责任意识、策划意识以及整体的把握、研究与实践能力显著增强；同时，他们作为各团队建设的第一责任人，"成事"与"成人"的意识也显著增强。

同时，M小学还出现了很多非行政性组织。非行政组织是以专业学术交流为主要特征、由师生自愿参与、形式较为宽松但形态基本固定的一些教师组织或团队。如学科专业委员会、导师工作室、师生学科工作室等。

M小学学校组织模式的调整逐渐形成了一种"校长负责和民主参与"的决策机制、"分工负责与沟通协作"的执行机制。"校长负责"是指在办学决策过程中，校长是第一责任人，在对学校核心办学思想理念的确立、办学章程的确定、中长期办学规划的制定、主要实验研究项目以及重大教育活动项目的确定等方面，必须负有主要责任；"民主参与"是指在办学决策过程中，必须要让校内外与学校办学紧密相关的各层面人员或其代表，通过意见咨询、方案讨论、规划审议等方式参与办学决策；"分工负责"是指在各项工作的推进过程中建立系列性的"第一责任人"制度，即校内各中层部门的管理人员，是该领域各项工作实施推进的第一责任人，对于分管的工作，要按学期或阶段进行主动策划设计、组织实施、调研反馈以及总结反思，同时在工作推进过程中负有本领域内教师队伍建设的重要任务；"沟通协作"是指校内各中层部门在"分工负责"实施推进工作的过程中，部门与部门之间，管理人员与管理人员之间，要在横向与纵向层面，对于工作的理念、推进的信息、生成的资源、碰到的问题等，要相互主动沟通，对于相关联的工作，则在信息、资源、时间、空间等方面要相互进行主动的协作。

X校长指出，新型学校转型的完成需要学校层面从观念到实践的系统推进，不仅需要全体师生的积极主动投入，更需要一支"智慧型"学校领导团队的引领。在这个过程中，学校领导团队的建设与校长领导力的提升是极其重要的。学校领导团队要增强六大意识：领导意识、责任意识、策划意识、自主意识、过程意识和品牌意识。校长领导力在学校的转型变革中起着核心和重要的作用，因此，校长要极其关注自身领导力的提升。同时应该意识到的是，目前学校的很多工作都是校长带领教师团队基于现状朝着正确的方向不断努力，并不存在内、外变革条件都充分的情况，因此，校长要采取有为的态度努力奋斗。

从M小学的个案可以看出，M小学的变革首先是价值取向的变化，即更关注"人的体验"以及"自主与合作"，从关注"成事"转向关注"成人"。这与我们在前面强调的校长在组织发展层面的引领是相契合的，同时显现出了校长领导力提升的整体性。在全校范围内实现价值观的沟通和认同后，M小学通过深层次的组织结构调整和变革有力地推动了学校的改革和发展。这种组织结构的调整主要包括两个层面，原有中层机构的调整以及新的非行政性组织的创建。M小学将教导处和教科研室合为课程教学部，将德育室改为学生工作部，将校务办公室、总务处、寄宿部合为校务管理部，还新增了信息技术部，通过组织机构的调整避免了原有机构职能的交叉与重复，更加有利于学校新的价值观的实现，能更好地满足学生和教师的发展需求。从另一个层面，M小学还出现了很多非行政性组织，这当然与以X校长为核心的领导团队的鼓励是分不开的。这些非行政性组织更多体现了专业的特征，形式宽松，由教师自发组织、师生自愿参与，基于兴趣和专业发展需求形成，形态固定但形式宽松，给教师发挥创造性提供了较大的空间。

结合两个案例，笔者认为校长在实行专业引领的过程中应该重视如下两点。

1. 调整学校中层组织机构

学校组织结构涉及学校的职能分配、任务分工及与此相关的评价、考核和反馈机制等，主要的结构要素有工作专门化、部门化、命令链、控制跨度、集权与分权、正规化等。合理的学校组织结构能使学校组织各职能部门为学校目标的达成很好地分工和协调，通过评价、考核等控制手段及时反馈，保证目标的实现；学校管理制度则通过强制性的规定和条例约束教师和学生的行为。

设计一个富有成效的组织结构时，要平衡一些由既要秩序又要自由这一基本的组织两难问题导致的相互抵触的力量①。也就是说，既要保证学校内科层机制的高效性，这种管理的效率又要以保证学校内专业活动的独立性和自由为前提，不能用权威压制专业精神，这是具有一定难度的。可以发现目

---

① 韦恩·K.霍伊，塞西尔·G.米斯克尔.教育管理学：理论·研究·实践［M］.范国睿，译.北京：教育科学出版社，2007：81.

前人们对于学校组织形态的研究意见大都把矛头直指在科层组织上，似乎科层组织是造成学校所有管理问题的源头，学校要想获得良好的发展必须取消科层制。这无疑是走向了另一个极端。当然，以往学校仅仅运用科层制，忽视了教育组织的主要特性，必须要调整和变革。但是不能由此否认科层机制的意义。学校是具有松散结合特征的组织，这个问题我们前面已经谈过，教育组织在一些主要方面是松散结合的，在另外一些方面却具有鲜明的科层组织的特点，例如人事、财务、时间控制、资源分配、招生等，科层机制的高效性对于学校都有重要的意义。有时候，当学校沉重地承载着经济、社会和结构方面的问题时，广泛的结构性松散会造成大量的协调、合作和信息的获取问题，进行综合性问题解决非常必要。在这个过程中，建立适宜的中层组织机构非常重要且必要。

复杂性科学认为，在各种系统中，只有结构才是系统保持整体性并具有一定功能的内在根据。因此，一般情况是结构决定功能。但是在系统演化的过程中，结构是相对稳定的，功能则是相对活跃的，功能变化是结构变化的前提。但因为功能的实现必须通过与环境相互发生作用，而环境是不断变化的，环境变化首先影响的是系统功能，因此功能变化在一定程度上必然导致系统结构的变化。

校长有责任设立、控制和变革学校运行的结构、策略以及程序，以确保学校的组织循环和周期。在现代学校产生之后的很长一段时间里，已经逐步建立了一套完善的体系和制度，各个部门分工明确、各司其职，然而随着社会的发展，人才观、教师观、课程观等均发生了转变，变革的环境、价值取向的更新与领导方式的转变必然引起学校组织结构的调整，因为原有的组织结构已经无法实现新的功能要求，此时调整学校内部组织结构就成为校长重要的任务。

校长应该有意识地发展组织的动态适应能力，使之能随机调整结构关系，以适应社会发展和变迁的需要。这种适应能力的特征主要表现为：第一，当原有的稳定状态被打破时，组织能自我调整过渡到一个新的稳定状态；第二，当组织稳定状态受环境干扰时，能产生抗干扰的力量，修补被破坏的因素，使组织回到稳定状态；第三，当组织遭受环境突然变迁造成稳态结构瓦解之时，能够迅速再生新的稳态结构。如果组织结构一旦失去了动态适应能力，最后必然导致组织的僵化与衰亡。这种动态适应能力就是复杂性科学中所说的"自组织"能力。

此时，校长要主动与全校成员共同沟通与协商，削减不需要的部门或者合并功能类似的部门同时增加必要的部门；改变传统垂直传递信息的组织沟通方式，管理重心下移，责权下放，使得每个部门都能够主动投入、释放能量；增加横向联系与沟通；减少学校领导层与执行层之间的间隔层次，增强组织结构的弹性。重视横向联系与沟通，强调授权，使学校成为一个重视学习、系统思考、协调合作、灵活、更具适应性的组织。

学校中层组织机构的调整包含了两层含义，一个是原有组织机构的转变；另一层含义是因为功能的延伸一些组织机构的创建。如何将学校愿景转化为现实，专业组织的力量不可小觑。案例6-5也证实了这一点。

普通高中课程改革给传统的学校管理方式提出了挑战，要求学校管理模式必须变革。随着课程改革的深入进行，导师制、选课制、走课制、学分制的实施，如何更好地引导高中生自主选择并弥补班主任制取消后带来的学生日常辅导问题，成为很多学校在研究的问题。S中学在校长的倡导下成立了学生辅导中心。

案例 6-5

导师制取代班主任制后，导师只承担了班主任的部分工作，即对学生日常学习与生活的关注和指导，然而，这还远远不够。为加强对学生专业化的指导，S中学成立了主要负责学生教育工作的学生辅导中心，学生辅导中心是一个更加专业的学生辅导机构，主要承担大型的德育活动的策划与组织，面向全体学生进行生涯及未来的规划，同时为所有有需要的学生提供专业的心理咨询服务；组建了一支包括专业辅导员、心理咨询师和导师在内的专兼职相结合的专业化队伍，为学生开设校本辅导课程，组织主题班会，提供心理辅导、选课指导、生涯规划指导等，进行专项团队训练，还进行学生个案研究；积极推进德育课程化，不断提高德育直接教学效果；丰富学校生活，以大型教育活动和多种多样的社团活动推进学生自主管理与自我教育；构建完善的学校、社会与家庭三结合的教育网络，在学生学校生活中起了重要作用。

另外，S中学年级组向学科组的转换，也体现出了学校行政划分向专业划分的转变。学科教研组是在学校统一管理下，学科教师集体进行教学研究的基本组织，其主要任务是研究教育、教学工作，研究学科的教材教法和教学规律，并对本学科教学工作实施管理。这种组织结构取代了原来教师基本行政单位是年级组的状况，学科教研组给了同学科专业老师更多碰撞和交流的机会与空间。当前，学校中这种调整或重建组织结构的做法无疑是校长在团队领导力提升方面的重要体现。

2. 鼓励教师团队的创建：非行政性与行政性的结合与互补

组织当前面临的最重要和最广泛的一项挑战是：如何适应各种各样的人。我们习惯于用"大熔炉的观点"来解释组织中的差异，这种观点假定，不同的人在组织中或多或少地会被自动同化。但是，现在我们认识到，员工在工作时不会把自己的文化价值观和生活方式的偏好扔在一边。因此，组织所面临的挑战是针对员工不同的生活方式、家庭需要和工作风格，使自己适应各种各样的人群。取而代之的假设是，人们对差异的承认和重视[1]。复杂性的理解原则已经形成：从控制论、系统论和信息论出发，自组织的概念已被制订，它适于设想自主性，而这对于经典科学曾经是不可能的[2]。在复杂性科学视野中，这意味着应该容许系统内存在一定程度的无序性以保证组成单元发挥其创造性的自由度。当人们处于开放的、鼓励的、充满信任的氛围中时，必然会更好的投入。

对教师的严格控制或教师管理的过度结构化或课堂管理的集权化，会产生一些标准统一的程序，但会剥夺教师的自主性，对教师的工作动机产生负面的影响，甚至会降低教师的教学质量。行政组织并非也不应该是教师的唯一组织形式，行政事务的解决只是教师日常教学生活中的一部分。虽然行政人员对学校的教学计划负有一般责任，但是他们对教师教学行为的控制权力非常有限。教师的核心工作——课堂教学并不完全直接受行政命令的控制，教师在这一过程中有较大的自主性。这也是人们认为学校既具有科层特征也

---

① 斯蒂芬·P. 罗宾斯. 组织行为学［M］. 孙健敏，李原，译. 北京：中国人民大学出版社，2005：16.

② 埃德加·莫兰. 复杂性理论与教育问题［M］. 陈一壮，译. 北京：北京大学出版社，2004：176.

具有松散特征的主要原因之一。教师非行政组织的创建是教师获得良好发展的主要依托。

克里夫·贝克提出，教师们必须变成比现在更加独特的知识分子，应该更深刻地理解与他们的教学内容和方法有关的理论，必须在探究中以自己的经验和思想为主要投入；教师们必须变得更有政治意义，并介入校内校外的生活；教师们必须比现在更加尊重学生，需要以一种更加民主、对话式的态度对待学生；教师们必须在社会、道德和精神特征方面不断发展。而"教师成长的各种因素——文化程度、政治经验，在尊重学生的基础上与学生交往以及社会、道德和精神方面的特征——不可能被强制形成"①。由此，由教师根据自身专业兴趣自发建立、自主形成的非行政性组织变得尤为重要。

校长领导的主要任务就是保证学校实质性的工作——教学得以更好地开展，但是，除非校长亲自上课，否则校长对于学生学业成长的直接影响是有限的。研究资料显示，校长对学生成绩的影响"是非常间接的"，并且需要"通过关键的中间因素调解，即教师的工作，学校组织"②。教师层面在决定学生成绩方面的作用比学校层面更重要。非行政性组织的建立有助于教师主动研究意识的养成以及合作探究精神的发展，而且，由于教师在这个过程中可以遵照自身兴趣和爱好充分发挥自主性，并不是遵照行政命令被强制参与，从参与和投入的程度以及主动精神的角度来讲，更有利于教师专业能力的提高。

知情的专业判断具有集体性，而非个体主义的。我们需要的教师要能够潜心于有素养和知情的职业研究和行动，校长的作用正是在于"创造并保持教师有素养的深究和行动"③。在这里有两点我们需要意识到，一是"知情的"职业研究和专业判断是集体行为，而非个人行为；二是校长在这个过程中最需要做的是创造一个鼓励教师集体行为的氛围。而当前很多学校教师间

---

① 克里夫·贝克. 优化学校教育——一种价值的观点 [M]. 戚万学，赵文静，唐汉卫，王向华，译. 上海：华东师范大学出版社，2003：54.

② Bell L，Bolam R，Cubillo L. A Systematic Review of the Impact of School Headteachers and Principals on Student Outcomes，Review Conducted by the School Leadership Review Group [M]. London：EPPI-Centre，University of London，2003：25.

③ 富兰. 学校领导的道德使命 [M]. 中央教育科学研究所，加拿大多伦多国际学院，译. 北京：教育科学出版社，2005：10.

强烈的竞争、单打独斗的特性与此是背道而驰的。

教师开展团队工作是具有重要意义的。教师充满合作的团队或小组工作有助于促进教师的责任感，提升士气，使教师期盼完成学校目标和任务。当教师有一种积极的态度，珍视他们的工作，有被激发的动力，感觉安全，他们就会促成整个学校的成功①。推动变革也需要团队行为。校长在这个时候就要创造一个积极的团队环境，加强专业对话，帮助教师集体厘清专业责任，发掘教师潜能，改善教学进程和结果。这种鼓励教师团队行为的做法也有助于教师克服个人主义、"专业孤立主义"②，当然，在这样的情境中，校长需要注意的一点是引导教师将关注点放在学校整体发展上，而非某一部门或学科的发展，正确引导教师树立适度的竞争观念，从而使得学校整体得到提升。

在学校内，校长也需要加强对教师自主性和专业化的引领。在这一过程中，校长应该在确认学校的价值观和目标、管理教学和课程的同时，给予教师充分的空间和强有力的支持，这一过程中，非正式组织会起到重要的作用。非正式组织产生于正式组织，并对其作出反应，它对正式组织的影响可能是建设性的，也可能是破坏性的。非正式组织有可能限制生产，也可能是组织有效运作的建设性力量，有助于加强沟通并形成凝聚力。总体来说，非正式组织是自发的、根据共同的兴趣与友谊而产生的③。在学校内部，非行政性组织的范围非常广泛，比如，教师学科专业交流组织，教师组织、学生自愿参加的导师工作组等，还可以包括形态固定的文化沙龙、读书会等。在行政组织和非行政组织相互交织的情况下，学校才有可能成为一个专业的学习型团队，一个专业的学习型团队的意思即"一个员工发展的基础组织"，包括所有在职员工的教学，校本教学专题小组以及合作教学和同辈在职辅导培训④。在这种领导模式中基础组织的目标是确保教师学习到外界先进的知识

---

① Judy Reinhartz, Don M. Beach. Educational Leadership：Changing Schools，Changing Roles ［M］. New Jersey：Pearson Education，Inc，2004：132.

② 吉纳·E. 霍尔，雪莱·M. 霍德. 实施变革：模式、原则与困境 ［M］. 吴晓玲，译. 杭州：浙江教育出版社，2004：19.

③ 韦恩·K. 霍伊，塞西尔·G. 米斯克尔. 教育管理学：理论·研究·实践 ［M］. 范国睿，译. 北京：教育科学出版社，2007：90.

④ Hopkins D. Instructional Leadership and School Improvement ［G］//A Harris，C Day，D Hopkins，M. Hadfield，A Hargreaves，C Chapman. Effective Leadership for School Improvement. London：Routledge Falmer，2003：59—65.

和技能，训练他们采用指定的最好的实践。

当然，有了非行政性组织，并不等于对学校行政管理的要求降低了，相反，对行政管理的要求应该更高。如何用好行政和非行政这两支力量，对校长来说也是一个挑战，用得好，相互弥补、促进，形成合力；用得不好，相互拆台、消耗，产生负面作用①。校长在对非行政性组织的引领中，"有心而无痕"是一种难得的境界。

（二） 构建紧密联结的文化

学校文化与学校愿景紧密联系、交织在一起。很多研究者都认为，学校文化包括了学校愿景和价值观的问题，笔者也认同这一观点。之所以将学校文化单独拿出来探讨主要是从学校内部这个团队的角度来分析的，即从不同的层面来探讨交织在一起的学校领导与发展问题。此时，文化不仅是手段，是支持学校发展愿景背后的力量，也是一个学校的总体特征之一。

教育组织具有双重组织特性。它在一些主要方面是松散结合的，通常，松散结合这一术语意指组织的子系统（以及它们从事的活动）相互关联，然而却保持着各自的特点和个性②。如何使这些保持着各自特点和个性的子系统良好协作，共同完成学校的发展愿景和目标，这就需要紧密联结的文化，文化的力量异常重要。

有学者指出，组织文化甚至强于科层制的力量，它是把人们凝聚在一起的胶合剂，并像屏幕一样，通过它可以观察世界。文化就像隐形气流或海洋中的暗流一样，通过规范（非书面的规则）、我们社会中的各种期望和种种教育角色，塑造了我们生活的路线。当文化已经演化到这样一种程度，即演化到一个团队的共同的体验核心，以及建立起关于何谓正确的共享的背景时，文化就成了一个组织的财富③。组织文化是一个影响普遍、深入的系统要素，

---

① 杨小微，李伟胜，徐冬青. 学校领导与管理变革的探索与反思 ［J］. 教育发展研究，2009（8）：26-28.

② 罗伯特·G. 欧文斯. 教育组织行为学——适应型领导与学校改革 ［M］. 窦卫霖，温建平，译. 北京：中国人民大学出版社，2007：161-162.

③ William Firestone, Karen Louis. Schools as Cultures ［G］//J Murphy, K Louis. Handbook of Research on Educational Administration. San Francisco：Jossey-Bass, 1999：297-322.

它是一个组织的价值观和信念，是有共同价值观的人们在一起工作所形成的态度和关系，以及由集体价值观和信仰慢慢发展而来的行为规范所组成的统一体①。这也是为什么笔者在此提出要构建紧密联结的组织文化。

对于一个学校来说，构建与学校发展愿景、价值观相适宜的紧密联结的组织文化是校长在团队层面提升领导力所必需的。组织文化即把个人纳入一个整体并且使该团队形成特有的思维模式从而区别于其他团队的力量，也就是一个社会单元或团队中所有人共同持有的价值观、规范、信仰和习惯。学校文化有利于形成学校的凝聚力。一个消极的校长可能会造就一种消极的学校文化，从而成为阻碍学校发展的阻力。学校文化的存在能让教师、学生、家长、学校管理人员及其他学校员工都很清楚地知道学校对他们的期望是什么，使他们的行动和努力与学校的目标紧紧地联系在一起，使学校具备内在的凝聚力，教师的教学、学生的学习都能得到学校内部各部门的支持和校外家长和社会的支持。其次，通过学校文化，学校组织能更容易与外部人士进行交流。如果学校的文化不明显，学校内部的观念繁多，学校很难得到外部群体的认可，而如果学校的文化鲜明，学校具有所有成员所共享价值观和鲜明的学校特色，则便于与外部人士进行交流，并得到他们的支持。因此，发展显著的学校文化是校长提升领导力的重要元素。文化是领导者培育共同的信念和教师间的共同体感与合作感的主要手段。另外，在强势文化中，信念和价值观受到热情支持和广泛认同，并且指导着组织行为。但强势文化可能是好的，也可能是不好的，可以促进效能，也可以妨碍效能②。因此改变学校文化或学校氛围通常是一个困难的、持续的和长期的过程，并不存在快捷而简便的方法。

学校文化在学校中的影响非常持久，深入人心，同时也更加难以改变。可以通过分析象征符号、人造器物、仪式、英雄人物、典故和传说等，对学校文化进行解释。学校要有健康的组织文化。校长对组织文化的理解程度和重视程度，对确定学校发展战略起着至关重要的作用。文化能够提升组织成

---

① 吉纳·E. 霍尔，雪莱·M. 霍德. 实施变革：模式、原则与困境 [M]. 吴晓玲，译. 杭州：浙江教育出版社，2004：210.

② 韦恩·K. 霍伊，塞西尔·G. 米斯克尔. 教育管理学：理论·研究·实践 [M]. 范国睿，译. 北京：教育科学出版社，2007：195.

员的个人能力，整合学校里的种种资源，并能通过人际关系网络把整个组织凝聚到一起。它有机地融合了学校的价值观、信念和奋斗目标来指导和改变成员及整个学校的发展。无论是从学校整个系统还是成员的个体行为上，都能看到文化所产生的力量。

1. 学校组织文化的内涵

组织文化是指组织成员的共同价值体系，是组织成员共有的哲学观、价值观、信仰、期望及在此影响下的态度和行为准则，它就像巨大而又各异的磁石规范着组织员工的行为，使组织呈现出独特的核心能力。正如 T. 蒂尔和 A. 肯尼迪所言，"定义中的文化是一种无形的、隐含的、不可捉摸的而又理所当然的东西。但每个组织都有一套核心的假设、理念和隐含的规则来规范工作环境中员工的日常行为。……除非组织的新成员学会按这些规则做事，否则他不会真正成为组织的一员"[1]。学校组织与其他的组织一样，除了领导、职能分配、人际关系和教学课程资源的提供等因素影响到学校的整体氛围之外，能使学校别具特色、富有凝聚力的因素就是学校文化。学校文化与学校领导、学校职能分配、学校人际关系以及学校教学课程资源的有效利用交互作用，共同营造学校的整体氛围。强势的学校文化把不同的学校区分开来，使学校的师生员工对学校充满认同感，还能很好寻求到个人利益与学校利益的契合点，通过隐含的核心假设从无形中控制和引导师生员工的态度和行为。

文化联结紧密的学校具有共享的价值观和独特的学校精神。组织文化研究的奠基人沙因认为组织文化在深层次上应保留基本的假设和信条[2]，这些基本的假设和信条表现为组织的共同价值观和独特的学校精神，它在无形中指导和规范着人们的行为，使人们意识或无意识地根据这些假设和信条行事。学校的价值观是学校成员对某种事物或行为衡量价值标准（对与错、好与坏）的共有的认同状况，比如对学校目标的一致性认同感、对教师或学生行为标准认同感、对学生的期望，等等。而独特的学校精神则是"学校在长期

---

① 斯蒂芬·P. 罗宾斯. 组织行为学 [M]. 孙健敏，李原，等，译. 北京：中国人民大学出版社，1997：526.

② 朱国云. 组织理论的历史与流派 [M]. 南京：南京大学出版社，1997：347.

的教育实践过程中，为谋求发展而精心培育并与学校个性相结合而形成的一种学校主导意识"①，是在长期的历史积淀中形成的，一旦形成，便具有稳定性。

2. 紧密联结文化的核心特征——共享、合作与信任

在案例6-4中，M小学提出要充分关注自主与合作，鼓励教师和中层干部在思考、决策与行动方面的独立性，以及师生团队意识、合作意识的培养。即强调学校每一位教师和管理者既是一个具有自主意识与能力的责任人，又是一个具有合作意识与能力的合作者。此时，校长如何通过构建紧密联结的文化凝聚学校成员、紧密联结的文化呈现了什么样的特征是必须要探讨的。

对于一个学校来说，基于学校组织的双重特性，作为把人们凝聚在一起的胶合剂，紧密联结的文化呈现的最主要特征是什么？是共享、合作与信任。孟繁华教授指出②，从竞争走向合作是现代学校组织的发展趋势，在这一过程中，形成共享的、合作性的学校组织文化是其中重要的环节。此时，学校组织文化所体现的不仅是学校过去的成功经验，而且是与学校发展战略调整相适应的价值观念与思维方式，不仅是组织记忆的产物，而且是不断学习的产物。合作的前提是共享，通过学习形成共享的学校组织文化机制是进行合作的可行途径。因此，校长要通过团队学习和组织学习，形成学习机制，实现学校文化的变革。使得学校文化可以成为一种现实的力量，对置身于其中的学生、教师、行政管理人员的发展产生巨大的影响。学校领导者必须致力于创造合作的学校氛围，必须致力于信任的构建。信任是一种能将团队紧密联系在一起并让他们朝着共同的目标努力工作的情感。③当前的学校情境中，很多研究者指出，信任似乎处于一种短缺状态中。案例6-6中这个校长的成就是很难得的。

---

① 赵中建. 学校文化 [M]. 上海：华东师范大学出版社，2004：32.
② 孟繁华，田汉族. 走向合作：现代学校组织的发展趋势 [J]. 教育研究，2007（12）：55-59.
③ Judy Reinhartz, Don M. Beach. Educational Leadership: Changing Schools, Changing Roles [M]. New Jersey: Pearson Education, Inc, 2004：21.

案例 6-6

学校召开教代会，鼓励教职工参与学校管理决策。会议结束后，李主任看着大大小小的提案百思不得其解。平时学校里气氛很好很和谐，校长没事儿就扎到校园里走走看看，对工作恪尽职守，全心投入，平日里也极其支持老师们的工作，深受老师们的爱戴，怎么，难道这是一种假象吗？为什么老师们对学校工作这么多意见，大到教师考核、中考复习，小到每个班的图书角、操场卫生，有批评、有不解、有建议、有议论。带着疑惑和委屈，李主任向郭校长表达了看法，郭校长十分珍视地看着这些提案，意味深长地说，这正说明我们学校的氛围好啊，老师们正是因为信任我们，真正希望我们学校好，才有这么多意见的……

校长是创造信任文化的关键人物，这既表现在校长对他人的信任，又表现在营造一种人们彼此信任的文化氛围。这种信任看似简单实则不然，更不是形式上的，在这种氛围里，校长信任教师，教师信任校长，教师间、学生间、教师和学生间互相信任，既包括品格的信任，更包括能力的信任，良好的沟通、授权、激励、合作等都是建立在信任的文化基础上。

3. 如何构建紧密联结的文化

优秀的学校文化可以保障学校的成功。学校领导有责任形成紧密联结的学校文化。因此，很多学者谈到了校长的文化领导职能，就是通过领导活动的实践，塑造优质的组织文化，形成一种软规范，不断将文化的力量转化为领导力，从而影响组织成员的信念、价值观、行为，并得到组织成员认同。此时，文化是一种具有渗透性的软领导力，一点一滴地、潜移默化地改变着被领导者。

领导者对追随者人性假设的不同会导致采用不同的领导模式，从而在组织内部形成不同的氛围，形成不同的组织文化。由此可见，组织文化是由领导者设定的，是领导者的基本假设在组织中的反映。因此，领导者需要学会建设紧密连接的、共享的、合作的、信任的组织文化，营造良好的组织环境氛围，使抽象的文化在组织中落地生根，使员工接纳并共同努力推进组织文化建设，使自己成为文化领导的践行者。当然，我们需要再次强调的是，文化建设不是一朝一夕之功，跟风的、运动式的创建文化不符合文化本身的规律，文化建设是一个长期的过程。

（1）校长进行文化建设的思路

在构建学校文化的过程中，校长应该注意以下几个方面。

首先，以团队建设培养合作意识。在当前我国中小学中，评价方式使得竞争成为教师间、学生间的"主题词"，适度的竞争确实可以激发活力，但过度竞争却带来了很多问题。比如很多学校中评价教师使用考试平均分大排队的方式，谁带的班级平均分高谁就获得奖励，这种方式使得老师之间没法团结，相互间藏卷子、藏练习题是很平常的事情。此时，教师是以"个体"的面貌出现的。但校长若重视团队建设，以团队作为评价单位，关注每个团队的凝聚力，必然会帮助教师打开视野，以合作实现发展。

其次，以文化的语言和方式传播文化，把随意的零散的行动转化为自觉的、长期的、主动的、发挥作用的体制和机制。大部分校长习惯于用行政的逻辑解决文化问题，校长在建设学校文化时怎样避免用行政化的方法是非常重要的，因为这种做法带来的结果必然是流于表面和形式化。校长可以命令教师集体备课，但无法命令教师在集体备课的过程中真诚的交流；可以命令学生去背诵古诗，却无法命令学生热爱传统文化。组织文化确定着组织参与者的假定、价值观、信仰、规范，必须获得组织成员发自内心的认可。因此，校长在构建组织文化的过程中，要重视挖掘内涵，呼唤组织成员的内心情感，用文化的力量凝聚人，学校才会拥有一种被全体成员认同的文化，全校师生才能在这种文化机制中一起向共同的愿景努力，具有向心力，敢于尝试新事物、对学校具有高期望并不断追求卓越。

最后，校长要重视学校文化特殊性与一般规律的结合。不可否认，文化具有一般性特征，但现在大多数学校的做法是从一般的文化定义来推演学校文化定义，使得学校文化普遍化、浅表化，缺乏校本文化的特色。但是，优质学校文化绝不是"拷贝"出来的，而是一代又一代校长在不懈的研究和探索中创造出来的，教师和学生之所以珍视学校文化是因为它是自己的、是独特的、是以自己学校的传统和现实为基础的。因此，校长应该重视在事实中考察学校的文化，直面学校文化现实，重视学校的历史传统、经典细节等，以此触摸学校文化内涵。

（2）校长建设学校文化的策略

有研究者指出，生成学校文化要将学校文化外化为学校的环境与活动建设，将学校文化设计内化到学校的组织制度中，将学校文化设计内化到人的生存方式与行为方式中①。这种观点在学界基本上已达成共识。案例 6-7 就较好地体现出了这一共识。

案例 6-7②

　　成都师范附属小学是一所百年名校，而其在新时期的卓越表现正是其历任校长重视文化建设，尤其是现任校长以文化引领学校发展的结果。校长的文化领导，就是通过领导活动的实践，塑造优质的组织文化，形成一种软规范，不断将文化的力量转化为领导力，从而影响组织成员的信念、价值观、行为，并得到组织成员认同。此时，文化是一种具有渗透性的软领导力，一点一滴地、潜移默化地改变着被领导者。

　　① 历史积淀与文化传承

　　百年成都师范附属小学丰厚的历史文化底蕴积淀了其优良的教育传统，铸就了优质教育品牌。1904 年，陆慎言先生及其夫人席子珍女士，怀揣"欲救垂危之国势，必自教育之大兴大革起"的赤子之心，创办淑行女塾，1908 年，改名为淑行女子师范学堂。同年，陆慎言夫妇在艰苦的条件下创办淑行女子师范学堂小学部，这就是成都师范附属小学前身。可以说，成都师范附属小学创立之初就承担了创办者"教育救国"的理想，显现了最早的成都师范附属小学人对于国家和民族的担当。新中国成立后不久，成都师范附属小学一批优秀教师响应国家的号召，支援中学教育、边疆教育，在这个过程中，成都师范附属小学一度面临新教师骤增、师资培养任务紧的局面。年轻的教师们将"忠诚于人民的教育事业，做人民的好教师"的信念扎根于心，热情奋发，新老教师团结一致，集体备课，共同研究，开启了成都师范附属小学资源共享、集体研究的风气，青年教师经验不足的问题得以解决，教学质量稳步提高，学校工作生机勃勃，逐步形成了严谨教学的风气。成都师范附属小学良好的教风、校风由此形成，并代代相传。笔者在对成都师范附属小学

---

　　① 吴遵民，李家成. 学校转型中的管理变革——21 世纪中国新型学校管理理论的构建 ［M］. 北京：教育科学出版社，2007：239-248.

　　② 张爽. 从愿景到现实：文化的力量——成都师范附属小学文化领导的实践考察 ［J］. 中国教育学刊，2008（9）：16-20.

教师进行访谈的过程中，印象非常深刻的一点就是教师们对于成都师范附属小学历史的强烈认同，他们几乎都谈到了优良的历史传统对于当前成都师范附属小学文化的重要影响，以及代代相传对于教师成长的深刻意义。在新世纪到来之后，成都师范附属小学该如何把握好传承与创新的关系，怎样把握"教育的育人本质"，进一步发展和扩大优质教育，实现新的跨越？以文化领导入手，是2005年上任的刘娟校长在深入分析成都师范附属小学的历史与现实后提出的命题，刘校长通过在事实中考察学校的文化，直面学校文化现实，重视学校的历史传统、经典细节等，以此触摸学校文化内涵。

② 理念沟通："万类霜天竞自由"

经过不断的探索与碰撞，成都师范附属小学文化领导体系成型，并很快得到全校教师的积极响应。即：以"万类霜天竞自由"为办学理念，形成"赤诚教育，追求卓越"的学校精神，共创"彰显师范特质、突出示范形象"的学校愿景，以"积聚内涵、整合资源、集团发展"为思路，努力培养"个性灵动、视野开阔、主动发展、追求更优"的学生群体和"德艺并举、个性鲜活、追求卓越、和谐共进"的教师队伍。实现学校"办学特色明显、运行机制高效、整体效益突出、师生发展卓越的全国知名小学"的发展目标。

学校精神是学校在长期的教育实践过程中，为谋求发展而精心培育并与学校个性相结合而形成的一种学校主导意识，是在长期的历史积淀中形成的，一旦形成，便具有稳定性。"赤诚教育，追求卓越"即成都师范附属小学的学校精神，表达了成都师范附属小学人对于教育的忠诚与执著追求。"万类霜天竞自由"是成都师范附属小学的核心办学理念，原文出自毛泽东主席的诗词《沁园春·长沙》。成都师范附属小学的领导与老师们赋予了它新的意义。"万类"是教育"关注的面"，即所有师生都应当进入教育视野，都应受到关注。教育应当力求做到为每一位师生提供适合他们个体成长和发展需要的天地，让每一名师生体会到成长的快乐和满足。让学校师生在纯净、宽阔、自由、和谐的学校环境里，充分释放生命的潜能，彰显生命的个性，达到生命自在、和谐的蓬勃状态，回归到"以人为本，个性发展"的教育本真中。这就要求在教育中：一是必须尊重生命发展和教育发展的规律，奠基学生一生的素质发展，开启学生的潜能，张扬生命的个性，追求生命发展的蓬勃境界；二是追求学生基础素质全面发展上的个性发展，走向生命发展的蓬勃，必须适应不同生命个体的多元化、个性化发展需要，创造和提供丰富多元的学校课程文化；三是求解学校个性化发展及其社会价值，求解生命发展的最大化价值，必须以全面回归和充分兑现教育本质、履行教育使命的无限忠诚，提升教育教学的精神和艺术境界。

③ 制度保障：推动文化的践行

成都师范附属小学通过管理重心下移，构建了多层次的自主管理模式。在变革之前，中层干部和学校教师对于学校发展的参与感是较低的，主动性不强，并不善于思考。将学校从一个由章程、规则、人物组成的组织转换为有意识地进行自我管理的团队非常重要。刘娟校长意识到学校每一位教师和管理者既是一个具有自主意识与能力的责任人，又应是一个具有合作意识与能力的合作者。因此，她充分调动教师们的积极性，培养他们的主人翁精神，首先向教师们解释了需要自我管理的理由，然后建立了一种自我管理的范式，让干部、教师可以从实践中获取深刻的体会，当然，在这个过程中，适当的赋权是非常必要的。

现在学校的会议已经不再仅是事务性工作的安排和布置，更多的是与会者思想的交流和碰撞。校长有时只是提出个思路，更多的工作都由中层干部和教师们来完成，在完成的过程中，领导层与中层干部以及一线教师间获得了充分的沟通。总之，学校从领导层、中层干部到一线教师根据学校发展目标与整体规划确立"自主管理"的管理观，关注个性发展需求，构建人人发展路径。强化对"人的个性——人的需求——人的发展"的"牵引和服务"功能，力求为师生人人提供适合的发展平台和发展路径。各层面协作一致，有指导，有协调，有检查，有评价，并且留有空间。这样的管理既放权又重责，能切实执行，有效沟通，快速反应。在这一模式的运行中，追求管理制度中"贴近师生内心"和"助成师生个性化发展期望"。着力营造"以人为本，团队协作，生命促进"的发展性氛围。

"多元化"的育人观是引领当前成都师范附属小学育人工作的核心。以"全面关注人的发展需要"为出发点，以"促进师生全面发展基础上的个性优化发展"为落脚点，将整个育人工作视为"优化、提供个性化成长环境"的过程，不拘一格，因材施教。成都师范附属小学在育人体系中，强化"师资是关键，学生是根本，课程是载体"，在"多元化"育人观的统领下，通过开放性、科学化、民主化的校本培训和教育教学方式和行为，促成全体师生的"个性化""充分化"健康成长。着力在课程开发和评价制度方面做出创新性的突破。课程开发集中在"教师发展性培训课程""学生更优化成长课程"方面，评价制度采用多主体评价、多维度评价、多方法评价、多阶段评价和发展性评价。全面奠基学生终身发展的基础素质；全面开发学生潜能和发展优势，实现优势拉动的全面发展和个性发展；全面激活学生的发展动能，实现学生主动发展、自主发展、优势发展，求得生动活泼的个性化发展，并进而走向生命成长的蓬勃。

学校的"育人"当然也包括教师，我们前面谈到了成都师范附属小学"彰显师范特质、突出示范形象"的学校愿景，事实上也显现了这一特质。学校重视在帮助教师构筑教育忠诚、对生命的终极关怀和教育职业理想的基础上，培养起勇于探究教育奥秘的思想和情怀，以及立足岗位、勇于实践、突破难关的创新精神和实践能力；帮助教师在感悟、发现、体验教育真谛过程中，绽放和享受精神解放和精神生命的活力。"5·12汶川大地震"成都震感强烈，在这次事件中，成都师范附属小学的教师们充分地体现出了他们对于教育事业的忠诚以及对于学生的热爱，所有教师都坚守在自己的工作岗位上，临危不惧，坚定地守护在孩子身边，全校学生在四分半钟的时间里全部集结在操场上，无一受伤。教师们在危难时刻的坚守给了孩子、家长以及社会极大的感动和鼓励。

成都师范附属小学确立了"生成化"的资源观，在互动中生成、在生成中整合，将资源体系纳入学校的管理体系之中。其中，成都师范附属小学把师生看做最好的人力资源，把家长看做最大的后援。着力从"构建新型的家长委员会运行机制""加强国际交流，开拓交流渠道，搭建互动平台，建立互访机制""加强信息化建设，建立教育资源服务网络，提高信息技术应用技术，建成现代数字化校园"搭建资源体系，将学校置于"更广阔、更便捷、更现代"的公众互动平台上。

近年来成都师范附属小学取得了极大进展的家校合作工作，以优化儿童成长的教育环境，有效开发、整合学校、家庭教育力的视角，创建三级教育家委会及运行机制，一改家校教育对学校的弱势配合为双方的有机合作、联动，在长期的实践中，家长的力量和学校的力量，统合成了新型的教育力量，学校教职员工和家长共同构建了一幅新的教育场景，家校教育合力消除了家长对学校教育的怀疑、懈怠，消除了家校教育时空割裂，优化了儿童成长的环境。

④ 整体发展——文化建设初见成效

"附小人"是成都师范附属小学教师常挂嘴边的一个称呼。如今，它早已从单纯意义的身在成都师范附属小学的教师演变为了蕴涵并实践一种精神的真正成都师范附属小学教师。在对成都师范附属小学的师生进行访谈的过程中，一种因为是"附小人"而骄傲的情绪时刻感染着笔者。这种精神就是赤诚教育、追求卓越的精神，这是一种成都师范附属小学精神。成都师范附属小学的每一位名师都是在这样一种精神熏染下成长起来的。从建校之初至今，从培养具有师范特质的一师附小到今天的成都师范附属小学，成都师范附属小学人都无一例外地把赤诚于教育作为自己的使命，把个人的发展和学校发展目标紧紧相连，这是学校一种精神和文化的引领。这种引领已经形成了一种文化合力，促进了成都师范附属小学的整体提升。

让每个教师都能找到适合自己的舞台，让每个学生都有广阔的发展平台在成都师范附属小学并不是一句空话。

因为安全责任被无限放大，放弃春游和秋游是现在很多学校的无奈之举，"读万卷书，行万里路"的古训被高悬起来。然而，身体成长不能离开坚毅的磨炼，智慧离不开广阔的生活，德行只能在集体的经历中成长。关在家庭和校园里，那是教育吗？当然不是！此时，成都师范附属小学勇敢地迈出了一步，组织春游。低年级学生4千米，中年级学生13千米，五年级学生登山，攀古长城。孩子们虽然付出了汗水，但得到的更多。当然，为了孩子们的安全，成都师范附属师范小学的教师们做足了准备工作。孩子们将要走的路，教师们探寻过。他们沿路挨家挨户地向村民、居民调查：路旁有没有隐蔽的危险？在山坡上，教师们研究路线，孩子们攀登累了，能否找到歇脚的平地？哪里需要设置路牌，哪里应该留下标记。甚至孩子们该带多少水，教师们都通过实地考察给出了合理化建议。仅仅通过这样一件小事，足可以看出成都师范附属小学对给学生成长搭建广阔的平台所付出的努力。当然，这些工作和他们"想要培养什么样的人""怎样培养人"的信念是分不开的。

就教师发展来说，成都师范附属小学的教师队伍管理历来注重每一位教师的发展，尊重教师的个性，注重发挥各自的优势，并提出符合本人实际的目标，促使其形成鲜明的有个性的教学风格。在成都师范附属小学名师的队伍行列里，从不同学科到同一学科的不同领域，教师们各有所长，独领风骚，呈现出多点开花、百花齐放的态势。每个人都能在成都师范附属小学找到属于自己的最合适的位置。成都师范附属小学历来注重打造人人努力奋进的宽松、和谐、开放的情意浓浓的环境，实现教师之间互相支持、个性相容、优势互补、共同合作。尤其是成都师范附属小学长期的"师带徒"制度充分地发挥了培养人才的作用。由于成都师范附属小学浓厚文化的熏陶，由于追求卓越的向心力、凝聚力，成都师范附属小学的"师带徒"越来越凸显出独特的内涵：从老教师向徒弟单向的技能传授走向师徒教育智慧的共享；从年轻教师对老教师的简单模仿走向教育改革中师徒的共同创造；从老教师默默的红烛精神走向师徒的共生共进。实现教师之间的互相学习，真诚互助，共竞自由，也促进了更多名师的成长，实现了成都师范附属小学不断的跨越和腾飞。

三、二元层面校长领导力的提升

案例 6-8 中的 X 小学在十年前只有一个教师具有中学高级职称，现在却已成长起二十多位；十年前没有一位特级教师，目前却有 4 位在岗；十年前教师不会想象自己可以出书，但如今却以科研、课改、专业发展为主题，先后共出版了 18 本专著。教师的成长成为带动学校发展的主要动力，这与 G 校长独特的领导和管理观密不可分，X 小学的变革可以给我们带来启发。

案例 6-8

X 小学的 G 校长认为，学校发展的主要目标是育人，教师发展是推动学校发展、实现育人目标的主要动力，学校领导集体的核心任务是为教师的发展搭台铺路。所以，作为校长，能引领团队致力于建构以教师发展为本的服务机制是促进学校持续发展的根本。G 校长指出，在大的变革背景下，必须重视"以师为本"，务实学校的管理。校长领导力实施过程中，有三点非常重要，第一，校长要致力于教师专业发展，以师为本，校长永远不变的身份应该是教师，校长要为教师的发展搭台铺路，为学生的发展奠基指路；第二，领导即引领，X 小学坚持多年的一个传统就是所有校领导集体办公，这种做法有利于沟通的达成，凝聚核心领导力；第三，提倡教师自我管理，重视人主体性的发挥。G 校长说，他刚到 X 小学时，很多教师向他表态，一定要"好好给他干"，这让 G 校长意识到了问题。他专门就此问题与教师进行沟通，通过主体性的教育实践，使学生成为主体性的学习者，使教师成为主体性的自我劳动价值的创造者。教师不是为了校长在工作，学生不是为了教师、家长在学习。

为了给教师"自我管理"营造良好的专业氛围，X 小学提出"社会关系正常化""目标任务具体化""教育资源社会化""教育科研常态化"和"教师发展个性化"。当然，创造教师自我发展专业氛围的管理变革阶段是一个相对漫长的过程，不可能一蹴而就。这一过程概括起来基本上是从主体精神的建设到生存方式的变革再走向创造优质自我的持续发展，整个过程是全体教师共同分享自我发展价值的幸福过程。

X 小学没有中层领导，原有的中层干部都回到年级组，直接面对学生，有自己的业务，重心下移，提倡以分权领导替代传统的集权层次管理，取消中间的管理形态，实施年级工作制、班级工作制、学科增值评价报告制。年级工作制是 X 小学管理制度的一项重要改革，是扁平式管理的关键环节，是关注与达成教师和学生发展、开展富有实效的教育教学活动、提高年级质量、实现学校办学目标的重要管理机制。通过加强学校基层建设，确保各年段学生受教育质量。年级工作制使学校领导能直接走到教育教学的第一线，兼课兼职，使业务的引领落到了实处。在这种机制中，年级负责人是领导年级教育教学活动、关注本年级学生发展质量的第一责任人。他们在校长室的领导下，整合校内外资源，统领各学科教师，共同对本年级学生的质量负责。学科教研则是促进教师专业发展的教研机制。两者结合，以实现"横要到边，纵要到底"。

X 小学重视以教育的课题研究统领学校的业务发展，他们认为现在很多中小学教师的教育科研虽然得到了普遍的重视，但是不少课题却游离于学校发展的实际，脱离教师的具体业务，与常规的工作结合不够紧密。这导致教育科研没有现实意义。为此，X 小学将课题研究结合学校的实际立项之后组织全员参与，每个人结合自己的具体业务，带着问题立项，带着研究工作，从而使工作变成了学习，使岗位变成了课题，取得了显著的成果。

案例 6-8 中 X 小学的变革与发展依赖于共有的发展价值观，也依赖于学校组织机构的调整——比如中层干部的取消，但是不可否认，X 小学改革中最大的亮点和突破点在于校长对教师"自我管理"的强调。从"工作为谁而干"的理念的澄清，到教师自我管理意识的树立、自我管理技能的提高，以及教师自我管理专业氛围的营造，G 校长一直在引领团队致力于建构以教师发展为本的服务机制，将之作为促进学校持续发展的根本。这事实上是一种授权的方式，与教师分享领导力。当然，重视教师的能力建设是有效分享领导力的前提。

（一）授权与分享

案例 6-9：管与不管①

李校长是市教育学会的理事长，又是区政协委员。他经常参加校外社交活动，不可能每天都在校，但学校工作搞得井然有序。

在校时，他经常到办公室同教师谈这谈那，也不拘形式地与学生接触，问这问那。交流中，难免会遇到许多具体的要求。例如，物理教研组长提出，实验器材不足，要求学校解决；一个班主任反映，学生课外作业负担过重，望学校采取措施；会计谈到学校基建中的矛盾，请求仲裁。对这些，李校长总是说："我知道了，这个问题副校长在管，你去问他，让他决定。""我同教务处谈谈，让他们处理。""我给总务主任说一下，让他解决。"

一次教职工大会上，李校长念了一份给他的条子："你是校长，为什么遇到问题不表态，是权不在手，还是处理不了？"念完条子，李校长先感谢写条子的老师对他的关心，然后明确表示："我是有职有权的。学校里重大事情的决定，都是由我主持作出的，这就是权嘛！至于执行过程中的具体问题和细节的处理，领导成员有明确分工。因此，我不能随意表态。"李校长的解释，一些教职工仍不赞同，他们认为，领导成员多，应是校长说了算。若两位领导对一个问题表态不同，应该听校长的。由于有这样一些议论，李校长不在校时，个别领导成员把一些能处理的事也搁了下来。

---

① 管与不管［EB/OL］．（2008-11-13）［2010-02-03］．http://hi.baidu.com/%C8%E7%C3%CE%C9%FA%BB%EE/blog/item/1c3203cee3d5dd0492457e9a.html.

面对这些情况，李校长除了在领导班子统一认识外，又在职工中通过各种方式，谈了他的看法：校长负责制，不是按校长个人的意志办事。不按章办事，校长说的也不能算数。有的事无章可循，特别是有关改革的事，更不能由校长一人决定。学校中大大小小的事，都由校长决定，都要通过校长，这不叫有职有权，而是个人专权。集体决定的事，校长随意变更，或者对那些有人分管的事，校长出面表态处理，不但不能调动每个人的积极主动性，发挥才干，而且会使一些同志养成依赖性。

李校长的看法得到领导成员的赞同，但有的教职工还向他提出问题："这样说，校长不是'无为而治'了吗？"他回答说："校长应该为他所应管，而不为他所不应管。样样抓在自己手中，看似权力大，实质是放掉了大权。不把权授给分管的领导，自己成为光杆司令，那才会真正的失权。"

过去，很多学校改革方面的努力都是"自上而下"的，就是说，由政府或学校教区通过标准化课程和集中"在岗"教师来强加实行。史密斯（Smith，M. C.）和利特勒（Lytle，S.）都对这种方法持批评态度，他们指出，这个局面颇具讽刺意义。教师们"不是通过自己的经历，而是通过学习那些本身不是以学校为基地的研究者做出的成果，来了解自己的专业知识"①。泽齐纳（Zeichner，K.）同样对这样开拓职业持批评态度，认为这样做是"对于教师们已经了解的东西和能够做的事情视而不见，全靠派发预先包装好的一套所谓建立在'研究基础上的'方法来解决学校的问题"。② 因此，学校的改变必须同时自上而下和自下而上，不可能各自为政只从机构或个人做起。在促进学校参与的过程中，教师一定要实实在在地参与进来。学生们也一定要通过与集体的联系，通过和教师们进行真正的对话，参与到这个改变的过程中来。这个过程就是校长授权并分享领导力的过程。组织内的每个人越是拥有权力，组织成员就越有主人翁意识，越愿意投入。当然，怎样授权，也是需要校长思考的。有研究者将授权对象分为四类③，有工作意

① Cochran-Smith M, Lytle S. Inside/Outside：Teacher research and knowledge ［M］. New York：Teachers College Press，1993：1.

② Zeichner K. Beyond the divide of teacher research and academic research ［J］. Teachers and Teaching：Theory and Practice，1995，1（2）：161.

③ 教育部人事司. 管理创新与学校发展 ［M］. 西安：陕西师范大学出版社，2004：245.

愿和工作能力的人，有工作意愿但没有工作能力的人，有工作能力但没有工作意愿的人，既没有工作意愿又没有工作能力的人。对有工作意愿和工作能力的人要尽量授权，把权力下放给他们去做事，要特别重视他们，因为他们是可以委以重任的人；对有工作意愿但没有工作能力的人，要尽量教育训练从而提升他们的能力；对有工作能力但没有工作意愿的人，应该尽量激励他们，让他们逐渐具有工作意愿；对既没有工作意愿又没有工作能力的人暂时不能放在重要岗位上，应该逐渐把他们变成前面几种人。授权的程度通常随着学校组织的一些特征而有所不同。当学校文化联结紧密时，当校长和教师员工间充满了信任时，当教师员工素质较高时，授权都容易发生且程度会较高；反之则不然。

校长独自一人完成所有事情是不可能的，即使这点非常令人向往。因此，怎样分布领导给不同的人和职位是非常重要的。再一次需要强调的是，授权与能力建设并非将有限的权力下放，而是在组织范围内分享更广泛的领导力。领导应该超越个体，以多元变化的形式在与学校相关的多个领域出现。能力建设的核心即伴随凝聚力和信任感而产生的分布式领导，分布式领导是在试图突破"正统"的领导研究思路和基于领导者角色的研究取向中出现的学校领导思想。20 世纪 90 年代中期以后，社会变迁速度明显加快，组织怎样才能适应迅速变化的社会成为人们思考的问题。强调持续学习能力的学习型组织概念被普遍接纳，而学习型组织所强调的能力很显然不仅需要一个高效的领导者，更需要"发展集体的智商"。校长的第一要务并不是直接改进课堂教学和学生的表现，而是树立目的、培育文化、发展具有共享价值观的学习共同体，然后通过分布于组织中各个工作团队的领导"流"，来改进课堂教学和学生的表现。[①]

从这个视角来说，领导力存在于学校内许多角色和职位中，内含在其中的是教师的领导力实践，或非正式领导者的实践。许多研究都只重视校长的正规领导力，忽视其他水平或从其他视角上看领导力。这往往会导致"校长筋疲力尽，学校举步维艰"的状况出现。案例 6-9 中的李校长就是非常聪明的、善于授权和与他人"分享领导力"的校长，他能够挖掘和培养学校内其

① 冯大鸣. 美、英、澳教育管理前沿图景 [M]. 北京：教育科学出版社，2004：74-76.

他人的领导力，能够成为"领导者的领导者"，这也是校长领导力的重要组成部分。而且，在学习型组织的环境下，所有的教师都分担着领导的角色，但行政委任的领导者仍然是重要角色。最根本的责任不能被抛弃，而且在位的领导者仍然应该承担这样的责任，但在具体操作上必须采取一种更为民主的方式。①

分布式领导目前来说更多的是给人们带来了观念上的冲击，这种领导模式与学生成绩间的关系仍需要进一步研究。而且，这与学校内自上而下的领导方式以及内部结构是相矛盾的。甚至有人提出，彻底的实行分布式领导会导致学校里不再需要校长。真的会出现没有校长的现象，或者说校长真的不必要了吗？有学者提出了不同观点。"领导者必须是'领导'，萨乔万尼指出，有价值的领导，最终还是那种以不同方式触动人们的领导：开掘他们的情感、呼唤他们的价值观念、回应他们联结他人的需要……当领导者把领导活动看做是为共同体成员共享的理念服务时，所谓领导的风格、采用何种领导方式都仅仅是过程中的问题，都变得不那么重要了……领导者重要的职责之一，就是要努力把员工培养成为他们各自工作范围内的领导者。同时，领导者就无需扮演单打独斗的英雄，而是一批领导者的领导者。"② 由此，学校能力建设成为校长发挥领导力的重要切入点。

（二）从监督管理到能力建设

能力建设（capacity building）并不是新名词。顾名思义，能力建设主要指领导者关注被领导者能力的发展，将之作为组织可持续发展中的核心问题来解决。若能推动所有被领导者能力的发展，组织必定会有较大的飞跃。而现有的领导力和可持续发展最多是一种随机行为，因此，目前在学校改进领域内，越来越多的资料表明了能力建设作为一种可持续改进方式的重要性。

学校为了什么变革？大部分学校都是为了实现国家提出的好分数的目标。能力建设是本，但在很多学校里却被当成了无足轻重的事情。迈克·富兰提

---

① 吉纳·E. 霍尔，雪莱·M. 霍德. 实施变革：模式、原则与困境 [M]. 吴晓玲，译. 杭州：浙江教育出版社，2004：247.

② 冯大鸣. 美、英、澳教育管理前沿图景 [M]. 北京：教育科学出版社，2004：66.

出，展望未来，能力建设必定成为所有改进策略中核心的部分，我们需要明确地集中在可持续发展中最困难的问题上。现有的领导力和持续性只是一种随机行为。人们需要能有效呈现"活动中的制度思考者"的领导力。①

领导者不仅应该重视学校改进的"现在"，还应同时在学校内部进行战略能力建设，以实现学校的持续发展。不管怎样，人们都已经认识到，有效的领导力在实现学校改进的过程中是一个非常重要的要素，但若只有校长，还远远不够。随着学校所承担的压力越来越大，近些年一个词非常普遍的伴随学校领导力出现，即"不可能的"。校长虽然被描绘为学校内最重要的人，但把所有压力和责任都放在校长这一个职位上，不仅给校长的领导力带来了极大的挑战，也是有些不现实的。因此，能否在学校范围内进行能力建设是考察校长领导力的重要因素之一。

案例 6-8 中，G 校长进行领导的基础就是首先让教师进行自我管理，而案例 6-9 中，李校长也给了教师发挥能力的空间。校长无法直接控制那些相互作用过程，但是他们可以通过"提高组织内部成员的技能和知识，围绕那些技能和知识的使用创造一种共同的期待的文化，在互相的生产性的关系中把握组织共同的各个方面，使个体对他们对集体结果的贡献负责"在某些方向上给予引导。校长应该清楚地意识到，如果教师们必须要靠监督才能保证其投入到工作中的精力和责任心的话，那么这样的教师能够带给学生的积极影响一定是非常有限的。更重要的应该是帮助教师建立共同工作的团队，成员间互助，增强其对个体和集体的责任心，发展教师的能力。这样，分布式领导力意味着在一个共同的事业中支持他人的能力。当这点能够有效实施的时候，领导力在各个层面的活动将能够反映到表面，提高学校的有效性，减轻一些校长的负担②。教育组织内部的领导和权力问题不会阻碍直线式管理角色。在正规阶层分级之外，不同专业领域中领导角色的数量日益增多。这些角色都是为解决某些特定的问题服务的。

领导者有责任帮助员工成长，并发挥他们的全部潜质，这意味着领导者

---

① Michael Fullan. Turnaround Leadership [J]. The Educational Forum, 2005, Winter (69): 174-181.

② ED470967 2002-11-00 Trends in School Leadership. ERIC Digest. ERIC Development Team. http://www.eric.ed.gov.

需要提供员工们独立行动所需的技术、信息、工具和权力①。鉴于前面论述过的学校的双重组织结构特性，学校能力建设也是有针对性的。本文主要论述的是学校中层干部执行力的发展和教师专业成长力的建设。

1. 提升中层干部执行力

在当代中国社会变迁与教育变革的背景下，学校变革已经从课堂教学变革、班级建设变革拓展到学校管理变革。学校管理团队中的中层干部，就是学校转型与管理变革中不可缺失的变革力量②。很多研究者认为，执行力是一个组织的核心竞争力之一。而在学校这个组织视域内，我们所关注的执行力建设主要集中在中层干部层面。中层干部主要指学校内部各职能部门的主要负责人，在我国大部分中小学校里，中层干部主要包括具体分管教务处、政教处、总务处、学生处、团支部、工会等的负责人，主要是联系学校领导层与一线教师的枢纽，承上启下，在确保学校组织内部沟通顺畅、各项决策顺利执行的中坚力量。

在以简单性科学为哲学视野的学校中，传统的学校管理系统中，中层干部就是一个上传下达的中介。中层干部主要是校长等领导的"传声筒"，将校长的命令传达到一线教师那里，然后再进行反馈和监督，中层本身的意见、看法并未得到应有的重视。校长需要创造性执行上级教育行政部门的政策、任务，而中层干部也需要创造性执行学校的决策。

创造性执行所针对的是照本宣科与人云亦云，后者并非真正的执行。学校所面临的环境变化迅速，校长所面临的情境日益复杂，校长在学校中所处的位置是带领大家"做正确的事"，即解决方向问题；而管理层的任务是"把事做正确"，此时的本质就是执行力。当然，"把事做正确"并非一件简单的事。在学校里，校长在增强中层干部执行力需要注意如下两点。

（1）提升中层干部自我管理能力，构建有效的沟通渠道

一所学校能否办好，关键是广大干部教师是否认同学校发展愿景、认可学校办学目标、创造性地执行教育决策与教育措施，也就是学校的执行力如

---

① 理查德·L. 达夫特. 领导学：原理与实践：原书第 2 版［M］. 杨斌，译. 北京：机械工业出版社，2005：111.

② 李家成. 学校变革视野下的中层管理者成长［J］. 人民教育，2007（24）：22-24.

何。在中小学，承担执行职能的骨干力量是中层干部。中层干部是学校教育教学管理的骨干分子，是校级干部和教师之间的桥梁和纽带，是落实学校教育教学管理措施的中坚力量。中层干部的素质与能力，直接关系到学校的管理水平、教育质量、办学成绩。

学校在从等级森严的组织结构转换成扁平化的组织结构时，需要切实加强中层管理的力量，发挥其独特的价值。从中层干部自身来看，长期的工作方式和外部期待，也形成了这一群体工作创造性相对缺乏的问题。在对一位知名校长进行采访时，这位校长给我讲了一个故事，他当时刚刚调到一所中学担任校长，适逢学期初，他组织中层干部开会，协商新学期的工作计划，结果发现，几乎所有的中层干部都没有准备，很多中层干部说："以前都是校长先在学期初出一份总的计划，然后我们根据校长的总计划制订各部门计划。"总体来说，中层干部对于学校发展的参与感非常低，他们的自我定位仍旧是被动的命令接收者和传达者，主动性不强，并不善于思考。中层干部这种状态的形成与校长的"万能式"领导不无相关。在提升中层干部的执行力之前，充分调动他们的积极性，培养主人翁精神是非常重要的。校长要帮助教师将自身视为领导者，或者有领导的潜力和责任。关于学校变革，教师可以提供强有力的、深刻的见解，因为教师熟知学校实践的情况，这是政策制定者和课程开发者几乎都没有的能力，只有这样学校的发展才能真正实现。要确信教师是领导者或有潜力进行领导的负责人和管理者[1]。在学校决策推行之前充分了解中层干部的意见是保证决策有效执行的一个重要途径。因此，要在学校内部开发沟通的有效方法，保持开放、有效的沟通渠道。

将学校从一个由章程、规则、人物组成的组织转换为有意识地自我管理的团队应该是复杂性科学视野的目标。校长鼓励中层干部自我管理非常重要。校长如何鼓励自我管理、帮助中层干部发展自我管理能力呢？首先，校长要向追随者解释追随者需要自我管理的理由，加里·尤克尔指出，自我管理包括行为和认知两种战略，其中行为战略包括自我奖励、自我惩罚、自我监督、自我确定目标、自我演练、自我暗示等；而认知战略主要是帮助人建立信心

---

① P Taylor Webb, Maureen Neumann, Laura C Jones. Politics, School Improvement, and Social Justice: A Triadic Model of Teacher Leadership [J]. The Educational Forum, 2004, Spring (68): 254-262.

和乐观的心态①。其次，校长可以尝试建立一个自我管理的范式，让干部、教师可以从实践中获取深刻的体会，在这个过程中，适当的授权是非常必要的。

（2）重视中层干部的培训

当前，校长的培训和教师的专业化发展都得到了前所未有的重视，可是有一个重要的层面——中层管理人员的培训和学习却是一个薄弱环节。大部分管理人员都只能凭借自己的经验进行工作，缺乏系统的管理知识。从教师层面看，传统的学校管理状态下，教师既没有真实地从中层干部这里获得发展的支持，也难以真正给中层干部的工作及其个体发展提供真实的支持力量。在教学研究、个体学习等方面，教师与中层管理干部之间都没有真正形成融合的力量。

因此，首先要培养中层干部对教学工作的持续关注。教学是学校工作的核心，学校的领导与管理主要是为教学服务的，中层干部有责任帮助教师解决教学中存在的问题，就我国的中小学现实来讲，大部分中层干部都是因为教学出色从一线教师中提拔起来的，他们非常了解教学实践。但是很多教师"提升"为中层干部不再上课后，很快就不再关注学校的核心工作，这不利于学校整体工作的开展。其次，提升中层干部的领导能力，中层干部从学校的范畴来看是追随者，但是在自己的部门领域内又是领导者，校长在领导过程中会把大量的教育教学专业学术管理、具体事务管理的权力下放，中层干部也从"上传下达"的身份中摆脱出来。因此，中层干部对于学校核心价值目标的认同，以领导者的视角考察学校的发展，有大局观、统筹协调能力是非常重要的。再次，培养中层干部熟知现代管理理论，提升管理技巧，掌握判断、计划、监督等技能，职权明确，保证学校各项工作顺畅而有效的开展。

2. 加强教师专业成长力

教学组织的核心活动是教与学的过程，这就要求处于教育系统基层的教师对这一过程进行控制。加强教师专业成长力主要是指加强教师改变自身思

---

① 加里·尤克尔. 组织领导学［M］. 陶文昭，译. 北京：中国人民大学出版社，2004：158.

维模式及行为的能力，教师的专业发展应是一种主体行为，它不仅来自外在的要求与规定，更在于自身的一种需求而产生的动力，或者说，把外在的要求与规定内化为自己的需求，转化为自己的自觉行为。学习将会改变教师的生活方式，改善教师的生存状态。其实，学习应成为教师的工作方式和生活方式。

校长不要一味地强制和控制，应该致力于与全体员工分享权力，提升全体教师的领导力。教师会敞开心扉，转变角色，承担更多责任。校长通过自己的行为，如设计合适的组织结构、建立灵活的制度体系、鼓励学校成员参与学校管理，以及通过对教学的领导①，如向教师介绍新的教学方法和指导开发新的教学资源、对课堂发生的一切表现出浓厚的兴趣、对课堂进行实地观察、激励教师改进学生成绩的意识等，为教师的专业成长、学生的健康成长创造支持性的组织环境、教学情境和学习情境，从而促进教师专业能力的提升，从而间接地影响学生的学习成果。

教师是决定课堂活动和创造课堂气氛的中心人物。教师在决定课堂事务，如在选择教材、确定班级组织、使用教学程序等方面完全有自主权。在当前的学校情境中，教师不再是简单的"教书匠"，把书本知识直接传授给学生即可，教师不再是"唯唯诺诺"的"盲从者"或是"斤斤计较"的投入者，应该是具有独立意识和批判精神的思考者、实践者，在这个过程中，校长首先要加强教师的理论知识学习，提升教师整体能力，确保全体教职员工知道有关有效学校教育的最新理论和实践并就学校理论和实践的公认观点展开讨论，这需要深度学习和系统思考。

很多校长习惯于找到一种"最好的实践模式"的样板，然后指挥自己学校的教师们按照这样的样板去操作。这种做法虽然看起来节省了时间，提高了效率，但实际上从长期考虑来看是不合时宜的。盲目的照搬与模仿并不能从根本上找到问题的根源，不能呼应现实需要，校长必须加入到教师团队中，与教师共同学习，在时间和资源等很多方面给予支持，感受问题，努力寻找解决办法。

较高的教学领导能力能有效引领学校的教学研究，提高教师的教学素养，

---

① W van de Grift, A A M Houtveen. Educational leadership and pupil achievement in primary education [J]. School Effectiveness and School Improvement, 1999, 10 (4): 387.

从而保证学校教学工作在一定的水平之上自主和可持续的开展。所谓教学领导力，就是一种学科素养以及凝聚效应支撑下的专业感召力，主要包括学科研究与判断引领能力、人际沟通与协调能力和与之相匹配的某些特质（如敏锐、接纳、宽容、冒险等）。①

校长对教师专业成长力的引领要注重以下几个环节。

其一，从价值上讲，校长应该帮助教师意识到专业成长是自身价值的实现，而非仅仅具有工具性目的。传统上，组织一向支持大家朝工具性的观点发展，也就是强调如果我们有了"工具性"的成长和发展，那么组织将更有效率②。这使得很多教师赋予了自身职业过多的"悲情"色彩（一味强调奉献、付出甚至牺牲），教师们找不到职业对于自身成长的价值，只重视到了工具性意义。改变必须发生在教师的内心和思想里，只有这样，才会起到切实的变化。

其二，从内容上讲，专业引领应该同时关注具体经验、实践情境以及理论提升，教师的工作主要是围绕着三个方面展开的，从具体经验上给予指引、从实践情境上给予关照同时重视理论提升，向教师展示教育理论向教师实践智慧转化的必然性和过程，是专业引领的核心意义。教师能够非常自信地运用知识、技能和能力，有良好的判断，能够在变化的环境中解决复杂问题是我们希望达成的目标。

其三，从过程上讲，专业引领应该引领教师不断自我反思，在反思的基础上总结、归纳并再次进行验证。

其四，从方式上讲，专业引领可以运用很多种方式，可以为教师与专家间构建沟通方式，如对话、现场指导、专题讲座和示范等，还可以为教师创造共同成长的情境，如示范课、集体备课、文化沙龙等，让教师真正实现从理论到实践的转换，生成实践智慧。

创造有利于教师专业成长的心理环境是非常重要的。增强他人的实力需要领导者提供一种有益于学习的环境。教师愿意学习——转变思维、发展新

---

① 上海市徐汇区"中小学教研组长专业发展研究"项目组. 提升教学领导力——中小学教研组长的角色、培养与管理探析 [J]. 上海教育科研, 2006 (6)：71-73.

② 彼得·圣吉. 第五项修炼——学习型组织的艺术与实务 [M]. 郭进隆，译. 上海：上海三联书店，1998：172.

技能——的首要要求是他们有一种安全感：他们必须感到能够信任整个组织体系和身在其中的人。没有一定水平的安全感，他们不会自愿去接受看来带有一定危险性的信息，或者去发展什么新技能。一种以信任和公开性为特征的学习环境，是任何学校都应努力寻求变化、取得成功的一个重要征兆。有了信任和公开，人们就会拥有强烈的愿望来交流彼此之间的情感，探讨问题。当人们感到自己有听众时，就可获得更多的信息，他们有了更多的共同的经历和理由来开展合作。

在结束本章之前，笔者需要再次强调的是，校长领导力变革是整体性变革。随着我国社会不断的发展变化，各类组织和社会中涌现出种种问题，这些问题与其他问题以复杂的关系交织在一起，大部分问题的解决都不仅是"问题本身"的事情。

埃德加·莫兰在《复杂性理论与教育问题》中对"整体性"的观点有过具体阐述。他指出，科学的学科在以前的发展一直是愈益分割和隔离知识的领域，以致打碎了人类的重大探寻总是指向它们的自然实体：宇宙、自然、生命和处于最高界限的人类。新的科学如生态学、地球科学、宇宙学都是多学科的或跨学科的，它们的对象不是一个部门或一个区段，而是一个复杂的系统，形成一个有组织的整体。整体不能被还原为部分。我们需要这样一种思想方式：它懂得对部分的认识依赖于对整体的认识和对整体的认识依赖于对部分的认识；它能够辨识和处理多方面的现象，而不是以肢解的方式使每个方面鼓励与其他的方面；它能够辨识和处理既相互关联又相互斗争的实在；它既尊重差异性又看到统一性。因此，应该把任何事件、信息或知识放置于它们与其环境的不可分离的联系之中，这个环境是文化的、社会的、经济的、政治的、当然还是自然的。它不仅把一个事件定位于其背景，它也促使看到这个事件怎样或者改变这个背景，或者另样地说明这个背景。复杂性的思想不满足于把任何事物或事件纳入一个"框架"或一个"视界"之中，而总是寻求在任何现象与其背景之间的相互的、反馈的作用的关系，整体与部分之间的相互作用——一个局部的改变怎样在整体上引起反应以及一个整体的改变怎样在各个部分上引起反应。这同时涉及多样性内部的统一性和统一性内部的多样性。

学校是一个需要娴熟的、多层面领导力的社会组织①。学校效能改进的研究表明，领导在确保学校生命力和学校发展中会起到重要的作用。改革是必需的，而领导力在改革过程中的重要地位已经得到了普遍的认可。索斯沃斯等提出，在标准化体制内学校领导力的界定方式和实践方式存在重大变革的需要②。在当前学校改革和责任环境里，学校正处于相当复杂的舞台上。推动学生改善学习是一个巨大的问题，任何一个领导者都很难独自掌控。过去，教师被期望"被领导"而非主动"领导"学校变革。然而在新的世纪，学校需要教师承担一种学校整体改革所需要的角色。事实上，如果没有教师在设计和实施学校变革中的参与，大部分改革的努力都将是失败的。

在过去的几十年，随着思维方式的转变，连续性思维超越二元对立思维、实体要素思维转向关系思维、非线性思维超越线性思维、还原思维转向整体思维，教育研究者与实践者开始重新审视教育变革的努力方向。学校自身的变革，不能仅仅关注一个一个的要素问题或局部问题，而必须处理好各要素、各部分之间复杂的相互联系与相互作用，关注整体，重视学校整体的改善。校长领导力是多层面的，包括组织层面、团队层面和二元层面，任何一个层面都无法取代，三个层面共同构成了校长领导力分析的整体性框架。鉴于校长领导力的多层面、复杂性特征，我们必须要强调的是，校长领导力的提升是一场整体性变革。整体性变革将对整体的关注放在对局部的关注之前，关注部分之间的关系、互动以及相互合作，关注每个部分的同时更关注部分是否服从于整体的目标。

校长领导力的组织层面解决的是校长如何使学校更有效地适应环境问题，涉及校长对学校组织的基本定位、对外界环境的把握、学校发展愿景和价值观等方向性问题，在纷繁复杂的环境中，校长对学校发展的引领非常重要。校长领导力的团队层面解决的主要是学校文化和组织结构问题，这是一所学校发展的依托，提升团队效能的关键所在。校长领导力的二元层面解决的是校长领导过程中最基本的关系问题，有学者指出，影响别人行为的行为谓之"领导"，影响别人行为的能力谓之"领导力"。"领导力"的本质是一种人

① J. Clint Kinkead. Leadership: A Service to Humanity [R]. Dalton: Dalton State College, 2006.
② Geoff Southworth, Heather Du Quesnay. School Leadership and System Leadership [J]. The Educational Forum, 2005, Winter (69): 212-220.

际关系、一种影响力①。这种定义的角度从一个侧面表明二元关系即领导者与被领导者间的关系在领导力实施过程中的重要意义。简要地说，三个层面中校长的组织发展引领力是方向，团队效能提升力是依托，二元关系构建力是基础，三者在一个完善的领导力体系中缺一不可。

还原论是简单性科学的重要方法论之一，认为只要构成整体的各个组成部分都会获得良好的发展，整体就一定会获得良好的发展。前面我们已经谈到了，这种看法是不对的。每个部分是否都服从整体的目标就是一个关键的问题。就拿校长领导力的团队层面来说，不可否认科层制是提升团队效能最有效率的一种机制，但只运用科层制来解决所有教师问题是不够的，而且会带来很多问题诸如抑制教师的创造性之类的情况，不仅无益于原有问题的解决，反而带来了新的问题。

因此，校长领导力的提升是一场整体性的变革，而且需要一个过程。孰先孰后、以哪个层面为切入点要根据每个学校的具体情况来决定。比如，当校长与教师的目标和兴趣不相一致的情况下，交易式领导有助于推动工作的开展，校长通过给教师他们想要的东西来换取对学校发展有益的事情，这时，交易式领导不是领导的本质，而是一种手段，在这个过程中，校长可以着力于提供一种支持性氛围并创设良好的人际关系，这种氛围和关系可以增加满足教师成就、职责、能力和尊重等需要的机会；当教师与校长的目标和兴趣开始互相接近时，校长就可以与教师共同沟通组织愿景，与全体教师一起共同投入到组织愿景的实现中，在这个过程里，学校内一些组织形态会慢慢发生变化，将学校共享愿景和价值观的活动制度化。

---

① 郄永忠. 优秀领导力的共同基因 [J]. 企业管理，2006（8）：15-17.

结　语

　　在最后，还是要强调一下本文对校长领导力所下的定义，即校长领导力，就是校长在实现学校愿景、推动学校发展的过程中影响全校教师、员工和以学生为代表的利益相关者的能力，以及与全校教师、员工和以学生为代表的利益相关者之间的相互作用。主要包括如下过程：校长引领学校适应环境、实现愿景的过程、校长通过调整学校组织机构提升学校效能的过程以及校长与教师二元关系构建的过程。

　　领导的核心含义是大家公认的，即基于实现组织目标的基础上对他人的影响，而且，不同于管理的是，领导既能够发生于组织内部，还能发生于组织外部。在组织内部，领导能够在大多数层面和活动中体现出来。学校中的领导不是任何职位特有的，能够在学校的各个地方发现和建立。而管理主要是通过正规的结构和程序满足自身的中心目标，更多地与正式的职位绑在一起。校长是一个组织职位，承载着责任和义务，其权威主要由追随者和组织职位判定。领导者通过影响发生作用，校长可以通过强迫也可以通过命令或影响来发生作用。领导影响追随者选择方向，校长受到组织目标和主要任务的约束，其成功或失败由此判定。领导者对追随者有责任，对满足组织目标和系统目标有责任。校长承担着正式的职位权力，同时还要对学校的活动负责。理想的情况是，在实现分配领导和管理的过程中，校长通过影响而非强迫来进行领导，影响组织使学校实现广泛的目标。从中心而非从顶层开始领导是可能的，在人员和职责间蔓延领导力是可能的。

复杂性科学主要是研究复杂系统和复杂性的交叉学科，在自然科学领域和社会科学领域正在引起极大的关注。教育是一种非常复杂的社会现象，随着复杂性科学的发展和人们对教育实践活动所蕴涵复杂性认识的不断深入，许多学者都在尝试用复杂性科学的理论和方法来研究教育系统中的复杂性问题，运用复杂性科学视野研究校长领导力问题是本文的主要视角。

变革是当前这个时代的主要标记，学校变革成为常态。在理解学校变革时我们需要把握以下几点：第一，学校是国家教育改革的细胞组织，是教育的实践主体，教育改革的每一步都要在学校的范畴中进行；第二，学校变革是复杂的、有深度的、动态的，是非直线的，充满着不确定性；第三，学校变革是充满自觉性的活动，是学校及学校全体成员为了使学校获得更好的发展所做出的主动选择；第四，学校变革是一个过程，而不是一个事件。当前我们的学校变革有如下趋势：变革思路由被动依赖到主动选择，由"千校一面"到特色化发展，由"头痛医头、脚痛医脚"到"整体性变革"；学校组织结构由"权威结构"或"韦伯结构"到"专业结构"；管理重心由外控管理到校本管理；教师群体与受教育群体日趋多样化。在动态的环境中，教育的基本概念和教育领导永远不够完美，永远处于不断完善之中。

与简单性科学和复杂性科学相呼应的校长领导力取向分别为"秩序与稳定"取向以及"发展与创新"取向。结合这两种趋向分析校长领导力的三个层面，可以让我们更加清楚校长领导力的作用过程，以及如何结合当前具体情境使校长领导力得以提升。也就是说，分析不同并不是我们的最终目的，我们最终想要获得的，是如何才能够帮助校长从"实然"的领导状态走向"应然"的状态。因此本文的落脚点就是，校长在二元关系构建力、团队效能提升力以及组织发展引领力方面怎样改善，才能更加适应当前变革的环境、更好地发挥领导力、不断推动学校组织向前发展。下页表可以清楚地展现出两种不同取向的领导力其要素对比。

校长领导力构成要素对比

校长领导力取向	以"秩序与稳定"为取向	以"发展与创新"为取向
哲学背景	简单性科学	复杂性科学
组织发展引领力	被动反应	有效适应环境
	外力驱动	主动引领变革
	"推广"个人愿景	开发组织愿景
	制定静态目标	动态生成目标
团队效能提升力	万能的校长	变革的推动者
	学校结构科层化	学校结构双重化
	学校文化较松散	学校文化联结紧密
二元关系构建力	人性假设：工具人	人性假设：复杂人
	性质：管理沟通	性质：领导沟通
	方式：控制或交易	方式：激励或授权
	结果：层阶关系的形成	结果：伙伴关系的形成

领导是决定教育机构，或是一所学校、学院、大学成功与否的一个主要因素。如何运用复杂性科学的方法论使校长更好地实施领导力、更适应当前学校情境的发展、走向"应然"的状态，是本文的落脚点。

首先需要明确的是校长领导力提升是整体性的变革。校长领导力的组织层面解决的是校长如何使学校更有效地适应环境问题，涉及校长对学校组织的基本定位、对外界环境的把握、学校发展愿景和价值观等方向性问题，在纷繁复杂的环境中，校长对学校发展的引领非常重要。校长领导力的团队层面解决的主要是学校文化和组织结构问题，这是一所学校发展的依托，提升团队效能的关键所在。校长领导力的二元层面解决的是校长领导过程中最基本的关系问题，三个层面中校长的组织发展引领力是方向，团队效能提升力是依托，二元关系构建力是基础，三者在一个完善的领导力体系中缺一不可。整体性变革将对整体的关注放在对局部的关注之前，关注部分之间的关系、互动以及相互合作，关注每个部分的同时更关注部分是否服从于整体的目标。

从组织发展的视角来讲，校长如何把握学校所处的大环境、如何树立学校愿景、怎样设定战略目标、如何获取信息和资源是主要问题，在组织层面校长领导力的提升主要包括两点，即凝练学校组织的核心愿景及价值观、营造利于变革的组织环境。校长的核心愿景应该是将学校建设成为以育人为核心的、充满人文关怀的教育组织、重视沟通与合作的学习共同体、迎接挑战、主动变革的实践主体，以实现促进人的成长与发展的终极价值。在营造利于变革的组织环境方面，文章首先分析了学校内阻碍变革的原因，同时提出要跨越变革障碍、主动引领变革，就要循序渐进创造利于政策推行的心理环境；充分运用智慧，在超越现实局限过程中把握创造空间；重视学习和沟通。

领导力的团队过程主要表现为在一个任务团队中领导角色的性质，以及一个领导者如何贡献于团队的效能。从学校内部的角度来讲，校长该如何通过实施领导力提高团队效能从而实现发展呢？学校具有双重组织特征，这给校长领导带来了一定的挑战。在团队层面校长需要重视从行政命令走向专业引领，为教师发挥创造性开拓空间并构建紧密联结的文化。在此过程中，校长需要调整学校中层组织结构，使之能更好地适应学校发展；鼓励教师非行政性团队的创建。而且，紧密联结文化的核心特征是共享性与合作性，校长要以团队建设培养合作意识；以文化的语言和方式传播文化；重视学校文化特殊性与一般规律的结合。

二元关系构建力主要描述的是领导者构建自身与追随者之间关系的能力以及两者相互影响的过程，是领导力的基础。在二元层面校长需要授权与分享领导力，进行能力建设。在进行能力建设的过程中，校长需要通过提升中层干部自我管理能力、构建有效的沟通渠道以及重视中层干部的培训来提升中层干部的执行力，同时加强教师专业成长力。

当然，本书的研究还有很多不足，本书力图将校长领导工作中面临的所有问题全部划归到组织、团体和二元关系三个层面中，一些交织在一起的共同问题比较"理想化"。如何把握各个层面间的互动关系是今后研究的重点；而且校长领导力的提升最终是个实践问题，能够拥有长期中小学实践工作经验是非常重要的，但笔者在这方面还有欠缺，这是在今后的研究中需要加强的。总的来说，校长领导力的研究还可以有很大的空间。

参 考 文 献

中文著作

1. 蔡怡. 道德领导——新型的教育领导者 [M]. 北京：教育科学出版社，2009.

2. 陈如平. 校长发展在美国——美国中小学校长的历史考察 [G] //中国教育报校长周刊部. 校长角色与校长发展. 北京：开明出版社，2005.

3. 陈振明. 政策科学——公共政策分析导论：第二版 [M]. 北京：中国人民大学出版社，2003.

4. 冯大鸣. 美、英、澳教育管理前沿图景 [M]. 北京：教育科学出版社，2004.

5. 龚正行. 给新校长的 50 条建议 [M]. 北京：人民教育出版社，2005.

6. 胡百良. 校长的特殊使命 [M]. 北京：教育科学出版社，2006.

7. 黄济，王策三. 现代教育论 [M]. 北京：人民教育出版社，1996.

8. 黄欣荣. 复杂性科学的方法论研究 [M]. 重庆：重庆大学出版社，2006.

9. 黄旭，张文质. 中小学校长的一天 [M]. 福州：福建教育出版社，2006.

10. 顾明远. 教育大辞典：第一卷 [M]. 上海：上海教育出版社，1990.

11. 李恒威. "生活世界" 复杂性及其认知动力模式 [M]. 北京：中国社会科学出版社，2007.

12. 李剑萍. 校长领导与学校效能的实证研究 [M]. 济南：山东人民出版社，2005.

13. 刘放桐. 现代西方哲学 [M]. 北京：人民出版社，1990.

14. 刘卫平，王莉丽. 全球领导力 [M]. 北京：清华大学出版社，2005.

15. 鲁洁，吴康宁. 教育社会学 [M]. 北京：人民教育出版社，1998.

16. 马联芳. 60 个校长的智慧谈话 [M]. 上海：上海教育出版社，2005.

17. 孟繁华. 教育管理决策新论——教育组织决策机制的系统分析 [M]. 北京：教育科学出版社，2002.

18. 闵家胤：进化的多元论 [M]. 北京：中国社会科学出版社，1999.

19. 缪和平，杨天平. 学校管理实践哲学 [M]. 北京：人民出版社，2006.

188

20. 彭新武. 复杂性思维与社会发展 [M]. 北京：中国人民大学出版社，2003.

21. 戚万学. 冲突与整合——20 世纪西方道德教育理论 [M]. 济南：山东教育出版社，1996.

22. 陶继新. 治校之道：20 位名校长的智慧档案 [M]. 上海：华东师范大学出版社，2007.

23. 吴恒山. 学校领导者成功之道 [M]. 北京：新华出版社，2005.

24. 吴遵民，李家成. 学校转型中的管理变革——21 世纪中国新型学校管理理论的构建 [M]. 北京：教育科学出版社，2007.

25. 颜泽贤，范冬萍，张华夏. 系统科学导论——复杂性探索 [M]. 北京：人民出版社，2006.

26. 杨小微. 全球化进程中的学校变革 [M]. 上海：华东师范大学出版社，2004.

27. 杨永昌. 名校长的高绩效领导力 [M]. 北京：九州出版社，2006.

28. 叶澜. 全球化、信息化背景下的中国基础教育改革研究报告集 [M]. 华东师范大学出版社，2004.

29. 赵宏强，王敬红. 学校转型——世纪初中国校长的探索 [M]. 北京：首都师范大学出版社，2006.

30. 赵中建. 学校文化 [M]. 上海：华东师范大学出版社，2004.

31. 郑燕祥. 教育领导与改革新范式 [M]. 上海：上海教育出版社，2005.

32. 中国社会科学院语言研究所词典编辑室. 现代汉语词典 [M]. 北京：商务印书馆，1996.

33. 周俊. 学校管理案例教程 [M]. 杭州：浙江大学出版社，2006.

34. 朱国云. 组织理论的历史与流派 [M]. 南京：南京大学出版社，1997.

外文译著

1. E. 马克·汉森. 教育管理与组织行为 [M]. 冯大鸣，译. 上海：上海教育出版社，2005.

2. R. 杜富尔，R. 埃克. 有效的学习型学校——提高学生成就的最佳实践 [M]. 聂向荣，等，译. 北京：中国轻工业出版社，2005.

3. 阿历克斯·英格尔斯. 人的现代化 [M]. 殷陆君，编译. 成都：四川人民出版社，1985.

4. 埃德加·莫兰. 复杂思想：自觉的科学 [M]. 陈一壮，译. 北京：北京大学出版社，2001.

5. 埃德加·莫兰. 复杂性理论与教育问题［M］. 陈一壮，译. 北京：北京大学出版社，2004.

6. 艾格·B.S. 萨伦森，史蒂芬·L. 摩根. 学校效能——理论和方法论问题［G］// 莫琳·T. 哈里楠. 教育学会学手册. 傅松涛，孙岳，译. 2004.

7. 艾萨克·康德尔. 教育的新时代——比较研究［M］. 王承绪，译. 北京：人民教育出版社，2001.

8. 安迪·哈格里夫斯. 知识社会中的教学［M］. 熊建辉，陈德云，赵立芹，译. 上海：华东师范大学出版社，2007.

9. 彼得·圣吉. 第五项修炼——学习型组织的艺术与实务［M］. 郭进隆，译. 上海：上海三联书店，1998.

10. 罗伯特·G. 欧文斯. 教育组织行为学［M］. 窦卫霖，等，译. 华东师范大学出版社，2001.

11. 布赖恩·J. 卡德威尔，吉姆·M. 斯宾克斯. 超越自我管理学校［M］. 胡东芳，等，译. 上海：上海教育出版社，2005.

12. 达尔·尼夫. 知识经济［M］. 樊春良，冷良，译. 珠海：珠海出版社，1998：20.

13. 达夫特. 领导学：原理与实践［M］. 杨斌，译. 北京：机械工业出版社，2005.

14. 丹尼尔·A. 雷恩. 管理思想的演变［M］. 孙耀君，等，译. 北京：中国社会科学出版社，1997.

15. 菲利普·霍奇森，兰德尔·怀特. 变革领导力［M］. 陈宇峰，译. 北京：北京大学出版社，2007.

16. 弗朗索瓦·佩鲁. 新发展观［M］. 张宁，丰子义，译. 北京：华夏出版社，1987.

17. 富兰. 学校领导的道德使命［M］. 中央教育科学研究所，加拿大多伦多国际学院，译. 北京：教育科学出版社，2005.

18. 吉纳·E. 霍尔，雪莱·M. 霍德. 实施变革：模式、原则与困境［M］. 吴晓玲，译. 杭州：浙江教育出版社，2004.

19. 加里·尤克尔. 组织领导学［M］. 陶文昭，译. 北京：中国人民大学出版社，2004.

20. 杰拉德·C. 厄本恩，拉里·W. 休斯，辛西娅·J. 诺里斯. 校长论：有效学校的创新型领导：第4版［M］. 黄崴，龙君伟，译. 重庆：重庆大学出版社，2004.

21. 柯尔伯格. 道德教育的哲学［M］. 魏贤超，等，译. 杭州：浙江教育出版社，2003.

22. 克里夫·贝克. 优化学校教育——一种价值的观点 [M]. 戚万学，赵文静，唐汉卫，王向华，译. 上海：华东师范大学出版社，2003.

23. 库泽斯. J.，波斯纳. B. 领导力 [M]. 李丽林，杨振东，译. 北京：电子工业出版社，2004.

24. 莱文. 教育改革——从启动到成果 [M]. 项贤明，洪成文，译. 北京：教育科学出版社，2004.

25. 理查德·H. 霍尔. 组织：结构、过程及结果 [M]. 张友星，刘五一，沈勇，译. 上海：上海财经大学出版社，2003.

26. 理查德. L. 达夫特. 领导学：原理与实践：原书第 2 版 [M]. 杨斌，译. 北京：机械工业出版社，2005.

27. 罗伯特·G. 欧文斯. 教育组织行为学 [M]. 窦卫霖，温建平，王越，译. 上海：华东师范大学出版社，2001.

28. 罗伯特·G. 欧文斯. 教育组织行为学——适应型领导与学校改革 [M]. 窦卫霖，温建平，译. 北京：中国人民大学出版社，2007.

29. 马尔扎诺. 学校如何运作：从研究到实践 [M]. 杨宁，卢扬，译. 北京：中国轻工业出版社，2005.

30. 马歇尔·戈德史密斯，艾伯特·维切雷，贝弗利·凯，维贾伊·戈文达拉扬. 领导力是什么 [M]. 燕青联合，译. 北京：中国劳动社会保障出版社，2007.

31. R. 马扎诺，T. 沃特斯，B. 麦克那提. 学校领导与学生成就 [M]. 邬志辉，译. 北京：中国轻工业出版社，2007.

32. 迈克尔·C. 杰克逊. 系统思考——适于管理者的创造性整体论 [M]. 高飞，李萌，译. 北京：中国人民大学出版社，2005.

33. 米歇尔·海克曼，克雷格·约翰逊. 领导学 [M]. 王瑞华，译. 上海：上海人民出版社，2004.

34. 普里戈金，斯唐热. 从混沌到有序 [M]. 曾庆宏，沈小峰，译. 上海：上海译文出版社，1987.

35. 乔恩·P. 豪威尔，丹·L. 科斯特利. 有效领导力 [M]. 付彦，等，译. 北京：机械工业出版社，2003.

36. 申完善. 彩色领导力 [M]. 宋红兰，译. 广州：广东经济出版社，2005.

37. 斯蒂芬·J. 鲍尔. 教育改革——批判和后结构主义的视角 [M]. 侯定凯，译. 上海：华东师范大学出版社，2002.

38. 斯蒂芬·P. 罗宾斯. 组织行为学 [M]. 孙健敏，李原，译. 北京：中国人民大学出版社，2005.

39. 斯蒂芬·P. 罗宾斯. 组织行为学 [M]. 孙健敏，李原，等，译. 北京：中国人民大学出版，1997.

40. 特伦斯·E. 迪尔. 肯特·D. 彼得森. 校长在塑造学校文化中的角色 [M]. 王亦兵，译. 北京：中国青年出版社，2006.

41. 托马斯·J. 萨乔万尼. 道德领导：抵及学校改善的核心 [M]. 冯大鸣，译. 上海：上海教育出版社，2002.

42. 托马斯·J. 萨乔万尼. 校长学：一种反思性实践观 [M]. 张虹，译. 上海：上海教育出版社，2004.

43. 韦恩·K. 霍伊，塞西尔·G. 米斯克尔. 教育管理学：理论·研究·实践 [M]. 范国睿，译. 北京：教育科学出版社，2007.

44. 约翰·阿戴尔. 领导技能 [M]. 翁文艳，译. 上海：上海人民出版社，2006.

45. 约翰逊. 学校的持续变革：超越差异，关注品质 [M]. 陈海燕，译. 北京：中国轻工业出版社，2006.

46. 郑燕祥. 学校效能与校本管理：一种发展的机制 [M]. 陈国萍，译. 上海：上海教育出版社，2002.

中文期刊及报纸

1. S.C. 普尔奇，M.S. 史密斯. 学校改革：学区政策对有效学校文献的启发 [J]. 基础教育杂志，1985, 85 (12)：353-389.

2. 陈一壮. 埃德加·莫兰的"复杂方法"思想及其在教育领域内的体现 [J]. 教育科学，2004 (2)：1-5.

3. 丁栋虹，朱菲. 领导力评估理论研究述评 [J]. 河南社会科学，2006 (3)：123-126.

4. 范国睿. 从时代需求到战略抉择：社会转型期的学校变革 [J]. 教育发展研究，2006 (1)：1-7.

5. 范国睿. 复杂性科学与教育组织管理研究 [J]. 教育研究，2004 (2)：52-58.

6. 方浩. 比尔·波拉德：中国企业的核心竞争力就是领导力 [J]. 当代经理人，2005 (11)：78-79.

7. 方英范. 提升"领导力" [J]. 上海教育，2006 (6A)：48-49.

8. 冯建军. 教育研究范式：从二元对立到多元整合 [J]. 教育理论与实践，2003 (10)：9-12.

9. 龚波，郭召志. 实践理论：提升校长领导力的知识基础 [J]. 教育理论与实践，2005 (6)：20-24.

10. 关景双. 教学领导力不容忽视 [J]. 上海教育, 2006 (6A): 52.

11. 和学新. 社会转型与当代中国教育转型 [J]. 华中师范大学学报 (人文社会科学版), 2006, 45 (2): 135-140.

12. 黄俊汉. 试论提升领导力 [J]. 经济与社会发展, 2005 (1): 73-76.

13. 黄颖. 和谐城市与城市领导力建设 [J]. 领导科学, 2006 (3): 40-41.

14. 蒋鸣和. 推进基础教育信息化的几点思考 [J]. 教育发展研究, 2003 (12): 33-36.

15. 杰伊·康格, 道格拉斯·莱德. 领导力素质模型的反思 [J]. 钟孟光, 编译. 管理@人, 2007 (1): 12-14.

16. 雷强. 关于"卓越领导者"理论的几个问题 [J]. 理论探索, 2005 (5): 138-140.

17. 李昌明. 领导力与造就优秀企业人才 [J]. 经济论坛, 2005 (6): 75-76.

18. 李光炎. 领导力与生产力 [J]. 中国桂林市委党校学报, 2001 (1): 30-32.

19. 李林, 童新洪. 基于项目绩效的领导力模型 [J]. 现代管理科学, 2005 (9): 65-67.

20. 李万全. 五表领导力 [J]. 企业文明, 2004 (11): 23-26.

21. 林宜龙. "领导力"何处修炼? [N]. 民营经济报, 2007-01-08 (A01).

22. 林正大. 领导力的三个层次 [J]. 现代企业教育, 2002 (11): 12-13.

23. 刘吉. 试论领导力 [J]. 党政论坛, 1988 (7): 46-49.

24. 刘明辉. 论构建社会主义和谐社会的领导力 [J]. 中共福建省委党校学报, 2005 (12): 20-23.

25. 娄立志. 论学校教育对其本源价值的背离 [J]. 齐鲁学刊, 2002 (3): 84-89.

26. 卢乃桂, 操太圣. 论教师的内在改变与外在支持 [J]. 教育研究, 2002 (12): 55-59.

27. 孟繁华, 田汉族. 走向合作: 现代学校组织的发展趋势 [J]. 教育研究, 2007 (12): 55-59.

28. 马建新. 有效领导力的构成及提升途径 [J]. 理论界, 2007 (1): 48-49.

29. 苗东升. 复杂性科学的社会文化背景——兼评形形色色的"后"字牌和"终结论"思潮 [J]. 中国人民大学学报, 2004 (2): 82-88.

30. 邱霈恩. 领导力: 制胜新世纪的关键力量 [J]. 领导科学, 2002 (3): 12-13.

31. 任长江. 美国企业的领导力开发 [J]. 中国人才, 2004 (10): 74-75.

32. 任真, 王石泉, 刘芳. 领导力开发的新途径: "教练辅导"与"导师指导" [J]. 外国经济与管理, 2006 (7): 53-58.

33. 上海市徐汇区"中小学教研组长专业发展研究"项目组. 提升教学领导力——中小学教研组长的角色、培养与管理探析 [J]. 上海教育科研, 2006 (6): 71-73.

34. 谭荣邦. 论执政党的领导力创新 [J]. 理论前沿, 2004 (8): 2.

35. 童中贤. 领导力：领导活动中最重要的功能性范畴 [J]. 领导与管理，2002（4）：95-97.

36. 童中贤. 领导力决定成败 [J]. 领导科学，2006（22）：30-31.

37. 童中贤. 领导力运行机制的理论分析 [J]. 领导与管理，2003（3）：77-79.

38. 王崇梅，安立军. 论六赢领导力 [J]. 商场现代化，2006（3）：120-121.

39. 王蕾，车宏生，杨六琴，林晓婉. 领导力人格特质的层次结构研究 [J]. 心理科学，2004，27（3）：677-681.

40. 王强. 教育复杂性研究进展 [J]. 开放教育研究，2003（4）：16-19.

41. 文新跃. 企业领导的研究现状回顾 [J]. 集团经济研究，2006（1）：130-131.

42. 文雪，扈中平. 复杂性视阈里的教育研究 [J]. 教育研究，2003（11）：11-15.

43. 吴凤丽. 高中开设《领导力提升训练课程》初探 [J]. 课程改革研究，2007（1）：8-9.

44. 吴江. 领导力 [J]. 中国电力企业管理，2006（9/10）：103-104.

45. 吴亚林. 人的生命价值与学校教育 [J]. 教育研究与实验，2005（4）：9-12.

46. 奚洁人. 必须加强构建和谐社会的领导力建设 [J]. 毛泽东邓小平理论研究，2005（4）：26-27.

47. 郗永忠. 优秀领导力的共同基因 [J]. 企业管理，2006（8）：15-17.

48. 谢里夫·汉史蒂芬·柯维. 影响力即领导力 [J]. 21世纪商业评论，29：126-127.

49. 辛锋. 公众需要和接受怎样的领导——关于领导价值的思考 [J]. 理论探讨，2004（1）：70-72.

50. 叶澜. 世纪初中国教育理论发展的断想 [J]. 华东师范大学学报（教育科学版），2001（3）：1-6.

51. 叶澜. 实现转型：新世纪初中国学校变革的走向 [J]. 探索与争鸣，2002（7）：11-15.

52. 叶素文. 提升企业领导力的有效途径与方法 [J]. 商场现代化，2006（12）：161.

53. 尹建军. 人文精神与领导力 [J]. 前沿，2005（1）：79-80.

54. 张青林. 企业领导者的领导力 [J]. 企业家平台，2005（4）：38-39.

55. 张素玲. 在会通与融合中发展——"全球化背景下的领导与领导学国际论坛"综述 [J]. 领导科学，2005（11）：49-51.

56. 张天雪. 教育政策研究要关注校长的政策体验 [J]. 中小学管理，2004（12）：49-50.

57. 张贤. 领导力揭秘之一——领导力的本质 [J]. 中国人才，2004（7）：84-85.

58. 张小娟. 打造卓越的领导力 [J]. 领导科学, 2005 (18): 37.

59. 赵曙明, 宗骞, 吴慈生. 高绩效组织领导力转型初探 [J]. 南京大学学报 (哲学·人文科学·社会科学), 2004 (1): 54-59.

60. 赵文平, 黄正菊. 信息技术与组织的变革 [J]. 科学学研究, 1997 (12): 91-93.

61. 郑燕祥, 姚霞. 世纪初学校效能的新取向——从指向内部、联接外界到面向未来 [J]. 教学与管理, 2002 (13): 3-5.

62. 中国科学院 "科技领导力研究" 课题组. 领导力五力模型研究 [J]. 领导科学, 2006 (9): 20-23.

63. 钟启泉. 知识社会与学校文化的重塑 [J]. 教育发展研究, 2002 (1): 5-9.

64. 周伟昆. 深蓝的领导力模型 [J]. CHINA BUSINESS, 156-157.

65. 朱绪亮, 朱丽. 学校管理创新所面临的问题及策略 [J]. 企业经济, 2004 (11): 59-60.

66. 朱忠武. 领导力的核心要素 [J]. 中外企业家, 2005 (4): 32-33.

67. 宗骞, 赵曙明. 高绩效组织领导力的挑战 [J]. 现代管理科学, 2004 (1): 3-4.

英文著作

1. Adams J L. Conceptual blockbusting [M]. Perseus Books Group, 2001.

2. Alma Harris. Effective Leadership in Schools Facing Challenging Contexts [R]. New Orleans: Annual Meeting of the American Educational Research Association, 2002.

3. André Martin. 2005 Changing Nature of Leadership Report [R].

4. Baker. Creating Learning Communities : The Unfinished Agenda [G] //B A Pescosolido, R Aminzade. The Social Works of Higher Education, Thousand Oaks. Calif.: Pine Forge Press, 1999.

5. Barnard Chester. The function of the executive [M]. Cambridge: Harvard University Press, 1938.

6. Bell L, Bolam R, Cubillo L. A Systematic Review of the Impact of School Headteachers and Principals on Student Outcomes, Review Conducted by the School Leadership Review Group [M]. London: EPPI-Centre, University of London, 2003.

7. Christie, Pam, Lingard, Bob. Capturing Complexity in Educational Leadership [D]. Annual Meeting of the American Educational Research Association, 2001.

8. Cochran-Smith M, Lytle S. Inside/Outside: Teacher research and knowledge [M]. New York: Teachers College Press, 1993.

9. Darling-Hammond L. The right to learn [M]. San Francicso: Jossey-Bass, 1997.

10. David Reynolds, Charles Teddlie, David Hopkins, Sam Stringfield. Linking School Effectiveness and School Improvement [G] //The International Handbook of School Effectiveness Research. London and New York: Falmer Press, 2000.

11. Dempster N, Logan L. Expectation of School Leaders: an Australian Study [G] // J Macbeath. Effective School Leadership: Responding to Change. London: Chapman, 1998.

12. Drucker P F. Managing in a Time of Great Change [M]. Oxford: Butterworth Heineman, 1995.

13. Drucker P F. Post-Capitalist Society [M]. New York: Harper Business, 1993.

14. F Kast, J Rosenzweig. Contingency Views of Organization and Management [M]. Chicago: Science Research Associates, 1973.

15. Fullan M. Change forces: Probing the depths of educational reform [M]. London: Falmer Press, 1993.

16. Gene E. Hall and Archie A. George. School Climate: Measuring, Improving and Sustaining Healthy Learning Environments [M]. Philadelphia: Falmer, 1999.

17. Geoff Southworth. School Leadership in English Schools at the Close of the 20th Century: Puzzles, Problems and Cultural Insights [R]. New Orleans: Annual Meeting of the American Educational Research Association, 2000.

18. Grace, Gerald. School Leadership: Beyond Education Management, An Essay in Policy Scholarship [M]. Bristol: Falmer Press, 1995.

19. Handy C. The hungry spirit [M]. London: Hutchinson, 1997.

20. Hanushek E, Kain J, Rivkin S. Do Higher Salaries Buy Better Teachers? [M]. Cambridge: National Bureau of Economic Research, 1999.

21. Harry Tomlinson. Educational Leadership: Personal Growth for Professional Development [M]. London: SAGE Publications, 2004.

22. Hopkins D. Instructional Leadership and School Improvement [G] //A Harris, C Day, D Hopkins, M. Hadfield, A Hargreaves, C Chapman. Effective Leadership for School Improvement. London: Routledge Falmer, 2003.

23. J. Clint Kinkead. Leadership: A Service to Humanity [R]. Dalton: Dalton State College, 2006.

24. John Goodlad. A Place Called School [M]. New York: McGraw-Hill, 1984.

25. Judy Reinhartz, Don M. Beach. Educational Leadership: Changing Schools, Changing Roles [M]. New Jersey: Pearson Education, Inc, 2004.

26. Leadership for Turning Around Low-Performing Schools: A Western Regional Roundt-able [R]. National Governors Association, 2004.

27. Lucas, Stephen Earl, Valentine, Jerry Wayne. Transformational Leadership: Princi-pals, Leadership Teams, and School Culture [R]. New Orleans: Annual Meeting of the Ameri-can Educational Research Association, 2002.

28. M Jayne Fleener. Dissipative Structures and Educational Contexts: Transforming School-ing for the 21st Century [D]. San Francisco: American Educational Research Association Annual Meeting, 1995.

29. March James G. The Pursuit of Organizational Intelligence [M]. Malden Mass: Black-well, 1999.

30. Michael Fullan. Leading in a Culture of Change [M]. San Francisco: Jossey-Bass, 2001.

31. Noddings, N. The challenge to care in schools [M]. New York: Teachers college Press, 1992.

32. OECD. Report on Hungary/OECD Seminar on Managing Education for Lifelong Learning [R]. Budapest Paris: OECD, 2001.

33. Patrick Duignan. Educational Leadership: Key Challenges and Ethical Tensions [M]. New York: Cambridge University Press, 2006.

34. R. Marshall. Restructuring the American Work Place: Implications for the Public Sector [M]. Eugene, OR: Labor Education Research Centre, University of Oregon, 1992.

35. Research Brief—HIGH-ACHIEVING Middle Schools for Latino Students in Poverty [R]. [2010-07-28]. http://www.eric.ed.gov/PDFS/ED486590.pdf.

36. Reynolds D. Foreword. in Caldwell [G] //B. J. Spinks. The Self-Managing School. London: Falmer Press, 1988.

37. Robert J Starratt. The Drama of Leadership [M]. Bristol: Falmer Press, 1993.

38. Robert Merton. Social Theory and Social Structure [M]. New York: The Free Press, 1957.

39. Scott W Richard. Theory of organization [G] //Robert E Farris. Handbook of modern sociology. Chicago: Rand McNally, 1964.

40. Southworth G. Leading Improving Primary Schools: The Work of Heads and Deputy Headteachers [M]. London: Falmer Press, 1998.

41. Southworth G. Primary School Headteachers and Collegiality [G] //Southworth G. Readings in Primary School Management, Lewes: Falmer Press, 1987.

42. Spender D. From the factory system to portfolio living: Access, equity and selfpromotion

[D]. Canberra: Annual Conference of the Australian Council for Educational Administration on the theme "Beyond the Boundaries".

43. Susan Annunzio. Evolutionary Leadership [M]. New York: Simon & Schuster, 2002.

44. Thomas J. Sergiovanni. The lifeworld of leadership: creating culture, community, and personal meaning in our schools [M]. San Francisco: Jossey-Bass Publishers, 2000.

45. William Firestone, Karen Louis. Schools as Cultures [G] //J Murphy, K Louis. Handbook of Research on Educational Administration. San Francisco: Jossey-Bass, 1999.

英文期刊

1. Alma Harris. Distributed leadership and school improvement [J]. Educational Management Administration & Leadership, 2004, 32 (1).

2. Ann Lieberman, Lynne Miller. Teachers as Leaders [J]. The Educational Forum, 2005, Winter (69).

3. Blackmore J. A critique of neoliberal market policies in education [J]. Journal of Education Change, 2000 (4).

4. Cohen D. What is the system in systemic reform? [J]. Educational Researcher, 1995, 24 (9).

5. Davies Barbara J, Davies Brent. Developing a model for strategic leadership in schools [J]. Educational Management Administration & Leadership, 2006, 34 (1).

6. Drucker P F. Knowledge-Worker Productivity: The Biggest Challenge [J]. California Management Review, 1999, 41 (2).

7. Freeman R E, Evan W M. Corporate governance: A stakeholder interpretation [J]. Journal of Behavioral Economics, 1990, 19.

8. Fullan M. The school as a learning organisation: distant dreams [J]. Theory into Practice, 1995, 34 (4).

9. Geoff Southworth, Heather Du Quesnay. School Leadership and System Leadership [J]. The Educational Forum, 2005, Winter (69).

10. Glatter R., Kydd L. "Best Practice" in Educational Leadership and Management: Can We Identify It and Learn from It? [J]. Educational Management & Administration, 2003, 31 (3).

11. Jaap Scheerens, Bert P M Creemers. Conceptualizing School Effectiveness [J]. International Journal of Educational Research, 1989, 13 (8).

12. Jackson E, Stainsby L. Managing Public Sector Networked Organizations [J]. Public Money and Management, 2000, 20 (1).

13. Janice Jackson. Leadership for Urban Public School [J]. The Educational Forum, 2005, Winter (69).

14. Jenny Lewis; Brian J. Caldwell. Evidence-Based Leadership [J]. The Educational Forum, 2005, Winter (69).

15. Larry Lashway. Distributed Leadership [J]. Research Roundup, 2003, 19.

16. Lawlor H, Sills P. Successful Leadership-Evidence from Highly Effective Headteachers [J]. Improving Schools, 1999, 2 (2).

17. Linda Lambert. Lasting Leadership: A Study of High Leadership Capacity Schools [J]. The Educational Forum, 70 (Spring 2006).

18. Michael Fullan. Turnaround Leadership [J]. The Educational Forum, 2005, Winter (69).

19. P Taylor Webb, Maureen Neumann, Laura C Jones. Politics, School Improvement, and Social Justice: A Triadic Model of Teacher Leadership [J]. The Educational Forum, 2004, Spring (68).

20. Richard F. Elmore. Accountable Leadership [J]. The Educational Forum, 2005, Winter (69).

21. Robert J. Starratt. Responsible Leadership [J]. The Educational Forum, 2005, Winter (69).

22. Ronald Edmonds. Effective Schools for the Urban Poor [J]. Educational Leadership, 1979, 37 (10).

23. Rosemary Webb. Leading Teaching and Learning in the Primary School [J]. Educational Management Administration & Leadership, 2005, 33 (1).

24. Thomas J. Sergiovanni. The Virtues of Leadership [J]. The Educational Forum, 2005, Winter (69).

25. W van de Grift, A A M Houtveen. Educational leadership and pupil achievement in primary education [J]. School Effectiveness and School Improvement, 1999, 10 (4).

26. Wagner T. Leadership for learning: An action theory of school change [J]. Phi Delta Kappan, 2001, 82 (5).

27. Zeichner K. Beyond the divide of teacher research and academic research [J]. Teachers and Teaching: Theory and Practice, 1995, 1 (2).

后　记

　　"你向何处去?"

　　"我不知道……我只是由此出发。由此出发,我才能抵达我的目的地。"

　　"这么说,你是知道你的目的地在何方?"

　　"是的,我没有告诉你吗? 由此出发,就是我的目的地。"

——奥地利小说家·卡夫卡《我的目的地》

　　总是喜欢读各种各样的书,无端消耗了很多时间,却也在无意间有些收获。在正襟危坐预备借写后记的机会好好回顾一下自己还不算太长的人生并对美好未来热切展望的时候,卡夫卡描述的这段对话,突然蹦进了我的脑海里,挥之不去。

　　"由此出发,就是我的目的地。"说得真好。我们总是赋予很多事情太过复杂的意义,却掩盖了事情本身,诸如教育,我们常常希望借由教育能实现这个,完成那个,反而忽略了教育对人内心充实和精神自由的本真观照。我们常常急功近利地计算自己距离"目的地"还有多远,计划里还要一二三四分别做些什么,结果却常常忘记当下,本末倒置,最终反而迷失。

　　这些毛病甚至更多的毛病,我都有过。所幸,我遇到了两个最好的老师——我的博士生导师孟繁华教授和硕士导师王长纯教授,两位先生各有特点,孟老师思维活跃、

200

学识渊博、视野开阔常常不拘一格，王老师治学严谨、儒雅宽厚、如父亲般循循善诱，无论在学习上还是在生活上，他们都给了我很多的帮助，在我茫然不知该从何入手时帮我打开思路，寻找兴奋点；在我论文的框架迟迟无法确定焦急万分时帮我一次次分析梳理、寻找办法；在我试图走捷径或偶尔沾沾自喜时提醒我，学术和研究来不得半点投机取巧，虽然我离他们的要求还很远，但我会一直努力。

我1998年读大学，先是在首都师范大学教育学院度过了七年本科和硕士阶段的学习生活，然后又在北京师范大学教育管理学院读了三年博士，这期间又相继在共青团中央、中育教育发展研究中心实习或兼职，在这个过程里，值得我铭记并感谢的老师有很多，恕我不一一列举，但请相信，我已经深藏于心，这份情谊将伴我一生，同样的，还有我可爱的同门和朋友们。

有几个最重要的人我必须要在这里提起，是的，我最亲爱的爸爸妈妈、我的爱人、公婆以及我一岁三个月的宝贝女儿，女儿的眼睛是我看过的世间最美好的事物，他们的爱是我最坚强的后盾。正是他们的包容和支持使我有不断前行的信心和勇气，感谢他们无私的关怀和爱。

这本书是我在博士论文的基础上修改完成的，现在看来还有很多个"点"值得深入挖掘和持续研究，校长领导力将是我未来研究的一个重要领域，是的，本书就是我学术生活的一个"出发点"，我将由此出发。由此出发，就是我的目的地。

张　爽

2010 年 7 月 1 日于北京

责任编辑　杨晓琳　谭文明
版式设计　杨玲玲
责任校对　曲凤玲
责任印制　叶小峰

图书在版编目(CIP)数据

学校变革中的校长领导力/张爽著．—北京：教育
科学出版社，2010. 10(2021. 1 重印)
ISBN 978-7-5041-5153-7

Ⅰ.①学…　Ⅱ.①张…　Ⅲ.①中小学—校长—
领导艺术　Ⅳ.①G637.1

中国版本图书馆 CIP 数据核字(2010)第 145524 号

出版发行	教育科学出版社				
社　　址	北京·朝阳区安慧北里安园甲 9 号		市场部电话	010-64989009	
邮　　编	100101		编辑部电话	010-64981277	
传　　真	010-64891796		网　　址	http://www.esph.com.cn	
经　　销	各地新华书店				
制　　作	北京金奥都图文制作中心				
印　　刷	中煤(北京)印务有限公司				
开　　本	720 毫米×1020 毫米　1/16		版　　次	2010 年 10 月第 1 版	
印　　张	13		印　　次	2021 年 1 月第 4 次印刷	
字　　数	206 千		定　　价	36.00 元	

如有印装质量问题，请到所购图书销售部门联系调换。